舵手证券图书
www.duoshou108.com

知识领航财富人生

舵手汇 www.duoshou108.com

投资交易学习社交平台

提升交易绩效

——来自交易心理学大师的成功策略

[美]布里特·N.斯蒂恩博格　著

张艺博　康　民　译

山西出版传媒集团
山西人民出版社

图书在版编目(CIP)数据

提升交易绩效：来自交易心理学大师的成功策略／(美)布里特·N.斯蒂恩博格著；张艺博，康民译.—太原：山西人民出版社，2018.9
 ISBN 978-7-203-10403-2

Ⅰ.①提… Ⅱ.①布… ②张… ③康… Ⅲ.①投资-经济心理学 Ⅳ.①F830.59

中国版本图书馆 CIP 数据核字(2018)第 080941 号
著作权合同登记号　图字:04-2014-019

提升交易绩效：来自交易心理学大师的成功策略

著　　者：	(美)布里特·N.斯蒂恩博格
译　　者：	张艺博　康　民
责任编辑：	王新斐
复　　审：	贺　权
终　　审：	员荣亮
出　版　者：	山西出版传媒集团·山西人民出版社
地　　址：	太原市建设南路21号
邮　　编：	030012
发行营销：	0351-4922220　4955996　4956039　4922127(传真)
天猫官网：	http://sxrmcbs.tmall.com　电话:0351-4922159
E-mail：	sxskcb@163.com　发行部
	sxskcb@126.com　总编室
网　　址：	www.sxskcb.com
经　销　者：	山西出版传媒集团·山西人民出版社
承　印　者：	三河市京兰印务有限公司
开　　本：	710mm×1000mm　1/16
印　　张：	19
字　　数：	291 千字
印　　数：	1-5100 册
版　　次：	2018 年 9 月　第 1 版
印　　次：	2018 年 9 月　第 1 次印刷
书　　号：	978-7-203-10403-2
定　　价：	78.00 元

如有印装质量问题请与本社联系调换

"舵手证券图书" 开篇序

20世纪末，随着中国证券投资市场的兴起，我们怀揣梦想与激情，开创了"舵手证券图书"品牌，为中国投资者分享最有价值的投资思想与技术。

世界经济风云变幻，资本市场牛熊交替，我们始终秉承"一流作者创一流作品"的方针，与约翰威立、培生教育、麦格劳-希尔、哈里曼、哈珀·柯林斯等世界著名出版机构合作，引进了一批畅销全球的金融投资著作，涵盖了股票、期货、外汇、基金等主要投资领域。

时光荏苒，初心不改，我们将一如既往地与您分享专业而丰富的投资类作品。我们以书会友，与天南海北的读者成为朋友，收获了信任、支持。许许多多投资者成为我们的老师、知己，给予我们真诚的赞许、批评、建议。更有一些资深人士由此成为我们的编辑、翻译、评审，这一切我们感念于心。

我们希望与每位投资者走得更近，希望在"知识领航财富人生"理念指引下，打造综合型投资交易学习社交平台——"舵手汇"（www.duoshou108.com），通过即时动态、视频直播、有声读书、电子图书、在线聊天、知识问答、活动报名、读书会、打赏提现等多项功能，服务会员的读书分享、实战交流以及知识变现。"舵手汇"不定期邀请作者、嘉宾与会员对话，为读者答疑解惑，分享最新交易技术与理念。在这里，您可以与华尔街投资大师亲密接触；在这里，您可以与全国最聪明的投资者交流切磋；在这里，您可以体验全球最新最全的投资技术课程。这里，必将因为有您而精彩！

致　谢

从写作《交易心理学》到现在，我对人们的感激之情始终未变，是他们的鼓励、远见和支持，支撑着我走过这些暴风骤雨。首先是我的父母，杰克和康妮·斯蒂恩博格，从很小的时候就关心我，灌输和塑造了企业家的价值。言语不能够表达我对他们的亏欠和敬佩。

这一切还要归功于我的家人——玛姬、德文和麦克雷——他们的鼓励使我完成了长时间的工作和写作，以及我们的孩子——黛布拉、彼得、史蒂夫、莱娅、萝拉和艾德——不断给予的支持。还要感谢更多的家人——马克、莉莎、阿诺德、露丝、伯特、拉尔夫、艾德里安以及他们家庭的支持。

我从查克·麦克尔文那里学到了很多关于交易的知识——甚至比在和交易者合作过程当中学到的都多，他为我打开了金斯特里的大门并带我走进去。从开始关心交易者和投身这份工作伊始，他就是一个模范的榜样。如果没有查克建立金斯特里的远见——它从最初就被设计成是成功的孵化器，是天分和机遇相结合的产物——这本书将不可能完成。要特别提到的是马克·格林斯潘，不只是因为他是我来到金斯特里的最初动力，还因为他教会了我成功交易及其与持续个人成长之间的关系。读者还能够发现我对斯科特·普尔奇尼的亏欠，他的竞争性精神和阅读市场的全面技能，是我那么多灵感的来源。我在金斯特里任职期间，巴勃罗·梅尔加雷霍一直是市场透视和交易观点的模范。读者会发现他辛苦得到的智慧是无价的。总的来说，我对金斯特里的员工和交易者充满了感谢，感谢他们的友谊和合作。

要特别提到的是，从我搬到芝加哥地区以来，一直和锡拉丘兹州医科大学及它的精神病学和行为科学学院保持着联系。由此我非常感谢学院院长曼塔什·戴文博士和精神病学分部主任乔治·格林伯格博士。他们是宝贵的朋友和同事。

我的专业成就有很大一部分，应该归功于那些给予我指导、引领和保持友谊的众多优秀交易者。维克多·尼德霍夫既是一个老师，也是交易科学理想的代表和榜样。感谢他和劳瑞尔·肯纳对专家列表的持续支持，使它成为交易者需求的智慧圣殿。我还从乔恩·马克曼、吉姆·道尔顿、琳达·拉什、《三角洲理论》的作者特雷弗·哈尼特；TraderDNA 的大卫·诺曼、Trading Market 的拉瑞·康纳斯、埃迪·邝、阿什顿·道金斯；Minyanville 的托德·哈里森和马特·福特、耶鲁和杰夫·赫希、约翰·福尔曼、WINdoTRADEr 的特里·利伯曼、亨利·卡斯滕斯、Trade Ideas 的大卫·阿福利亚特、《柯克报告》的查尔斯·柯克、盖尔·奥斯特、PIT Instruction And Training 的柏雷恩·克洛普、CQG 公司的基恩·奥沙利文和约瑟夫·科恩、库尔特·朱克特、黛博拉·里查德、罗宾·格曼哈德、托尼·扎卡里亚、琳达·戈德史密斯那里学到了很多。另外芝加哥商品交易所的员工们都是培训交易者的行业领军人物，而我是他们热切的学生。

但是如果最后要来个甜点，要特别提到的是对我的朋友和编辑帕梅拉·范·吉森的感谢，她在威立的工作是才智、正直和关爱作家及写作的例证。她是许多优秀交易作品的助产师。还要感谢珍妮弗·麦克唐纳德和威立的员工，感谢他们在这本书面世过程中给予的帮助。

最后，我想对与我合作过的许多交易者表示衷心的感谢，他们多年来通过书籍、文章和网站与我保持联系。我从你们那里学到的东西用文字不足以表达。

前　言

> 困难越大，战胜它时就越感到光荣。有技巧的飞行员在暴风骤雨中赢得荣誉。
>
> ——伊壁鸠鲁

这本书在暴风骤雨中锤炼而成。在《交易心理学》出版大约一年之际，我离开了学院医学的保护世界，挑战芝加哥自营交易的纷繁世界。在锡拉库扎办公室的疗程已经成为过去。现在，我的一天从凌晨 4：05 开始，一直持续到夜晚：睡眼蒙眬地跟踪海外市场，更新研究结果，进入市区，在一个办公室和另一个办公室之间穿梭，帮助交易中的交易者，然后回到家中准备下一个交易时段。如果说《交易心理学》是我在象牙塔上的观点——心理学理论和交易实践的结合——《提升交易绩效》则是我在战壕里的观点，而且是一个不平凡的观点……

从交易心理到交易者绩效的蜿蜒之路

从 2002 年末到现在，当我坐在韦氏超市食品角的餐桌边，完成书稿，敲击笔记本键盘，啜饮咖啡的时候，发生了那么多的事情。我的电子邮件信箱比过去还要满——此刻有 432 封信——并遭遇了所有可能的市场环境中的交易者。我的个人网站和博客每星期有数千访问量，其中有相当的数量来自欧洲、亚洲和大洋洲。每天，我听到世界各地交易者的希望、梦想、挫折和难关。这就是在战壕里工作的特权和挑战。

然而，没有什么能让我充分准备好在芝加哥金斯特里交易公司所面对的前沿风险。我不再只是和交易者谈论交易。现在我就在交易里，实实在在。和一个在逆向波动市场上拥有1000手上涨股票的交易者谈话是一回事，和一个在12500美元最小报价单位，手持1000手即将亏损股票的人谈话完全是另一回事。日复一日地站在前线，你对交易和交易者都会有更多的了解，也对自己有了更多的了解。

这本书正是反映了这种了解。

每一本有价值的书都像一首交响乐：由它所探索和发展的主题组成。作为作家，我最大的欢乐之一，就是《交易心理学》一书直到今天还像它初次上架那样热销。我相信这是因为它的主题——交易者所面对的情感问题，就是我们处理日常风险和不确定时，所遇到的同样问题的延续——既独特又具有建设性，胜过交易心理学中常常出现的简单化建议。

直到有一个同样出色的主题，否则我不会想再写一本书。对于我们这些投身写作的人，书是很宝贵的东西。它是和许多不会碰面的人交流（现在的和未来的）的机会。当我们离开这个世界时，只会留下很少恒久的东西。通过给那些尚未出生的人们带来影响，书籍，甚至比财富或血缘关系，更能延续我们的生命。如果你是一个作家，就不会想浪费这个机会：你只想把它做好。

而且，写一本书就像是经历了一次生命。由头脑中所勾勒的一套计划开始，只有在稍后回头看时，才惊异于这个想法的产生。树叶的边缘、云朵的形状、山峦和平原——大自然中很少有垂直的线条。大自然粗糙而参差不齐，曲折而蜿蜒。或许她并不优雅，但她是真实的，像生命一样真实，像作家笔下涌出的文字一样真实。和对待生命一样，我们对书籍的最大希望，就是忠实于我们的主题，诚实地跟随它的弯曲和转折。

事实上，写作这本书的过程充满了曲折，但是主题却始终如一：

>   交易是一种绩效纪律，交易绩效可以通过某种培训活动加以培养，如同在运动、国际象棋和艺术等领域中培养专业技能一样。

前　言

这个主题指引我深入对绩效的研究；仔细观察运动员、优秀的军队、专业医生的培训项目，特别是研究和我合作过的交易者——他们都在寻求保持交易成功的因素。

如果用一句话概括这个寻求的结果，我的结论是：

> 交易绩效更像是学习方法作用的结果，而不是学习内容所作用的结果。专业技术是一个过程的产物。

这个过程有着清晰可鉴的特点，对交易者的发展非常重要。我们在奥林匹克运动员的身上看到这个过程，在世界级制造企业和教育计划中见证了这个过程。学习的"内容"总是在改变：物理学家必须跟上最新的研究；交易者每过几年就得面对不同的市场环境。然而，专业技能发展的"方法"是不变的。古希腊产生优秀绩效的过程，今天在关乎成果的各领域也同样存在。

一路走来，在对绩效进行研究和日常与交易者合作的过程中，或许我最大的收获，是认识到有很大一部分影响交易者的情绪问题，来自缺少合理的培训规则。如果交易者没找到和他们的天分和个性相匹配的市场和交易风格，或者因为想要快速赢利而违背谨慎的风险管理，就会导致不必要的挫折甚至是伤害。

如果不曾体验结构化的培训过程，以及经由这个学习过程建立能力和自信，这些交易者就不能很好地适应变化的市场条件。这毫无疑问是我在交易的纷繁世界里最深刻的体会：

> 当前交易的成功极少能保证未来的成功。

市场条件——以及我们在市场上的优势——变化迅速，没有人能保证交易成功地持续。交易世界里的赢家不是那些参加培训的人，而是那些坚持不断提高的人。这也是为什么，这本书不是为那些希望成功的交易者而写，而是为那些想要改造自己的人而写。

那些深入专业技能培训的研究人员和参与者的见解，是这些文字的源泉。我希望这些文字能帮助交易者思考——以及重新思考——在这个最有回报最具挑战性的领域，是什么才能带来优秀的绩效。交易领域里有许多保证，声称学习以下内容可以给你带来成功：图表形态、阅读指数、软件演示以及自理技能，却只有很少的关于学习方法的指引。我最大的希望就是，《提升交易绩效》可以成为这样一个指引——不只是在交易范畴，而是生活中和绩效相关的所有领域。

对未来的展望

交易者的未来在飞速变化。自动交易、套汇和全球化的兴起，在削弱其他交易方式的同时，还带来了遍布机会的新领域。仅仅知道何时交易以及如何交易已经不够用了：交易什么——何处能给你带来最大的机会——也同样重要。毕竟，如果把鱼线放到无鱼的池塘里，即使是最好的渔夫也得空手而回。

在我写下这些文字的时候，许多交易者正在空手而回。旧的交易方式——死盯着流行股指，紧跟动量趋势的交易模式——已经不再有效。近日我为"交易市场"网站写了一篇文章，跟踪了标准普尔500指数过去40年内，两日趋势的比例，结果图形呈稳步下降趋势。然而，许多独立的股票——特别是那些程式交易和套汇的一篮子股票之外的股票——显示出上扬的趋势，像是所选的另类交易工具。未来的绩效可能会需要更强的创新能力，以适应不同的交易风格和市场。我的个人研究和交易已经在朝那个方向发展，我也诚挚地邀请您通过网站加入我的研究。

我希望这本书不只是能帮助独立交易者，还能够加速交易行业的发展。直到现在，许多交易培训还只是由交易的内容所组成：讨论、文章和信息。很快地，相信我们会看到一个朝向持续培训的转变，以及交易专业化和原则化。我们已经在软件领域看到了这样的开端。就在几年前，我们对市场分析、图表、窗口和交易执行还分别使用单独的应用程序。现在我们却在寻找能提供所有这些功能的集成应用程序，从而使交易想法到交易

前　言

管理的过程流水化。近日我和CQG公司的乔·科恩在芝加哥星巴克一起喝了杯咖啡，讨论了他的公司所采纳的方法：市场深度、图表、分析和交易执行都在一页上显示，只需要在条形图上轻轻松开鼠标就可以下达订单。很快，对所有电子交易者来说，这些绩效都会成为一种规范。

我相信，最大的进步将会是教育和培训的整合。通过真实模拟、利用详细的绩效参数来跟踪绩效、汇总以往市场数据来重放市场——再次交易——以集中训练。教育和培训会整合成实时交易执行平台，因而每一个可靠的平台，也是交易者成长中的一个复杂工具。

交易行业的历史就是一个证明。最初是机构可用，最终会在交易大众中普及。这包括信息及研究结果的获取，电子传媒提供的公平化交易和成本的降低，多市场事件的实时监视和复杂交易策略的执行。我毫不怀疑，这个趋势将会继续。目前，只有极少数的专业公司有能力雇佣场内交易心理学家和指导者。但是很快，通过视频会谈，一体的交易平台将可以提供实时教育和指导的功能，把优秀的培训带给交易大众。如果这本书是通向这个未来的一小剂催化剂，我会感到十分的荣幸和满足。

然而，最重要的是展望你的未来。如果你想要发展交易的专业技能，你有适合自身发展的指导过程吗？为了建立持续成功的技能，你知道自己还需要些什么吗？你就像是一个有希望的奥林匹克运动员；伫立在你和金牌之间的，是培训：将天分转化成技能，将技能转化为绩效的培训。字里行间，你会发现这本书既关乎交易者的成长，也关乎绩效自身的成长——在任何领域。你可能会，也可能不会选择交易者的道路，但是我仍然希望你能发现属于自己的道路：能最好地发挥自己的值得努力的领域。为了提高绩效，我们掌握自己，也因此成为更好的自己。还有比这更伟大的发现吗？

布里特·N. 斯蒂恩博格博士
内珀维尔，伊利诺伊州
2006年3月

作者的话

和上一本书《交易心理学》一样,我给出了大量实例。它们大多数都来自和我合作过的真实的交易者和交易环境,但是我修改和整合了一些具体细节,以维持保密性。这些整合过的实例只包含虚构的名字。书里的其他地方提到了,和我合作过的真实的专家交易者,也提到了他们的名字——当然,已经经过他们的同意。为了保证准确性,这本书提到的所有交易者都阅读过我对他们的描写,提出了修改意见,并批准了最终的文稿。基于他们的信用,没有一个人想要修饰对于他们的描述。你所看到的就是他们所经历的。

最后一个声明:我提到了我认为对绩效有用的商业产品和服务,并在附录上给出了一个资源列表。这些提及并非源于公司或个人的恳求,我对他们也没有任何商业上的兴趣,或者得到任何的补偿。

B. N. S

目 录

第一章 专业技能入门 / 1

第二章 找到你作为交易者的最佳位置 / 21

第三章 培养能力 / 53

第四章 培养能力的策略 / 85

第五章 从能力到专业技能 / 119

第六章 技能、战术、战略 / 151

第七章 表现动力学 / 185

第八章 提高绩效的认知技巧 / 219

第九章 提高绩效的行为技巧 / 243

尾　声　一个交易专家的塑造和重塑 / 267

结　局 / 283

附　录　参考资源 / 291

第一章 专业技能入门

表现位置

　　我深信,要以高标准为起点,进一步提高。只有当我们促使自己朝最高层次前进,才能够取得进步。

——丹·盖博

　　高中二年级时,迈克尔·乔丹被队里开除了,获得大学奖学金的所有希望在迅速消逝。这种情况下,大多数有上进心的运动员会忍住眼泪,加入一个本地或校内团队,继续他们的生活。然而,迈克尔·乔丹并不像大多数的年轻运动员。他对开除所做出的反应是日复一日的练习。每当他觉得筋疲力尽,就强迫自己回忆被开除的经历,以此督促自己。两年后,他成了全美麦当劳球员,并当选麦当劳全美篮球最有价值球员。一年后,在全国大学生体育协会的总决赛中,他为北卡罗来纳大学打入了制胜的一球。到 NBA 生涯结束时,乔丹难以置信地共打入了 25 个制胜球。或许没有什么比他在 1998 年 7 月 14 日,对抗犹他州比赛中的一跳更令人难忘,在最后的 5.2 秒,体育馆里没有人会怀疑谁会站出来进行最后一投,毫无意外地,他为芝加哥公牛队捧得了第六座总冠军奖杯。

　　迈克尔·乔丹是我们在本书中会提到的众多杰出表演者中的一位。然而迈克尔·乔丹并不一直是迈克尔·乔丹。从高中时被开除到成为大学中的明星,是个戏剧性的进步而不是一贯如此。他在大学生涯中平均每场比赛得分不超过 20 分,并在 1984 年的 NBA 选秀中被评为第三。所有的迹象都表明乔丹的明星地位,但却不是超级巨星。然而今天,和其他少数运动员一样，迈克尔·乔丹是专业技术的顶尖代表。

到底是什么让这些专业表演者如此杰出？他们与其他一般表演者有何不同？专业技能是一种与生俱来的天赋，还是可以被后天培养的呢？最重要的是，我们从对其他领域专业技术的研究中，能学到怎样的交易专业技能？在本书中，我们将找到使国际象棋大师、奥林匹克运动员、世界一流表演艺术家和成功商人成功的共同因素。其中一个因素是找到一个表现位置：一个最有可能利用你天赋和兴趣的活动。迈克尔·乔丹在篮球中，而不是在棒球上找到这个位置。丹·盖博在最初的运动生涯中是一名普通的游泳者，然后在摔跤中发现了自己世界级的天赋——接着又成为一名世界级的摔跤教练。发现你的表现位置才能让你成为一个出色的交易者，而不是一个令人失望的、从不会把握最好时机的人。遗憾的是，大多数交易者贸然进入市场和选择交易模式，却从不去发掘他们的机会到底在哪里。

两个交易者的故事

艾尔和米克是一家专业交易公司的两个短线交易人。他们都经营小型电子标准普尔500指数期货合约，并且两个人全权委托我在交易时间站在荧幕旁，协助他们进行交易。

我从一大早开始盯着艾尔。在一个试图的反弹失败后，上午市场窄幅徘徊。从昨天起的平均价格低于市场当前价格3个百分点。我有强烈的预感（基于我的历史研究），我们可以利用这个平均价。艾尔，米克和一小撮其他交易者在交易前和我碰面。我们讨论了利用市场达到那个价格的可能性来实施可能的交易。然而，艾尔倾向于做多头。我有些怀疑，因此也决定不依赖于这个点。

随着市场继续走低，艾尔开始亏损，他为认识到自己所犯的错误而摇头不已。然而很快他平仓转而进入空头。在市场再次不利于他之前，抓住了几次机会。这种反复的情形持续了整个上午，呈温和下跌趋势。艾尔很耐心，但却没有准备足够多的钱来应付这一天。他在午饭时间休息了一下，对我表示他希望下午交易会好转。整个早上他保持平静并在困难的交易中稳住了局面。他保持乐观，通过午餐和清醒头脑来帮助他在整个下午全神贯注以及利用机会，再也没有失去冷静沉着和积极的态度。

然而说到米克，这又是一个不一样的故事。米克也试图掌握市场情况，却发现自己被拉进了漩涡中。他十分震怒，并固执己见，最后只发现自己的损失加剧了。我给予米克的谨慎建议是"如果你早上的损失够小的话，下午还可以进行反击，把损失补救回来。"他最终退出了市场，但却拒绝在中午休息。他仔细审视早上的每一个市场数据，并坚持他的错误主张。自始至终他都在转动他的椅子，猛击桌子，提高嗓门，要不就显露他的挫折。当他回顾早晨的交易录像时，变得特别激动。"我不能相信我是这么愚蠢！"他怒气冲冲，接着告诉我市场上有五件他本应该注意的事件可以告知我们在下跌。他几乎大喊道，无论如何，他将在下午关注那五件事。

艾尔和米克：两个不同交易者。其中之一在下午赚了五位数；另一个一整天都挣扎在破产的边缘。

一个是交易专家，另一个在挣扎。

艾尔保持情绪稳定，在受挫之后离开屏幕休息一段时间。他谨慎从事每一步，在遭受损失时并没有怒气冲天。一贯保持对自身进步的乐观态度和对交易的热爱。

米克就不能保持情绪稳定，几乎把损失看成是人身损害一样严重。他不时违犯其风险管理准则，直到犯下所有的错误并对每个错误暴跳如雷时，才能暂时离开市场。此时，他就开始嘲笑市场和自己。

你所阅读的大多数交易心理学书籍，就会认为艾尔具有交易优势，那么有纪律，那么善于控制情绪。但艾尔这样的新手，从来没有在交易上成功过。而米克是——并且依然是一个千万美元的表演者。

与艾尔们和米克们工作的经验——看到正常智慧的交易者屡次从成功走向挫折——说服我写下这本书。

专业技能的基石

毋庸置疑，在米克身上可以看到一点年轻的迈克尔·乔丹的影子。他不轻易接受失败，并且用失败来激励自己前进。这是所有杰出者的共同特征，值得我们学习。但艾尔和米克还有更根本的区别。事实上，这一点是如此基础，连绩效研究领域最多产的研究者 K. 安德斯·埃里克森都认为它是培养专业技能的基石。

把艾尔和米克的区别变成每天都会发生的某件事。一年大约有 250 个交易日，他们频繁地进行贸易，每天都有输有赢。艾尔把他的损失抛诸脑后，清理头脑，把注意力放在接下来的交易上。米克则怒气冲天，但他会用损失来重新审视他的交易，推测市场（和他的差错），再赢回他的钱。

这整整一年，较之艾尔，米克的重新审视就保证了他体验了 2 次市场行为。而且，米克系统地审视了自己的表现，并做了持续的调整。艾尔，虽然更为放松，但却很少有查出和改正错误的根据。米克，正因为他的情绪，成为一台学习的机器，利用损失改进了他的交易。埃里克森把此称为深思实践，这是专业人士的标志。通过指导性的实践，专业人士对自己进行反思，结果成为更好的决策者。

我们经常听见这样的句子"熟能生巧"，但体育专业人士强调的是完美的练习铸造完美。如何规划实践时间是区别一个有 10 年经验的交易者，和一个将一年的实践重复 10 次的交易者的关键所在。

所有的交易者都要面对"鸡还是鸡蛋"的困境：他们需要信心和动力来获取胜利，也需要通过胜利来产生这种获胜心态。这就是为什么演练是如此重要的原因。它们允许通过反复体会精通掌握，来为正式比赛和表演提供情感动力。米克不会让自己喘气，直到他已经审视了自己的每一个错误，并发现自己究竟做错了什么。艾尔更为注意保持头脑冷静。下午开始的时候，艾尔很镇静，而米克很自信。米克发现了问题所在并清楚知道如何去做。而且他知道，只要他花了足够的时间回顾审视，就可以计算出任何市场的状况。他的这种被很多人称为交易责任的情绪，就是竞争强度。文斯·隆巴迪曾经评论说，好输家经常失败。米克和艾尔也是如此。

能力先于自信：获胜理念产生于精通掌握，而不是相反。

丹·盖博不是一个好输家。他还知道，实践是专业技能的基石。冗长而疲惫不堪的训练之后，他会下令他的摔跤手表演"背好朋友"——背着其他摔跤手走上健身房的台阶。作家诺兰·萨瓦罗谈到盖博教练对摔跤运动员的高强度训练，让他们进行自行车训练，随着塑料齿轮的转动，汗水浸透了几层衣服。摔跤运动员身上的每一个细胞都想要下车去喝水，但他们坚持住了。真正到联赛的时候，他们会面临可以想象得到的任何体能挑战。在一场势均力敌的较量中，到第三节筋疲力尽时，他们就能挖掘出自己深藏的体力，因为他们已经在日复一日的练习中，掌握了如何应对相似的体能困境。

实践是专业技能的基石，因为它为我们提供了在正式表演或比赛中，无法积累到的更多经验。盖博培养的摔跤手们比他们的对手击出更多的拳，也躲避了更多的攻击，这都要归功于严格的训练。米克在损失财产后，一遍又一遍地审视市场变化，而艾尔却不这么做。猜猜看，下次再遇到相似的恼人的市场时，谁做的准备最充分，谁又更有信心。

本书中我们将会提到的一位交易专家是斯科特·普斯尼，他是芝加哥一个私人企业——金斯特里交易有限公司的，小型电子标准普尔500指数期货合约交易者。遇见斯科特时，我刚作为交易者发展主管加入金斯特里，至今我仍为能成为他职业进步的一部分感到荣幸。最初使我影响深刻的，并不是在我到来之前他已经赚了1亿美元，而是他每天都一动不动地坐在屏幕前面直到闭市，紧盯买卖盘纪录中的每一笔进出。请注意我并没有说他跟踪每一个最小价格变动。他跟踪每一笔成交或没有成交的交易，每天如此。并且，如果市场发生变化，他都会回顾当天交易情况的录像。

在斯科特短暂的职业交易生涯中，他积累了多少年的市场数据呢？又有多少年有价值的经验，被交易者丢在他们情绪爆发的当口，离开屏幕的短暂间隙，以及休息日呢？

第一次来金斯特里时，它的游戏室和装修精良的厨房，给我留下深刻的印象，我愣在那里，不知道这些设备究竟是谁在使用。

渐渐我发现：真正好的交易者从不在那里停留。他们总是在自己的屏幕前面。他们是米克，而不是艾尔。

学习链：表现的动力

关于"深思实践"我们要注意的第一件事是，它总是发生在正式表演或比赛之外的时间。设想一个篮球队或剧团的训练。训练的目标是演练技巧，当比赛蜂音器响起或帷幕升起时这技巧就会开始发挥作用。表演者在训练期间收到对他们表演的反馈，以便他们能在真正的表演事件发生之前做出适当的调整。

在一些相对独立的活动中，譬如国际象棋，表演者通过自我反省来提升自己。他们记录棋的移动，然后重放比赛，观察不同的步骤会导致怎样不同的结果。而且，他们花费不计其数的时间，来研究国际象棋高手的比赛。在研究期间，他们不仅观看每一步，还通过实际操作来预测专家的步骤。当他们的下法不同于那些专家时，就能跟随高手的推理来研究，为什么这样下棋高一招。

多数团队表演活动依赖教练，或指导者来规划成长过程。篮球教练观看队伍的练习，不时打断他们，以指导队员的移动或球队的配合。同样，导演聆听演员的台词，在演员的语调或动作无法表达剧作家的意图时打断演员的表演。及时和准确的反馈是必不可少的学习过程。

深思实践的精髓是我所谓的学习链。学习链就是一次尝试性的表现，对该成功或者失败的表现的具体反馈，以及吸收反馈后改进的努力（图1-1）。通过在交易损失时重新审视交易过程，找到错误所在，并返回屏幕做出调整，米克创造了一个学习链。每当国际象棋冠军在练习比赛中犯错误，采用其他进攻方法重新进行该局比赛时，就进入了一个学习链。在团体训练如篮球、足球、摔跤、游泳训练中，教练为运动员们设计学习链。在很大程度上，军队中的基础训练，就是由教官的反馈驱动的一系列学习链。

罗氏惠兰是纽约市立芭蕾舞团的首席芭蕾舞演员，被认为是全美最优秀的芭蕾舞演员。在齐普·布朗发表在纽约时报杂志的一篇引人入胜的文章中，罗氏惠兰描述了她从一名脊柱侧凸的舞蹈学生，成长为一名世界级演员的过程："当我不能肯定自己的表演效果，或是需要学习舞步时，就观看磁带。当我跳舞时,我看不到自己在做什么,我只能感觉它……"这与交易活跃是相似的:当我们全神贯注于市场时,就看不到自己在做什么。我们感觉着市场的动态,却看不到自己。世界顶级芭蕾舞女演员有意识的站在自己之外,观看自己的表现,纠正错误,由此推动了一个学习的过程。想象诺兰·莱恩观看击球手的录像带,指出谁将击中上飘球以及谁将击中曲线球。再仔细想想举重运动员,问问自己为什么他们总是在家里对着有镜子的墙壁训练。

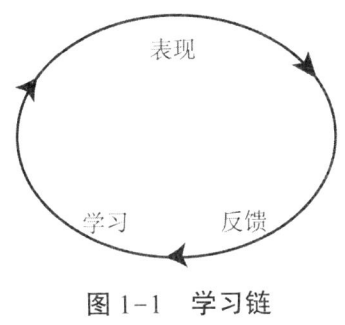

图 1-1 学习链

这一切看起来很简单。我们在教室里、演奏厅里和体育馆里都能找到学习链。无论在哪里遇到具有专业技能的专家,我们都能发现通过深思实践学习的证据。

那么,为什么这种实践在交易者中会如此少见呢?

什么原因使交易者如此抗拒学习链?

再看看丹·盖博,这个运动史上最伟大的竞争者之一。说他是专业表演家是相当保守的说法。作为一位高中摔跤手,他得了所在州的三次冠军,64场连胜。在艾奥瓦州立大学继续117场连胜,并两次赢得全国冠军。他是奥林匹克金牌获得者,在最后的21场资格赛和奥运会比赛中以

130比1的分数击败他的对手。作为艾奥瓦大学的摔跤教练，他的队伍以355-21-5夺得了45个全国冠军。诺兰·萨瓦罗在《摔跤垫上的季节》一书中，给了盖博一个简单的评价："没有人比他训练得更刻苦"。大家都知道，盖博的训练是如此刻苦，以至于几乎不得不爬着离开摔跤房。常常，在离开摔跤房的同时，他就又恢复了精神。

优秀表演者所花费的努力并不总是像盖博所表现得那么夸张，但是努力的确很重要。1869年，弗朗西斯·盖顿先生发现，卓越能力和成就的本质是"劳动本能"，这是一股永远渴望更高表现水平的内在动力。

抛开丹·盖博将所有事都放在摔跤垫上的职业道德不谈，维护一本交易日记几乎不需要劳动本能。然而多数交易者甚至都不愿坚持履行这种层次的表现义务。为什么会如此呢？

具有讽刺意味的是，部分问题在于，新交易者们把交易看成是一种非表现活动。因为他们看到在市场上获得成功的年轻人和自己似乎没有什么差别，就假定自己也能做得到。一个和我一起工作过的交易者每天都亏钱，就开始担心企业会解雇他。"我不希望这样的事发生，"他解释道。"我想要做个交易者。我不想不得不为别人朝九晚五的工作。"

就是这样。

这不是以盖博疯狂地训练摔跤手，或乔丹追逐篮球的方式工作的交易者。他想要当交易者是因为他不喜欢另外的选择。另外的选择意味着每天工作8小时，失去他做事的自由。

> 但是当出色的表演者，每天都在自己的专业上工作远远超过8小时的时候，他们就是在做他们想做的事。

罗氏惠兰，首席芭蕾舞演员，热爱充满活力的彩排。"我就像一条威玛犬，"她告诉作者齐普·布朗。"我每天都需要在公园跑步，这有助于我冷静下来。"我的交易者，没有什么比刚才所说的，可以更准确地预测你最终的失败了。如果没有对表演活动本身所具有的热爱，就无人可以保持盖博的劳动本能"焦急、争取"并克服障碍来获得成功。

真相是专业的表现需要努力的学习。铸造完美的实践，是由劳动本能和实现完美的动力所支撑的。但是，是什么支撑着劳动本能呢？为什么有些交易者从一个接一个的学习链中得到进步，而其他人仅是在兜圈子——或干脆停滞不前？

从乐趣到专业技能：杰出表现的成长过程

并非所有表现不佳的交易者都在寻找致富的捷径。事实上，大部分人都因为一个大不相同的原因而未能持续学习链，这个原因极少人会注意到。

我们经常谈论专业技能，就好像是一个人所拥有的品质一样。一个人是专家；另一个人却不是。这种说法听起来好像专业技能只能是有或没有。然而研究表明，专业技术是在一个相当长的时期内，逐渐积累的过程。更重要的是，它的进步是阶段性的，各阶段之间有着显著的区别。早期阶段的专业技能所需的步骤，和之后成长所需的步骤有着明显的区别。

本杰明·布鲁姆，美国芝加哥大学博士，在20世纪80年代参与了天才发展研究这个项目，跟踪了120个被专业同行认为是世界级天才的成长过程。这些天才包括钢琴演奏家、雕刻家、数学家、奥运会游泳冠军、网球运动员和神经学学者。这个特别的项目对这些杰出的表演者、他们的父母和他们的老师进行采访，以更好了解他们的专业技能的成长状况。调查人员发现，杰出表现的成长分三个阶段。（表1-1）

- **早期**。这是在表现领域获得启蒙的几年，这时新的表演者忙着表现和探索。表现活动主要是为了追求乐趣所在，并被接下来中期中稳定有效的资源所鼓舞。许多启蒙来自社会方面，如家人、导师和同学的鼓励，以及他们给予的积极关注和支持。很多时候，早期的成功使表演者感觉到自己的独特，它支撑着表现者的动机和兴趣。这一时期，教师的选择并不是看他们的独特成就，更多的是看他们以支持的方式规划学习的能力。在现阶段，表现是纯粹的乐趣；沉迷在一件表演者喜欢并能做好的事情里。

- **中期**。成长的这个阶段，表演者抱着严肃的目的关注于一个或多个特定的表现领域。例如，一个在高中时擅长多项体育项目的年轻运动员在大学时或许只集中在一个项目的训练上。在此期间，表演者需要大量的基本知识和技能，因为表现的乐趣中渗入了为学习该表现领域特定技能而进行的有目的和富有成效的活动。老师和教练在这个阶段非常重要，因为他们对表现给予反馈，并且规划走向完美的实践。在有天分的表演者开始超过他的同伴时，能力的成长以及它带来的自豪感，在中期阶段是很重要的动力。家庭的支持也是很关键的，要求其他重要成员也能适应随着训练不断提高的要求。

- **末期**。对个别的人而言，对所表现活动的精通掌握成为人生的主要目标。目标不再是能力，而是将个人天分和技能发展到极致。他们在和被认可的、擅长和杰出表演者工作的教练共同工作的过程中，立下一个自我发展的承诺。此时，表演领域已经变成天才人士身份特征中的重要组成部分：密集的练习占据了一天中的大部分时间。这种练习的目的是使复杂的技能内化，使高水平的表现成为日常惯例。尽管这种集中和耗时的努力，需要来自家人和其他重要人员的强有力的支持，此时对于优秀的追求，已经变成表演者不可动摇的内在动力了。

表 1-1　专业技能的发展阶段（出自布鲁姆，1985）

	早期	中期	末期
主要动力	兴趣	发展能力	建立专业技能
主要活动	表现	技巧练习	磨炼技术
导师任务	支持	教授核心技巧	规划深入练习
时间要求	低	中	高
主要目标	启蒙	发展	掌握

其实，布鲁姆的阶段体系可以用来描述很多关于生命的主题。例如，想想阶段体系是如何应用到浪漫关系的。我们从约会开始，一起玩乐，与另一个人渐渐熟悉。这个过程充满了新奇、精彩、刺激和奇特的感觉。如果一切向积极的方向发展，接下来的阶段就是更严肃的、单独的约会，这一阶段恋人就会建立一个公认的关系。再后来，这段关系就成为一个生命的主题，包括对婚姻生活的承诺和建立家庭的决心。在专业技能的发展过

程中，最初的乐趣也会随时间变成一种严肃的、全面的承诺。

无论是在职业生涯、人际关系，或是高水平表现领域，布鲁姆的研究都表明，在成长过程前期阶段的努力，对于进入后续阶段是极其必需的。没有能力发展的过渡阶段，就没有为精通掌握做好准备。没有最初探索阶段的乐趣，就没有能力发展的持续性保证。

最重要的是，布鲁姆的研究强调，完美的表现，不能从对精通掌握的直接追求开始。它从一个简单的探索过程开始：进入一个领域，从中找到乐趣，从而发现它是否真的适合你。

这种见解看似很普通，但在交易领域中却很少有人认识到。

当我们看到交易者不断进步的专业技能时，自然而然地注意最后的精通掌握阶段。我们努力向新的交易者教授进出的细微差别，阅读指令流，尽量减少损失，控制情绪。乍看下去这似乎很合理，但是从布鲁姆的观点来看则十分可笑。为什么我们从最后的成长阶段开始教交易者呢？

这样想吧：我们会主张一对恋人在第一次约会时，就宣布订婚来促进他们关系的发展吗？

事实上，比起人为地加速婚姻的进程，阻挠刚刚建立不久的关系也许是更好的选择。面对结婚压力的恋人们会理直气壮地反对说，他们需要更多时间来了解彼此；他们还没准备好履行这样的承诺。

但对于交易者来说，是否也是这样？早期对提高专业能力的注重——像丹·盖博或罗氏惠兰的强度训练——会破坏交易者的才能吗？这就是许多交易者，特别是在工作初期，拒绝做好记录和遵照规则做事的原因吗？约会的初期，遵守彼此专一的承诺也许很难；但接下来就是迫切需要的。也许，交易者对待纪律的态度，应该和对待自己生活的态度相一致。

布鲁姆的研究支持以下分析。他发现有两个因素对能力成长的起始阶段十分关键：（1）有乐趣；（2）从社会环境中取得支持。没有起初的乐趣，年轻人就不会在以后严格的完美练习中保有持续的兴趣。早期参与活动的乐趣，有一部分无疑是从家人、朋友、老师那里得到赞美和注意。另一部分则是天赋：很难想象一个人如果没有天赋或天赋不高，会从这项活动中得到乐趣。早期的成功和鼓励共同为继续这项活动提供了动力，接着又为将来的成长提供了动力。

即使在能力成长的最后阶段，乐趣依然是一个重要的动力元素。在一个特别的研究项目中，来自麦克马斯特大学的珍妮特·斯达特斯博士和同事们发现，专业体育运动员将和提高能力有关的练习活动，看作是最令人愉快的练习。这一发现已在摔跤、滑冰、足球、曲棍球运动员，以及学习武术的学生中得到了证实。事实上，专业运动员认为最需要努力的活动、与能力进步最直接相关的活动，和最有乐趣的活动是非常相关的。像罗氏惠兰一样，他们热爱公园里的跑步。

对我们大多数人来说，为提高花样滑冰或武术的专业技能每天练习，对体力和精神的要求都是难以承受的。然而，这些领域的优秀表演者们，都表示热爱这个训练的过程。布鲁姆的观点是，他们并不是一开始就是这样。而是因为表演和人际关系一样，是一个将外在的和快乐的动机逐渐转化为内在的、努力的动机的过程。在娱乐的同时提高能力，最终转变为对提高能力本身的一种享受。

> 表现，就像人与人之间的关系，以表演者和表现领域之间的正向化学联系开始。

隐藏的含义是丰富的：提高交易者的专业技能，第一步不应该是过多的规则和刻意的练习。第一步是——也是新交易者最容易忘记的——兴趣。如果布鲁姆和他的拥护者是正确的，我们就需要在和表现领域结婚之前先与之进行约会了。

时间：能力成长中的基本因素

另一个交易者经常遗忘的常识是，专业技能的发展需要时间。专业技能的发展需要多久呢？研究告诉我们，至少需要10年。事实上，"10年规则"在体育、艺术与科学、国际象棋、医学等专业领域都长期有效。大多数领域需要大量的知识和技能，因而杰出的表现需要多年的成长。

为了找到进步的捷径，交易者试图直接从中后期阶段开始进入，不过只会遇到挫折。毫无疑问，年轻的艾德瑞克·伍兹如果过早地进入高尔夫球巡回赛，也许就不会成名了。面对挫折以及它对动力的影响，他或许就不会成为高尔夫球场上的"老虎"。丹·盖博对大学摔跤手的训练，的确取得了巨大的成功，但同时也严重打击了许多第一次涉足体育界的中学生。就算是真的有达到表演顶峰的捷径，也尚未被研究发现。

就在最近，我与琳达·拉什进行了一个长时间的，而又振奋人心的电话交谈。她有数十年成功的职业交易生涯，被认为是杰克·施威格的金融怪杰之一，长久以来以指导投资者的网上直播投资室闻名，还管理着一个从建立之初就运行极好的投资资金。当话题转入如何在交易场保持不败，琳达说道："经验是十分重要的。"这不是指她每个月都赚钱——事实上她提到，很可能她大部分的赢利，来自一年中表现很好的那几个月。然而，当说到她的表现，她说，"我知道周期。"她知道会有表现好的时候，也会有表现差的时候。她的经验给予她在面对这些起落时的正确态度，使她能在收入差的时候谨守纪律，在收入好的时候盈利。没有时间和经验，任何交易者都不能奢望能有这样的远见。

是什么造就了像琳达一样的交易专家呢？在研究项目的末尾，布鲁姆和他的同事发现各不同领域的高水平表现都有三个明显的要素。

☆ 对某一特定领域的强烈兴趣和感情承诺。
☆ 渴望在这一领域取得高水平的成就。
☆ 愿意为获得高水平的成就投入大量时间和精力。

为了在要掌握的领域投入大量时间和精力，一个人必须在自己与天赋所在的领域之间，建立一条情感纽带，建立一个长期的关系。我们在最初阶段的任务，是建立一条足够坚实的感情纽带，以便经受学习链中不可避免的挫折和机会成本。

> 大人物并不是因为努力才成为大人物。他们努力工作是因为他们发现一个伟大的位置：一个可以发挥他们的天分、兴趣，和想象力的领域。

交易：位置众多

你的杰出表现之路应以自我发现，以及认识到交易并不只是要求单一的一套技巧，和人格特征的单一活动而开始。在交易领域有很多位置，其中有一些也许适合你，一些也许不适合你。一些交易形式也许永远不会和你有联系，而其他的也许十分适合你的个性和天赋。考虑一下以下4个交易者：

- **雪利**，一个顶尖MBA课程的毕业生，是一家跨国银行机构的证券投资商。她基于全球/宏观考虑在现货市场做长线交易。她花费大部分时间与信息丰富的银行和对冲基金交易者谈话，研究世界主要地区和国家的经济统计数据。雪利可以告诉你主要世界口岸的海运费率和吞吐量；还能轻松地列举各个国家的金融政策、债务水平和利率。她每年大部分的赢利，来自仅有的几个好主意。雪利并不经常进行交易，但一旦进行交易就占据重要地位，利用市场每天的动态来帮助她制定合理的价格。一段时间之后，雪利就有了一个工作伙伴网，互相分享金融市场中的大买家和大卖家的情况。她认为这种信息收集方式在经济全球化日益加快的今天是十分必要的。她认为，她的人际网就是她的优势。她从未想过根据短期市场价格波动做出决定。而且，她也不认为交易是一门科学。在她看来，市场反映资本流入和流出，而这种情况是由大银行、投资基金和中央政府所做的决定引起的。她把自己当作一个在连续的野生丛林中探险、捕获信息的丛林探险者。

- **大卫**，一个大学里的前运动明星，现在在芝加哥一个交易事务所工作，作为一名电子标准普尔500指数期货市场的做市商。大卫大部分时间在市场上，通常以高于市场的价格出价和以低于市场的价格要价。他的目标是买入竞买价和卖出竞卖价，以便从买卖差价中赢利。他很少在一个仓位多待一秒。当金融市场变化极快时，他经常得"跑着"查看信息，但他常常能靠打擦边球赢利，收入颇丰。大卫并不了解经济的走势；他对此也不关心。他是一位积极的、以行动为导向的交易者。他的世界就是市场上时刻变化的买价和卖价。大卫把交易比作打扑克：他通过逐笔的监视流量，来观察大交易商的动向，并设法判断他们何时对市场的控制强，何时弱。他的交易被喜悦和失望的呼喊打断，他的格子间——在同类交易者的交易岗位附近——和职业交易者的办公室比起来，更像是一个衣帽间。一旦离开桌子，他的工作日就结束了。他彻底避免考虑市场情况，以免次日变得先入为主。他认为图表毫无用处，每天唯一关注的新闻是交易时公布的经济报告。他相信，市场有所变动，是由每天都进行交易的大的自营商和机构造成的。他的工作就是读懂他们的行为意图，就好像打牌者观察对手一样。

- **派特**，一个区域制造公司的商业拓展部经理，是一个相对活跃的、购买股权的业余交易者。他依靠三到四周的交易动向来做决定。他每个周末审查数十张图表，浏览微型市值股票以获得相对强弱信息和交易量趋势。很少有人分析他购买的股票。他认为这样很好：他不想分析师的意见干涉他对供需的阅读。派特无法更多地描述每个公司是做什么的；他只知道他们的短期交易模式。他特别倾向于近期有新闻和价格波动的公司的股票。他最大的成功来自个别刚刚发布收益报告和重大进步的小股票的交易量和波幅。他的股票不紧跟主要平均市价，所以派特很少看经济报告。相反，他利用每日最终数据跟踪商品通道指标（CCI）的动向模式。研究出对CCI模式的感觉，并利用它决定进出的时间。白天派特的工作重点在销售；晚上，他简要回顾图表并根据需要调整投资组合。数天或数星期持有股票，将查看市场的时间放在晚上，有助于将交易、家庭和工作责任分开，同时也给他带来额外的收入。他认为图表表明了市场的内部状态，并且小型股票避免了大型机构进出市场带来的影响。他将自己看作是心理学家；他的工作就是捕捉市场的情绪波动，并从价格趋势中获利。

- **艾伦**，自从担任软件工程师的公司被人买下后，她就退休了。她购买股票的收入使她将交易作为第二事业。她利用历史数据研究市场模式，测试它们以决定这些模式是否赢利。她根据清晨的强势和弱势，发现固定收入市场上价格走向的循环模式。艾伦开发了一个自动交易程序，将这些模式用于10年期国库债和30年期公债，这使得她从屏幕前得以解脱。最近她雇用了一个经纪公司为她进行这些系统化交易，从而为她赢得了在其他市场开发机械系统的时间。艾伦的目标是用自己的最佳绩效系统，进行多种商品交易，以使风险多样化。她的研究包含风险评估和系统参数评价：缩水，利润/损失（P/L），等等。她频繁调整现行系统并尝试新的方式。她很少研究市场变动的基本原理，也很少和其他人交流交易经验。对于艾伦来说，交易本身是一个理性的任务，最好留给计算机去完成。系统开发是她最喜欢的事，是持续的挑战及吸引力的源泉。她认为，市场是不断变化的，系统就需要不断改进。她的工作就是确认市场何时变化，并在其他交易者普遍知道前，尽快确定市场的新模式。她将自己看成是一个从随机中发现搜索模式的科学家。

这四个人都是我认识并确实获得在金融市场上成功的人。作为一个心理学家，了解他们每个人如何在市场上找到适合自己个性和生活方式的位置是一件非常有趣的事。派特是一个八面玲珑的生意人，有很好的交际能力。很难想象他要是一个全职交易者会是怎样；他更喜欢享受商业发展中的社交过程。同样，也很难想象艾伦在交易者的聊天室转悠。对她而言，原理可以从经验性的研究中找到——而不是从人们随意的感想中。

看着大卫，你会觉得他和街上其他的青年没什么分别。他穿着短裤到办公室，把棒球帽反戴在后面。当他不做交易时，就和兄弟们一起打扑克、喝酒，或者在本地俱乐部打篮球。很明显他是被交易的竞争性因素和它不间断的步伐所吸引。当然，也许在某一天，在做过上百次交易之后他会做得很好。另一方面，雪利更会算计。她把整个市场划分成有信息的人和没有信息的人。她认为，她的技巧是能够将大量信息组合成一副连贯的画面。市场的上涨和下跌对她来说是掩饰市场真正变化的随机噪声。她认为真正的交易工作是从她的人际网中获得信息，就如艾伦认为真正的交易工作是对交易系统的研究和开发一样。对于她们来说，休息就只是下单。对大卫和派特来说，读懂市场才是交易的本质；其他事情都不相干。

我们称雪利、大卫、派特和艾伦都是交易者，然而他们的位置几乎没有重叠的地方。他们每个人都找到了一个适当的位置，就像精神病医生、外科医生和放射学家在医学界各自找到适合他们的位置。当我的女儿德芬进入模特学校时,我总认为模特就是模特而已。结果发现,完全不同的天分和技能会决定谁将会成为时装表演模特、封面模特,或发型模特。幸运的是,交易——像医学界或模特行业——涵盖了多种职业,每种职业都需要独特的技巧和兴趣。这为交易者提供了找到既能证明自身,又能带来物质收入的市场和市场活动的可能。

> 成功反映了个人与表现环境的匹配。

是否找到合适的位置给这个世界带来了那么多的不同。一个有名的棒球投球手可能不是一个好的击球手,而一个橄榄球投手也不会是一个好的后卫;商业封面模特不一定会是时装表演模特;最好的医学研究者并不永远是最好的老师:我们一次次地看到,成功和失败的分别就在于能不能找到适当的位置。雪利和艾伦如果做投机分子也许会一败涂地;如果让大卫花上几个月来完成一项工作,他也许会发疯的。派特的确曾试着进行全职交易,最后失去了动力还损失了一大笔可观的金钱;这种经历对他来说太孤立了。然而,他们中每一个人,都通过在自己和市场之间,找到契合处从而获得了成功。

这四个交易者都努力做他们的工作,但却没有一个人真正把它当作是工作。每一个人都表达了做自己热爱的事情而得到回报的喜悦之情。大卫是一个赌徒,雪利是个猎人——他们做自己想做的,因为他们知道自己是谁。他们的表现成长过程中的关键一步,并不是发现了一个重大提示,或是练习了一些神秘的交易诀窍;而只是在交易领域里,发现了可以展现他们天分和兴趣的活动。正因为这个原因,交易本质上变成了兴趣和鼓励,从而维持了他们的学习链。一个人成为头号枪手,只能是个性、能力和成为顶级战士的渴望相互碰撞的结果,同样的碰撞也发生在交易高手身上。

交易者如何发现自己的合适位置?

奇怪地,这个题目几乎从未在有关交易的课本里出现过。在医学领域，找到适合自己的位置至关重要：学生逐次直接参与每个专业领域。在六个星期儿科、六个星期普通外科、六个星期放射学科和六个星期精神病学科的体验过后，学生逐渐发现适应自己强项和兴趣的医学专业。最重要的是，他们明白了哪个专业更有趣。选择外科和急诊科的学生有点像大卫；他们向往活跃的实践领域。内科研究医师更像是艾伦，通过解决问题和分析过程发现自己。每类人都在进步的过程中找到自己的道路，发现自然的，最有兴趣的领域。

交易者鲜有机会寻找乐趣和经历不同的专业。有多少人曾经试图像雪利一样从事基于波动率期限结构的交易，然后再像大卫一样进入电子市场？把进入交易领域想象成医学教育：像派特一样进行6周的大量股票买卖，再花6个星期为之前的贵金属期货开发一个交易系统，然后花12个星期建立基于宏观分析基础上的货币持仓。和医科学生一样，这么做的好处是，我们会厌恶其中一些经历，也会喜爱其他一些经历。这些情感上的反映，为我们在自己喜欢的领域发展自己提供了建议。

这正是开始绩效之路的第一步。在投身交易市场或交易模式之前，你需要经历频繁交易以及它与持仓的不同——视觉上及感情上。你需要深刻感受不同的市场，并感觉各种不同交易工具的区别，例如大盘股、指数、小盘股、能源期货、国库券、欧洲货币和股票期权。这些经历使你更深刻地认识自己和认识市场。

没有体验不同的交易活动的交易者，就像是在包办婚姻中的夫妻。这场结合可能非常适合，也可能是场灾难。这可并不有趣，并且，如本杰明·布鲁姆所说，没有感情纽带是很难维持一个承诺的。有多少交易者从未进步到大师级阶段，并不是因为他们懒惰，而是因为他们恰好选错了位置？即使是经历了求爱和约会阶段的婚姻，有一半也都以离婚告终，我们如何能期望自己，在还没有熟悉几天的市场上做出正确决策呢？

> 并不是你能否成为一个好的交易者，而是你能否发现真正适合你的交易。

我们从区别专家和新手开始，发现专家都通过深思实践进入学习链。然后问题就出现了，为什么没有更多的交易者经历这些学习链呢。对简单生活方式和快速致富的渴望，毫无疑问妨碍了一些交易者的成功之路，但布鲁姆的研究暗示了另一种可能性：也许最初就专注于实践是不对的。许多交易者在实践中遇到困难，同年轻男士难于在两性关系中担当责任的原因相同：他们只是还没准备好。如果你在交易中遇到了表现问题，与其用纪律来严厉训斥自己，也许应该弄清楚这个问题的答案：什么样的经历可以帮助你度过成长的过程，从而使你最终乐于——甚至渴望——对你的工作做出纪律的承诺？

著名的美国发明家托马斯·爱迪生曾指出，"天才是百分之一的灵感，加上99%的汗水。"许多人都错失良机，他说，因为他们都身着工作服，看上去像是在工作。但他声称，"我的一生中从来也没有工作过一天。全部都是乐趣。"这就是专业技能上的悖论：是努力工作，也是乐趣。事实上，我们在这样的乐趣上花费了大量时间，最终就相当精通了。如果你只是集中于工作上，你看到的就只是工作服和错失的生活良机。如果你除了乐趣什么也没有，在世界上所有的灵感也不能弥补没有工作的遗憾。

但是要为有乐趣的事情工作——就像那些在生活中找到适合自己位置的人一样。

在交易的世界里，也有一个属于你的位置吗？让我们一起来寻找吧。

第二章　找到你作为交易者的最佳位置

嘿，孩子们，绝不要——明白不？——绝不要让任何人乱动你的秋千。

——泰德·威廉斯对年轻的卡尔·雅泽姆斯基说

很少有主要队员像卡尔那样挥动棒球拍。他将球拍高高挥过头顶，靠挥动成一个大弧线来产生力量。对一个教练和专业棒球技术人员如泰德·威廉斯来说，卡尔奇特的姿势应该是个噩梦。然而泰德从不曾试图改变卡尔的击球方式。他仅仅提供了建议：主流投手会比少数投手的动作快些，因为他们在投手板上不做无关的运动。他把问题留给卡尔自己去琢磨。威廉斯知道卡尔已经在投手板上找到了他的最佳位置，最好不要去干扰这个选择。

如果我们都能在孩童时期，找到我们的秋千——我们生命中应该所处的位置——那该多好啊！然后我们就能很幸运的开始追求我们的梦想，早早地开发我们的潜力。莫扎特在很小时就表现出他在音乐上的兴趣，令观众惊异于他早熟的天赋。泰格·伍兹一岁时就拿起了高尔夫球棍，不久后就开始练习。鲍比·菲舍尔六岁时第一次下国际象棋，八年之后成为美国冠军。

然而，绝大部分的专业表演者不是从孩童时开始的。一些人早期的职业生涯甚至非常平凡。亚伯拉罕·林肯、温斯顿·丘吉尔都是在危急时刻时才找到适合他们的领导位置，之前都只是名不见经传的普通政客。雷·

克罗直到在收购了一家兄弟俩开的名叫麦当劳的汉堡连锁店之前，仅是个名不见经传的奶昔机推销员。保罗·高更刚开始是个银行家和股票经纪人，直到三十五岁时他才把绘画这个业余爱好变成专职的追求。安娜·玛丽·罗伯逊——民间艺术家摩西奶奶，在七十多岁关节炎妨碍她继续刺绣时才开始画画。伟大的足球四分位和踢球员乔治·布兰达，在前五个赛季还不是首发队员，并且在作为四分位回到美国足球联盟之前，实际上已经退休了。直到四十岁时他才加入了能给他最合适位置的球队：奥克兰突击者队。

如果没有南北战争，我们还能记得亚伯拉罕·林肯吗？作为一个股票经纪人保罗·高更能出名吗？我们喜欢把伟大看作是个人品质作用的结果，然而事实远比这复杂多了。只有个人和表现环境相一致才能产生天才型人物。作为芝加哥熊队的一员，乔治·布兰达仅是个候补队员。在休斯敦油人队时，他是个能干的四分位和踢球员。在奥克兰突击者队，凭借一个人的力量，他最后时刻的英雄行为震撼了整个一九七〇年的赛季。

常常，成功与平庸之间的差别就是从一个表现环境到另一个表现环境的差别。在一个合适的环境下，一种动物能够茁壮成长；而在另一种环境下，它将受到灭绝的威胁。然而不像动物，我们可以选择适合自己的位置。我们可以找到培育和发展我们天赋的环境。

乘数效应

天赋是源自基因还是从后天得到的？大概没有哪个简单的答案，能够回答有关表现的这个问题。多数天才表演者早期就展现了非凡的才华。然而，也有相当比例的有天分的年轻人从未曾出名，或不抵预期的成就。最近的研究表明只有自然基因，或是只有后天培育都不足以产生天才。这两种因素相互作用才能促进成长。

桑德拉·思卡儿关于智力的开创性研究，给我们提供了一个这种相互作用的典型例子。我们知道智商有很强的遗传基础；假设所有其他条件都相同，高智商的父母比那些较低智商的父母，似乎更容易生出有天赋的孩子。然而有趣的是，到孩子们到达入学年龄之前，在认知机能上，高智商和低智商的孩子之间的差别是非常大的。因为有较高智商的孩子更注意寻找能带来智力刺激的同伴和环境。他们的基因型——也就是先天的认知天赋——决定他们的表型——也就是他们选择的环境。成年累月不同的刺激，使得高智商的孩子们比低智商的同辈们在智力上发展得更快。

一个基因型和表型相互作用的绝好例子是，珍尼·斯达克斯和她的同事们的体育调查研究。他们报道说，有相当比例的技巧熟练的年轻运动员出生在年初。产生这种情况的原因是，与出生在较晚月份的同辈运动员相比，那些出生在较早月份的新人明显更加成熟。这导致教练和父母们认为，较早出生的孩子有天赋，并鼓励他们进入较好的发展环境。随着孩子们逐渐长大，出生日期早些和出生日期晚些的孩子们之间的鸿沟就更深了。这种基于生理上（出生早晚）的有差异环境的安排，在个人的表现成长上扮演了决定性的角色。

史蒂芬·塞西和来自康奈尔大学的相关研究者们，把这种现象称为乘数效应。在生物学上，先天的优势——个人的基础实力，使他们沿着较好的发展环境前进，并产生飞速的发展。设想两个年轻的交易者，都在芝加哥的顶级贸易学院开始学习。其中一人由于具有较快速的智力思维，因此比另外一个形成了更快的市场嗅觉。这个交易者被一家公司的领导阶层选中接受专门的训练，而另外一个较慢的人却没有额外的指导。在这个培训项目结束之际，思维迅速的那个交易者由于团队的指导和支持，有所赢利并对洞悉市场有了很大的信心。而那个思维较慢的人，由于缺乏这种帮助，不仅没能挣到钱反而把做生意的本钱也输光了。通过乘数效应，最初很小的优势却呈指数增长，最终创造出了增强的结果。塞西和他的同事们得出以下结论：即使很细微的基因上的优势，如果辅助以很好的环境，也能像滚雪球般迅速增长造成能力上的巨大差异。

研究人员解释说，天分是成功所必需的，但不是足够的。在这个意义上，能力就如同肌肉。若缺乏锻炼，天生拥有较好的肌肉组织，也不会得到大的发展。然而，如有恰当的环境刺激，就可以形成强壮的力量和体格。恰当的环境锻炼和发展了我们的天赋，并铺就了通向进一步成长的道路。

> 若交易者找到了最合适自己的位置，就开启了天赋与环境的交互，从而产生巨大的乘数效应。

这就是为什么一个运动员，在一项体育运动中发挥出色，而在其他运动中却表现平庸。就是为什么我们在市场做交易时，有时像个交易高手，有时像个生手。有多少拥有高盈利的科技股交易者在二十世纪末，他们的恰当位置消失后没能继续风光。从交易场交易到大屏幕交易的技术转换是非常难的，以至于股票交易所，曾经建立了培训项目以帮助交易者来完成这种转变。产生伟大结果的乘数效应，不仅仅需要合适的人；他们更需要合适位置上的合适的人。

> 乘数效应是常规学习和快速发展的区别，它能造就专业技能。

乘数效应在交易中的应用

当我第一次来到金斯特里交易有限公司做交易者发展主管时，公司的拥有者和创立者查克·麦克爱尔文，推荐给我的第一本书就是，吉姆·科林斯著的《从优秀到卓越》。它出色地阐述了在公司范围内的绩效概念，作者深入研究了是什么使一些公司由优秀变得卓越，而另外一些却变得衰弱。科林斯发现的关键是刺猬概念：把注意力集中在强项使公司变得卓越。刺猬概念的三个构成要素是：

☆ 你最擅长的是什么？
☆ 你在哪里能获得最高回报？
☆ 你最热衷于什么？

科林斯发现，那些未能变得卓越的优秀公司，总是与这三个要素所定义的圆圈有一定距离。卓越的公司集中所有的力量，都集中到这三个圆圈的交点上。科林斯描述的飞轮原则类似于前文中所讲的乘数效应：当公司怀着激情的动力把注意力集中在强项上，结果就是高速的发展。成功带来更进一步的成功。

当金斯特里交易有限公司，在伊利诺伊州的伊云斯顿股票交易所开始发展时，作为一个优秀的公司在发展早期，也经历过这种飞轮原则。麦克爱尔文觉察到电子商务的潜力，很早就采用了一种新的交易平台，即从"交易技术"（Trading Technologies）到相对较新的、小型电子标准普尔500指数期货的交易。公司立即把它看作一次机遇，把所有的精力都投在上面，并招募了新的交易者从事这种新的媒体。仅仅几年时间内，金斯特里就成为美国芝加哥商业交易所众多领头企业之一。在个股交易领域，金斯特里交易有限公司平凡无奇，但在电子交易领域，它却找到自己由优秀到卓越的方法。

在本行业长盛不衰的交易者，都走过相似的飞轮型道路。通过发现那些可以开发自己天赋的，并且能够吸引自己的交易方式，他们把自己定位于刺猬圆圈，并坚持高强度的学习进程。让我们看看这两个被我称作辛迪和乔伊斯的交易者。两人都参加了我与金斯特里交易有限公司共同协作的培训项目，而且都很专心致志的学习。辛迪是智商很高的学生，而且想在冒险投资前，用尽一切办法来分析交易。她很难适应金斯特里的短期交易，最终离开了这家公司去寻找另外的机会。然而，乔伊斯玩过竞争性的游戏，而且热爱快速做决定的过程及置身于危险境地。她找到了一个有良好波动的市场，并在第一年获利。抢帽子交易不能发挥辛迪的强项。她学习了市场，但从未体验过乘数效应。但是乔伊斯的增长曲线却具有飞轮的轨迹。从刚开始受训起，她就学习得很愉快。这样做很有意思——做自己能做好的事情就是如此——这样就又激励她坚持做下去。

如果你的交易结果并未像你所期望的那样，你可能会寻找获得成功的新的交易方法。你也可能会从交易的心理来寻找答案。这些可能性是好的，但是你还没有考虑科林斯提出的三个圆圈的交叉点：也就是天才、机遇和激情的交叉点。

你拥有什么天赋？市场上的机遇在哪？你对什么感兴趣？就在那里，你的努力学习会乘数效应增加，不仅带来能力而且造就天才。

怎样找到我们最合适的位置？

交易者如果不能在七十岁时像梅西奶奶，或者在四十岁时像乔治·布兰达那样，能够找到他们合适的位置。那么经济压力——如果没有其他别的压力的话——会迫使交易者们对交易的对象和方式做出草率的决定，减少了他们发现乘数效应的可能性。

假若斯卡尔和塞西都是对的话，那么理想中的合适位置就是，能使你天生的能力和品质与某个市场上的特定的机遇，以及该市场的交易风格相匹配的位置。除非你知道你的天赋是什么，以及它们怎样与交易领域中的许多可能的合适位置相互作用，否则从滚雪球般的乘数效应中，获利的可能性实在是微乎其微。

或者，如果我们能清楚地知道，我们的强项及市场机遇，尤其是两者之间重叠的部分，我们就能轻松地找到那种能保持激情的交易。

牢记这一点，让我们去寻找那个最合适的位置。

在交易领域找到你独特的位置的第一步，就是进行自我评估。表2-1给我们简单列出了交易经历的清单。花一小会儿时间，看看每项问题的答案是"是"还是"否"。我们看看你是如何反馈的，再由这些结果开始你的表现之路。

我们首先看前三个问题。它们都是交易的"约会"问题：你曾经在这个领域做过吗？你是否像医学专业的学生那样，完成了轮岗并在许多专业方向都实习过？

如果这三个答案都是"否"的话，接下来要考虑的问题是：你如何知道你的交易方法与你的天赋和性格相一致？也许你碰巧发现了时间、市场和交易方式的正确组合。那你就是牢牢抓住了幸运之神，因为以你选择的方式，在你选择的市场上做交易非常自然。你对交易感觉良好，对良好的关系或职业道路也感觉良好。然而，如果你感到交易令人沮丧或者不盈利，再加上对前三个问题你的答案都是否定，那么也许你的问题不能从心理学方面找到答案。也许你就像雷·克罗销售奶昔机或是乔治·布兰达被降级到芝加哥熊队踢球,仅仅是你没有在最合适的位置上发挥。

表 2-1　交易经历清单

	是	否
1. 在持续的基础上你尝试过在不同的时间里做买卖吗? (当天,不固定,长期的)		
2. 你试图在不同的市场进行交易吗? (股票、期货、商品)		
3. 在持续的基础上,你采用过不同的交易方式吗? (技术交易、记录交易、定量交易、机械交易)		
4. 你有过有规律地经商的经历吗?一年还是更久一些?		
5. 当你不满意结果时,你在交易方式上做过重大调整吗?		
6. 你有始终如一的、一直在使用的交易方法吗?		

　　现在我们看看第四个问题:你有过有规律地经商的经历吗?一年还是更久一些?如果答案是否定的,那么再问一个,你真的有足够的时间和经验来尝试各种市场、交易方式和时间的不同组合吗?假若我女儿的稳定约会时间少于一年,就告诉我说她已经找到了她生命中的最爱,我会向她表示祝贺,然后会鼓励她在许下一生的承诺之前,对这段感情先培育一段时间。对于那些只经历过几周公司的培训,或是参加过研讨班课程后,就投身于市场和交易的交易者,我的建议也是一样的。当然,要尝试,但要保持思想开放。假若你尽了最大的努力,但它还不起作用,那么就考虑换一种方法。输掉你百分之八十的交易股份,去追寻也许并不适合你的东西,是没有任何意义的。在合适的位置就如同拥有合适的恋爱关系:它将俘虏你,它将点燃你的热情,它将是你所有的期待。如果早期就没喜悦的心情,那么后来也必然不会有。就如同恋爱一样,从来不是被安排出来的。承诺应在热恋后才能许下,然而热恋绝不可能在承诺之后才产生。

　　第五个问题用来评估一种不同的经历。我所了解并一起工作过的,最杰出的交易者都是思想家。他们永远在改进他们的交易,失败成了他们最好的老师。他们随时间变得更多面化，学会了怎样适应不同的市场环境。如果你的交易时间不足一年以上，而且在交易方法上也没有做过调整，那么你运气不错，未经历过戏剧性的市场变化。"不要混淆技巧和牛市。"这是句古老的谚语，从中我们可以看到世纪之交，在二十世纪九十年代众多有技巧的交易者身上发生的事。在服装店，为了选到合适的衣服，你可能不得不试穿许多件，而为了将表现的机车调整到最优状态，你将不得不做出重复的努力和很多调整。通过经历不够理想的交易方式和交易环境来改进方法，你就学到了你最合适的交易方式。如果你对问题"当你不满意结果时，你在交易方式上做过重大调整吗？"的答案是否定的，你可能是找到了某个暂时舒适的领域，它反映了当前市场却不反映普遍市场。你现在认为最合适的位置，也许不是你今后几年所合适的位置。你要面对的挑战不是去学习市场，而是在情况变化时重新学习它。

这把我们带到了最后一个问题："你有始终如一的，一直在使用的交易方法吗？"

我们将不得不在这个问题上花费一些时间。事实上它是个很棘手的问题。

我们能从不一致中学到什么？

戴尔起初就他的一个交易问题与我联系。他是一个职业军官，看上去很合适从事交易。他了解规则，也明白深思实践与成功表现的关联。他既**聪明**又具有创造性，在战场上领导军队执行过无数次任务。他能独立的思考，而且具有快速且致命的行动能力。

听戴尔的介绍，他的问题是不一致。尽管在过去的一年他已经形成了自己的交易方法，但对清单上的最后问题，他却不得不给予否定的回答。**他会不断地转变策略**，在达到止损点和目标价格点之前退出市场。别的时间，他没能成功地处理那些实际上会成功的交易。"我的情绪是最大的障碍，"戴尔解释说，"我想知道我是否具有适合从事交易的性格。你有我可以进行的性格测试吗？"

我想说这是我从读者们那听到的一个最普遍的问题。交易者们听说性格（或者更广义地说是心理）对成功交易来说很重要，因此很自然地就想知道，他们是否"拥有适合从事交易的性格"。

希望你到目前为止，能看出这个问题是毫无用处的。就如同一个学医的学生，问她是否具有合适的当医生的性格。当然，也许她的性格适合研究急救医学，而不适合研究药物；也许她适合当麻醉医师而不是家庭医师。问题不是一个人是否拥有一个全球"合适的性格"，这种性格适合于交易、医学、体育或任何其他广泛的表演领域。问题在于要找到你的性格和你所从事的行业，如交易、医生、体育之间的合适点。戴尔的性格适合当步兵军队中的指挥官，但在海军战舰和战斗机驾驶舱里，他或许会经历无数的失败。

如果适合在某专业领域工作的人，不得不在另一个完全不同的行业工作，那么会怎样呢？结果就是不一致。几年前，一个非常适合精神病学的医科学生，在外科做实习医生时曾经咨询过我。她的家人非常想让她当外科医生，在压力下，她签约做了名外科实习医生。结果怎样呢？该学生花费大量的时间，与她的手术病人及其家人交谈。实际上，由于她忙于安慰焦急的病人家属，结果竟然错过了两个已经预约好的外科手术。她能深刻感受他人的情绪状况——这是一个精神病医生所需的良好品质，然而这种品质对一个外科医生来说，却几乎毫无助益。当我在手术室等待开刀时，会希望我的外科医生沉着冷静，而不是感情用事。

这个外科实习学生，因为她在实习时的"不一致"表现找到我。医生们觉得她的缺席行为，暴露出她缺乏专业精神和敬业精神。他们还认为那也暴露出，她对教授她的实习医生和住院医生缺乏尊重。事实上，她的缺席并不代表这些，她仅仅是做了她自然而然要做的，而忽略了其他的。

这也是戴尔的问题。当我搜集他不一致表现的资料时，发现他所选择的方法涉及套利交易。他已经阅读了关于套利交易的资料，而且被买进强势合约并且卖出弱势合约这种理念所吸引。例如，他会认为与能量相关的股票，在通货膨胀的情况下会表现良好，而与科技相关的股票将会表现呆滞。于是他会购买能量交易所买卖基金（XLE），而抛售掉半导体（SMH）合约。即使市场上爆出了意想不到的消息，他仍希望这个点子能赚钱。只要能量股表现远远好于半导体股，那么他就能获利。

他的大部分"缺乏规则"的交易，都是那些他觉察出一方不寻常的强势或弱势，而另一方呆滞的情况。例如，他可能会看到原油股刷新了多日高点，并且能量股给出一个很高的买入价。如果能量股能反映广阔市场的稳定性——而且如果半导体股保持自己的位置或者攀升——那么他就会从空头中赎出，而购买所有的能量股。有时这会起作用，但通常不会。一旦能量股足够坚挺，令他改变套利的方向，它的波动——至少是暂时的波动——就已经结束了。

我对戴尔的提问很简单。"假设你正领导部队在战场上执行一次勘察任务，你发现敌军的主要军事设施都在附近，而且防御松懈。你想进攻但又不想放弃部队当前的位置。当你试图用无线电请求进攻时，却打不通总部的电话。假若你的上级指挥官双面下注，并拒绝接听你的电话，迫使你不得不对于进攻问题做出决定，这时你会怎样想他？假若你的任务成功了，他就会受表彰；假若失败了，他就会声称你没有获得他的批准就擅自行动。"

可以理解，戴尔对我给定情节的回答有些退缩。他清楚地表明他不会再尊重那个不承担决策责任的长官。"领导者不会下赌注，"戴尔坚持说。"如果他对下属没有信心，就不适合当领导。"

很快，戴尔就认识到自己的问题。通过套利，他就是在市场上下赌注，内心深处他没把它当作一种交易方式。理智上他知道这是一个良好的，有成功可能的交易方法，但感情上他却觉得这么做很没胆量。因此当他实际上有机会在能量股交易中"攻击敌人"时，就展现了他的本色。他不再下赌注，并且承担了进攻的责任。正如那个与她的外科手术病人家属谈话的医学学生一样，他做了自然而然要做的，结果，却感觉不合纪律。

我们说问卷调查表的最后一个问题是棘手的问题，因为它同时评估潜在的强项和弱项。许多改变他们交易计划的交易者，在某种层次上意识到那些计划不适合他们。他们丧失原则是由于直觉地受他们天生的交易方式的吸引。对他们的问题的解决方法，不是盲目地坚持遵循他们的方法和原则，而是看看那些方法，是否真的是他们应该遵循的。爬梯子的第一步是确保它是否靠着合适的位置放置。许多交易者就像戴尔那样，狂热地攀爬放错了位置的梯子，然后责怪自己行不通。

> 当你已经发现你最合适的位置时，你不需要遵循原则去做正确的事。你不会想做其他任何事。

冒着重复的危险，请允许我解释清楚这点。如果所有的条件相同，我们将很自然的受那些我们能充分表现的活动的吸引。我们将避免做那些不能发挥天赋和兴趣的工作，我们将会寻求能成功，且能掌握的经验。如果你找到了合适的位置，你将一贯的做正确的事，因为那些对你来说是很自然的。如果你没能一贯做正确的事，也许你还没能找到天赋、机遇和兴趣的结合点。当不一致时，我们可以做的就是跟随自然的指引，走向我们擅长的道路。

爬上正确的梯子

在决定最适合你的市场和交易方法时，什么都代替不了真实的实战经历。然而仍然有一些指导方针能够帮助你入手。基于先前对雪莉、大卫、帕特和艾伦的讨论，这里是一些进行快速自我评估要考虑的问题。

你是由心还是由头脑做决定的?

思考一下你做决定的典型方式。不要仅仅考虑交易和投资决策。想想你是怎样买房、买车，或你最近做的大宗购买。你是否认真研究了你的选择，衡量了利弊？你是否花了大量时间来做决定？或是很迅速地凭心情做出了决定？你是否是基于喜好或是基于你清单上所列特点的最佳组合来做出选择？

我们如何做决定，表现了我们的认知方式；它反映了我们是怎样学习和处理信息的。心理学研究表明，这个特性有很强的遗传性因素，而且不容易改变。我们更愿意通过找到适合自己认知方式的交易方式，而不是通过试图改造大脑的运作来发现成功。尼采断言说，世人要么是阿波罗式的思维，要么是酒神式的思维——以理智或是经验改造世界——这反映了我们根本上的不同。

吉姆·库根，《市场思维与市场盈利》的作者，最近向我强调："交易者们需要明白，他们是怎样完成决策的：大脑中分析和综合的部分，所发挥的功能以及两者的结合。你不能不带任何情绪地评估风险，但是可能会过于感情用事。"决策时我们每个人都有从准确的理论和感情经验中综合信息的不同方法。当我们没能成功地综合时——当我们试图不以自己的认知方式进行操作时——用戴尔的话说，我们就变成了自己最强大的对手。

在我们先前讨论的交易者中，艾伦和雪莉是靠头脑做决定的交易者；派特和大卫则更可能靠勇气做出决定。艾伦和雪莉喜爱研究的过程：她们要花费比实际交易更多的时间在琢磨点子上。她们是分析型的：搜集资料并依靠这些数据来做决定。

派特和大卫却相反，他们是模式读者，依靠对市场行为的理解做出决定。大卫观察市场波动，紧密监视何时到达买入和卖出价。他已经对大交易者——大自营商和机构——何时将市场情绪由看涨变为看跌或相反有所感觉。派特是个图表阅读者，依靠关键指标模式获得对市场走势变化的判断。

正如我们从交易者的例子中看到的那样，我们的认知方式决定了我们在市场上能看到什么，以及怎样看它们。一个心理学家看待病人的方式和放射线学者或者是研究人员看待病人的方式是不同的。同样地，一个像戴尔的军人做决定的方式，与一个婚姻顾问或者牧师的方式是完全不同的。当我们把所有包括分析的、直觉的、感情上和理智的品质都综合起来，每个人大体上就有一个主要的方式。这种方式若恰当地应用于市场，就会成为我们潜在优势的一个重要部分。

你在情绪上是受刺激性还是稳定性的吸引？

我们中的一些人非常有耐心而且深思熟虑。他们有计划地朝着工作目标迈进，并在工作结束时获得奖励。其他一些人则需要立刻见到报酬。我们很容易对一成不变的东西和需要耐心和详尽准备的追求感到厌倦。正如你所想的那样，情感类型的不同在决定一个交易者进入、参与和退出市场时，扮演了很重要的角色。有些渴望新奇、兴奋和满足感的人，在持仓和停留在呆滞市场之外时会感到困难。如果要求一个以连贯和稳定成功的有耐心的交易者做短线交易，他就会变得烦躁。

和决策模型一样,我们的情感类型也反映在日常生活中。那些更喜欢短期满足感的人趋于追求刺激。他们很可能很外向,而且更喜欢参加那些需要有高度情感参与的活动:社交聚会、新奇的假期、竞争性的体育运动。这种人也倾向做风险交易者。如果要在安全熟悉和不寻常不熟悉之间做出选择,他们将倾向于选择后者。大卫很显然是个刺激追求者。他讨厌呆滞市场,有时会使用大手买卖刺激大交易者的行动。当市场急剧波动,在各种价位自由波动时,他是最开心的。不同的是,艾伦也是个刺激追求者。她设计并修改交易系统,喜欢在不同的市场使用它们。艾伦不会只开发单一的系统,并只使用它进行交易。她从交易中获得的很大一部分满足感,来自产生新点子,检验并完善它们。

那些喜欢稳定的人会受安全感的驱使。他们不是冒险家,比起未知事物,他们更喜欢安全稳定的事物。特别是他们不需要高度的新奇和刺激。他们在同一时间起床,早晨做相同的事情,走同一条路去上班,吃相同的食物,等等。他们不追求变化,而且通常不能很好地适应变化。由于这个原因,追求稳定的人不像追求刺激的人那样,他们倾向于限定市场风险,并依赖熟悉和舒适的交易方法。大卫和艾伦倾向于推开舒适的保护,他们总是在尝试市场上的新东西。而另一方面,雪莉是个勤奋的交易者。她花费很长的时间用于形成市场观点和建仓。市场短期的升降给她带来的是精神上的干扰,而不是刺激和机遇。在大卫较冲动,而艾伦采取"让我们大量抛出看看哪个能坚持"的时候,雪莉只做一件事并把它做好。除非她能找到大量证据证明那个仓位看上去不冒险,否则她不会在市场上开盘买卖。

派特则追求另一种不同的稳定,一种在交易者中不被欣赏的稳定。他并不指望靠交易来谋生。因为他更喜欢职业带来的薪水、稳定性和挑战,交易对他来说只是业余爱好而不是职业。他对家庭尽职尽责,担负维持整个家庭的责任。为了保持工作和家庭的优先,他在晚上做精简化的交易,一次持仓数天或几星期。许多夜晚,他简单地回顾图表,在网上看看新闻,并继续过他的生活。他不想情绪性的涉足交易,也不想在市场上寻找刺激。同他交谈发现,他更喜欢分享他在生意界的刺激。交易仅仅是一种有趣的挑战和对薪水的补充。他交易账户上的资金仅占他净存款的一小部分。"假若我赔光了所有用来交易的钱,"派特说:"那一点也不会影响我的家庭和事业。"他绝不可能盈利上百万美元，但也绝不会承担上百万美元的风险。

表2-2显示了认知方式和情感类型交叉结合的情况。四个交易者每人占据表格的四分之一，这告诉我们他们处理事情方式的不同。毫不奇怪，那意味着他们交易方式的不同。通过认识我们的认知方式和情感类型，我们能够更好地认识我们自己，也能够更好地认识可能的最佳市场位置。

例如，我自己的认知方式是分析型。即使做短期投资，我也会分析交易额是略微提高还是减少。交易日的每一时刻我都会通过监视一揽子热门股票来估计市场趋势是继续还是回调。我也相对地不愿意冒险。我只愿意在某一单交易上，损失账户上的一小部分资金，而且也不愿意在呆滞时期，价格几乎没有变动机会的时候交易。并不奇怪，若市场能提供大量用于分析的信息，我会在这些市场（股票指数）上交易，而且我几乎只在上午交易，并试图在市场波动期间，抓住它有限的短期波动。我办公室的一张海报刻画了一个战场上的军队狙击手。这就是我的交易方法：花费几小时勘察敌营，保持自己的隐蔽，等待最佳时刻射击，完成后再埋伏好。

这种交易方式对我有效吗？那是当然的。显然，这种方式会使活跃的冒险家或独自交易者感到沮丧。交易策略是没有错误与正确之分的，有的仅仅是对我们来说是正确的还是错误的策略。问问你自己愿意是雪莉、大卫、派特、还是艾伦。他们中谁更像你？你的答案将给你理想中合适的位置提供宝贵的线索。

表2-2 交易时，情感类型和认知方式相结合的例子

感情类型——寻求刺激型	
艾伦—开发新的交易系统并用新的研究进行交易	大卫—进行短期模式交易，一直在市场上
认知方式 分析型	认知方式 直觉型
雪莉—在较长时间内形成确定的方法并依靠它交易	帕特—在兼职的基础上投资长期市场，处理复杂的投资组合
感情类型——寻求稳定型	

市场机遇：方程式的另一半

迄今为止，我们把注意力都集中在你的天赋和兴趣，以及他们是否与你的交易内容和交易方式相适合上。方程式中有另一个影响因素，而且它非常微妙：那就是你在市场上的时间内机会的数量。

说它微妙，是由于机会是变化的——而且要求我们跟随它而变化。

最近我为交易市场网站写了篇文章，描述了为什么有这么多短期投资的交易者在小型电子标准普尔 500 指数期货市场上挣扎。往上追溯四十年，我研究了一个 250 天浮动的窗口里，两天里价格升降的比例。换句话说就是，我观察了市场上连续两天内波动的次数。这是种衡量市场走势的简单方法。

我们假设市场各有一半上涨与下跌的可能，然后再看看这 250 个时刻中的 125 个市场在连续的两天内是下跌还是上涨。然而在六十年代末七十年代初，250 次中单边行情的次数维持在 140 次之上。到 2006 年这个比例一直在稳步下降，到我写作时，它停留在最少 100 次左右。换句话说，我们从一个很可能上升紧跟上升和下跌紧跟下跌的市场进入了一个上升紧跟着下跌，或下跌紧跟上升的市场。

另外，我发现了这在各时间段都会出现的证据。Barchart.com 网站对于跟踪每只股票，在各种技术性交易系统上的表现情况进行研究的认购者有个很有趣的特色就是自然趋势追随，例如，在高于移动平均数时购买，在低于移动平均数时抛售。这些系统有些是短期的，包含平均持续几天的交易和模式，有些会持续更长时间：高达六十天。Google（GOOG），在三年的交易表现期内一直强势的股票，在各个系统都盈利。然而小型电子标准普尔 500 指数股票交易基金 SPY，在每个系统都亏损。换句话说，Google 在多个时间段内都有趋势，而大盘却不是如此。

随着自动化交易的出现，以及更多的程序化交易和它带来的套汇交易，大盘的波动趋势也不再普遍。由于它既会在很短的时间（当天）也会在很长的时间内发生，就既影响了投机者也影响了活跃的投资者。动量交易（购买短期市场优势股，抛售短期市场弱势股）和长期趋势跟随，在小型电子标准普尔500指数期货市场也不起作用了，证据是许多过去靠市场投机为生的，自营股票指数交易者发现机会在逐渐减少。

　　有趣的是，一些交易者受动量交易的吸引，一些则是很耐心的趋势跟随者，还有一些用反趋势的方式交易，这减弱了市场的波动。我也注意到，许多交易者对买空或卖空持有很顽固的偏见。毫无疑问，性格在这种偏好选择上起了作用。然而我怀疑交易风格的灵活，会比这种偏见更有利，我曾看到具有各式各样独特偏好的交易者也获得了成功。然而，这种成功的出现，总是因为市场机遇与这些偏见相一致。趋势追随者在市场趋势持续时赚钱；动量交易追随者，在短期波动持续到下个时期时盈利。正如我所发现的那样，一旦市场机遇变化了，这些偏见就会使交易者面临风险。

　　这时候，他们就得转移到新的市场（与他们的偏见相一致的市场），或是培养新的交易方式。这两者都不是简单调整的问题，然而这是市场所需要的调整，通常会转变他们的追随模式。尽管使认知类型和情感类型与交易方式相匹配是很重要的，但是如果市场上没有客观机遇存在，它们是没有任何意义的。像我那样做简单地分析，例如观察时间段，决定上涨紧跟上涨和下跌紧跟下跌的频率，将会告诉你很多市场的特性，而且也会告诉你它是否与你的交易方式相匹配。

　　市场特性的另一个方面就是波动性。一些市场的波动比其他市场更频繁，这会转化成更大的风险和回报。最近我在交易基金博客里写了一篇分析文章，观察了五天内市场上弱势股的表现。对接下来五天的市场预测是无论标准普尔500指数还是卢塞尔2000指数都是牛市。尽管历史上在这两种指数上盈利和亏损的交易量基本相同，卢塞尔指数的回报却平均高出百分之五十。这是由于研究期间小额股票有更大的波动。这种情况下——如我所研究的大部分案例——个人的盈利是由交易的市场和交易的模式共同作用的。又一次，我们看到交易方式和市场的匹配是交易表现的关键。

> 市场就如人一样，有它自己的个性。我们与市场的关系及相容性，会决定我们盈利的程度。

交易中最棘手的方面之一就是在一天之内或者更长时期内市场波动变化多端。正如熊市比上涨的市场更趋向于不稳定，我们常常看到股市开盘和收盘时会比中间时刻有更多波动。例如，比起中间时段或下午的纽约市场，纽约和伦敦市场开盘时刻的货币交易量更大并呈现出更强的波动性。早上能赚钱的短期交易方式在中午也许会拼死挣扎。交易方式与市场特性在某一时段的契合点，一旦错过就不再出现。

这里是影响交易表现的三方面：（1）你的天赋和兴趣；（2）你的交易方式；（3）市场及其特性。你的个性和交易方式的配合程度，将会决定与你的能力相适应的交易风格和纪律。你的交易方式与市场特性的配合，将决定你在市场上具有何种程度的优势。市场特征的持续变化，确保了那些适应性很强的交易者，在交易生涯中更有可能维持专业的表现。

将模拟交易作为自我发现的工具

在你开始努力成为一个成功的市场表现者时，与其他领域的学生相比，你有一个劣势。体型塑造者可以在有重力的房间里锻炼；舞蹈家可以在工作室训练；然而，交易涉及金钱和风险。在你发现最合适的位置并获取经验之前，你很容易就已经挥霍掉了全部的交易资金。

这就是为什么说在初期的发展过程中，模拟交易是个很有用的工具。模拟交易不涉及货币冒险，这使它在心理上与真实交易不同。在早期的发展过程中，这是个有利因素。你不用精确的模拟进入和退出，你的盈利和损失结果也并不是那么重要。然而，用模拟交易可以对不同交易方式和市场形成感觉。就某种意义来说，在你成长为成功交易者的开始阶段，可以把模拟交易当作电子游戏。看看它是否有趣和具有挑战性。看看它是否仅供娱乐。看看它是否适合你的认知方式和情感类型。而且，看看它能否提供机遇。

许多交易平台都提供模拟交易的能力，包括 CQG、NeoTicker、Ninja Trade、E-Signal 和 Trading Technologies。对我们当前的目标来说，铃声和哨声都不太重要——你所需要的只是一个能让你练习交易、追踪交易和它们的盈利亏损情况的平台。

你需要在不同的市场，以不同的交易方式进行模拟交易。这两者的结合能让你发现许多可能的合适的交易位置。

假若你发现你确实很讨厌某个特殊的市场和交易方式，那就把它当作有用的信息，尽力找到什么使你避开它，或者是你缺少些什么。假若某些感觉很好而且操作得很自然，那也很具有指导性。重点是要有创造性。尽力去观察交易者，研究他们、模仿他们。尽可能多地接触市场和交易方式。去探索，去练习。

你需要多久才能对某个特殊的交易位置有感觉？最佳情况是，对活跃的当日交易者来说，至少需要几周，对进行长期交易的交易者来说，至少需要几个月。像我先前提到的医学学生，他们至少得用六周时间在每个科室转一圈。这是因为他们需要充分的接触一系列的治疗过程以及病人，以便真正地体会到外科手术医生是什么样的。类似的，经历各种各样的市场——运行快速的市场，运行缓慢的市场及趋势市场——能帮你意识到每个交易位置的细微差别。六个星期的当日交易的经历，会给你提供大约三十天的接触机会，这大概够了解多变的市场运动。同样了解短线交易，你一次持仓需要几天，就可能需要半年时间。

这看起来像是个很长的准备时间。想缩短全面了解的过程而直接到真实的交易中去赚钱的诱惑是存在的。然而正是这种走捷径的企图，产生了许多感情驱动的交易问题。我们应该这样来看：你的认知方式和情感类型，将最终获得成功。

> 你将总是受到自然的处理信息方式的吸引，你也总是会被能带来满足感的事物所吸引。

这种满足感，要么就是已经设计好了——能带领你走向你想去的方向——要么还没被设计好，而是推翻你正继续试图完成的事。

第二章 找到你作为交易者的最佳位置

> 如果你跳过交易成长过程，没有首先找到恰当的位置就进入市场，你最根本的个性，很可能会与你自己（人为的）定的恰当位置不一致。

这不会产生乘数效应，反而会产生分离效应。你告诉自己用一种方式交易，然后内心和大脑却朝着完全不同的方向。

最近，我面试了一个交易者，他想进入我的公司工作。之前他已经在另一个交易公司进行了培训项目，但那个公司很快就停业了。在之前的培训经历中，他曾被要求制定一个所谓的"商业计划"，难以相信（我认为），他写了长达二十页的文件，详细分析了他要交易的市场，怎样完成交易并如何衡量他的表现，如何改进他的表现，诸如此类等等。他打算接着按照计划，在公司的模拟交易系统里工作。

这听起来很有逻辑：拟定计划，通过模拟实践然后在真实市场上付诸实践。然而，现在他的公司已经关门了。如果一个交易者没有首先尝试交易（模拟的或真实的），并找到与自己能力和兴趣相适合的交易及市场，他怎么能为自己制定出最好的计划书？交易计划写得很好，并且商业计划也是任何商务投资成功的关键因素。但假若你是个银行贷款经理，或者是个风险资本家，你会为由某个没有商业经验的人提交的长达二十页的商业计划提供资金上的帮助吗？任何你制定的计划都应该来源于实践及你在实践中观察到的机会。布鲁姆发现，这样的经历会让你制定好交易计划：尝试不同的市场和交易方式，并找出感觉良好的那些。

怎样的经历在探索合适市场位置时最有帮助？假如要我对你的模拟交易和位置的寻找提供几个核心的经验，那么就是：(1) 在个人股票市场上进行最基本的长期的交易；(2) 对股票指数进行短期趋势或反趋势交易；(3) 系统地进行一揽子商品交易；(4) 相关交易工具间的互相交易（股票板块，不同周期的定息工具，不同到期日和协定价格的期权，等等）。这些最基础的交易能让你逐步研究股市和行业，并教会你如何判断。短期指数交易会给你带来基于当日供给和需求的波动迅速做出决定的体验。系统交易——简单如当日移动平均数交易——将会使你对这种基于规则的，多种工具的交易有所了解。关联交易会带给你一种用不同的方式思考市场运动并从中获利的方法。

这些仅仅是很常见的交易市场和交易方式,而且有很多方法可以进行组合。例如,如果你认为由于有较好的利率的环境,相对大规模的投资股票而言,小规模投资的股票是个牛市,那么你可以介入长期的跨期交易。这可以让你像个重要交易者那样,在卢塞尔2000种小资本股票和标准普尔5000指数间进行关联交易。另外,你还可以跟随这些工具之间差异的价格表,像趋势交易者那样做差价交易。有参与短期趋势交易的系统交易者,也有实施长期基本市场概念的系统。工具、时间段和方法的排列几乎无穷无尽。

寻找合适的交易位置需把具体的个性考虑在内

有关个性特点的研究发现了五个特质——即所谓的五种个性类型——神经质、外向性、对经验的开放性、谨慎性和宜人性。这五类性格在人的一生中非常稳定。这些特质从根本上定义了我们是谁。他们影响了我们处理信息的方式,抓住了我们内心最深层次的需要和兴趣。图2-3列举了几个与其中三个特质有关联的合适的交易位置。

请记住:我们正在用模拟交易作为发现自我的一种工具。在你从事的市场上进行交易——尽一切办法提高自己的交易水平——但是输钱时不要沮丧。这就是为什么我们要进行模拟交易的原因!在成长的这个阶段,把自己看作是个参加几个不同体育队的高中生。在每个队体验之后,决定从事哪个专业就变得很容易了。

你是喜怒无常还是易发脾气?这说明你是否是神经质型。你喜欢社交、娱乐还是喜欢保持严肃和自己待着?这揭示你外向的程度。你喜欢尝试新的事物、新奇的主意、到新奇的地方旅行还是喜欢固守习惯?这将告诉你对经验的开放性。如果你的模拟交易经历很有趣,那就是很好的机会。因为它能与你性格中三个特质相匹配。如果你发觉你的经历令人沮丧,它很可能和这三个特质不匹配。改变你的交易频率和你平均持股时间;使你的交易市场和交易方式多样化:基本交易、趋势交易、系统交易和关系交易。当一些东西吻合时,你就知道你找到了一些特别的东西——

它能启动你走向乘数效应的道路，并加速你专业化技能的学习。

表 2-3　个性特质与交易的合适位置

神经质型　这类人趋向于大量遭受消极的感情，如愤怒、沮丧、罪恶感，或是生气。平均来说，他们在短期交易方法上遇到的困难，比长期交易方法要多得多。交易与交易之间间隔较长的时间，能够减少交易者在感情激发条件下，做出盲目决定的可能性。低神经质的交易者，更易于容忍有很高波动性的市场，因为他们不易于激起情感的波动并造成交易崩溃。

外向的冒险型　他们趋向于有高度的外向性，并经常被一些道路吸引。在那里能使他们很好斗，或者利用频繁地交易，或者允许他们进行大规模移动的手段。内向型的人更可能凭借分析和研究来做决定，并从伴随有好消息的市场中（新闻、容量、市场深度等）盈利。外向型的好冒险的交易者，经常通过积极的交易，表现他们好斗的倾向；不爱冒险的交易者将减少与市场的接触。

对经验的开放性　那些爱好创新和多样化的人，受挑选股票和其他交易方法的吸引，那些能够让他们在不同时刻持有不同头寸的方法。这类交易者经常依赖能自由决定的、利用模式型认知和其他的交易技巧的交易方法。更为结构化的是，在遵守规则基础上的交易更易于吸引那些个人，与令人兴奋的新的经历相比，他们更喜欢安全的可预测的经历。与使用多种交易品种并多次交易比较起来，他们更易于选择系统化交易，交易量少些。

从你的交易位置中到底可以发现什么

一本名叫《现在，发现你的力量》，由马库思·贝克汉姆和罗纳多·克里夫顿博士所编写的有趣的书给出了令人信服的推断，它认为人们是通过发展强项，而不是通过努力克服缺点来发展潜力的。他们表明，成功的表现者带着缺点工作，但却通过最大限度地发挥强项而取得了很大的成就。一个棒球队要想将一个有天赋的击球员，变成一个有技巧的守场员，无疑是在浪费大量的时间,这个时间如果被用来改进他的击球技术会更好——然后把他作为指定的击球员。我一直都比较擅长大局的思考,而不擅长对细节方面的处理。差事和任务让我觉得很沮丧,但我却很享受从大脑一片空白开始,设计和执行一个行动计划。从另一方面来说,我的妻子麦琪或许是我所知道的最善于组织的人。没有任何细节可以逃过她的视线。正因为这个原因,我在研究我们家的投资战略中起主要作用,而麦琪则在付账单和坚持财政记录上起主要作用。我们的婚姻已经愉快地持续了20多年,因为我们谁也不会试图去改变另一个人。我们懂得发挥各自的实力。

> 当你在不同的市场,用不同的交易模式进行模拟交易时,你其实是在搜寻你的强项。

通过强调你与众不同的能力,你作为一个交易者的成功,将是你在生活的其他方面,例如职业生涯或婚姻中所获得成功的写照。如果情绪处理的速度是你最优秀的能力,你也许可以在短期交易中一显身手。如果你是数学和计算机方面的奇才,你也许会在系统交易中找到用武之地。你理想的交易位置将是既可以锻炼你最好的天赋,同时又是带着你的弱点进行工作的职位。

这里有一个重要的表现原则。请注意。

> 不论你独特的能力到底是什么,你都已经在从事它了。

这对于确定你会在哪里表现更出色是很重要的。一个能够在市场研究(例如,提出基本的交易理念或机械系统)中出类拔萃的人,已经在交易之外的其他领域,展现了他在研究方面的能力——或许就正在进行某种形式的研究。还是个孩子的时候,我就收集了棒球手的大量统计数据,并用这些数据来决定,应该把哪一张卡片添加到我的卡片收藏中。现在,每一个到过我网页的人都应该知道,我收集了有关市场的大量数据,并用这些数据来进行市场交易。通过组织信息来做决定是我的一个能力。这种能力早在我从事第一单交易之前就存在了。在成功的短期交易者开始他们的交易生涯时，常常具有从事竞技电子游戏、赌博或扑克牌的历史。他们已经习惯了迅速做出决定和承担风险：这就是他们的能力。避险基金的定量交易者，常常有非常不一样的背景——对数学、科学和其他分析项目非常精通。

我最近和周·马克曼——MSN Money 网站的编辑作家、专业货币管理者、《策略优势》和《交易者优势股票选择服务》的编辑交谈过。他告诉我，他作为一个成功的股票选择商，其实是开始于对运动比赛的沉迷。他决定对运动员进行一个统计研究，发现得到了回报，因为他在运动比赛中一直做得很好。后来，他把对研究的热爱应用到股票上，并对 MSN 的 Stockscouter 屏幕工具的开发提供了帮助。现在他把这个研究用来寻找华尔街非常成功的公司，为投资者（策略优势）和交易者（交易者优势）提供主意。其中的核心能力是深层挖掘：他用天赋和一个财经记者的心智来选择股票。这让他可以找到其他人没想过的机会。他的最佳位置不会遇到挫折。

> *成功的公式：寻找你可以做好的事情，然后弄明白如何在交易中做到它。*

贝克汉姆和克里夫顿书上有趣的一点是，让读者通过网上测验来评估自己的能力。这个测验并不是非常复杂——并且由于大多数是问卷，结果并不一定准确——但是它确实能确定人们天生适合从事的活动。一共有 34 种能力，每一个都有一个名字。例如，名叫"Woo"的能力反映了说服和影响别人的能力。这对于领导者和销售专家来说是非常宝贵的天赋，但对于有创造力的艺术家就不是那么重要了。测验给出的反馈确定了一个人的 5 项基本能力。

> 由于一个人理想的交易模式，或许不能完全和这5种能力相匹配，那么如果这5项中的大部分不能被积极运用，很难想象如何在交易中（或生活中的其他事情上）获得成功。

例如，我的最重要的5个特点是完成、学习、交际、分析和最优化。交际能力是指建立有限的亲密的人际关系，而不是拥有广泛的社会交际网。深化现有的人际关系比发展新的人际关系显得更自然。最优化能力反映了充分发挥个人能力和基于他人的才能与之相处的兴趣。有了这些特点，我是一个强调通过焦点解决的询问方式来建立强项的心理学家，这可真让人吃惊。还是说我通过不停地分析和学习新的市场模式来进行市场交易——或是说我每天早上5点之前就开始工作只是个巧合？我的能力也帮助我从事我所不擅长的：迅速地投机交易、大量的社会事件，和对患有严重情绪障碍的病人进行长期的临床治疗。我的社会关系是成功还是失败，取决于我是依靠自己能力还是试图改变自己，如变成交际花。同样，我所认识并一起工作过的成功的交易者，也都发现了适合自身本质的市场活动。或许，这就是为什么他们——和其他很有成就的人——有时候看上去表现得非常轻松。

尽管它可以提供一些信息，你也不必做这本书中的测试来确定你的能力。根据贝克汉姆和克利夫顿在书中的讨论，下面这些要素可以帮助你了解你与众不同的品质：

- **你天生喜欢做什么**。如果有空，什么活动可以吸引你？你每天最期待的是什么事？由于我们需要很快地做出判断，我们的能力应该是与生俱来的乐趣。如果你必须要集中所有的意志使自己去做某件事，那么这件事很可能不是你的能力所在。
- **你能自然地做好什么事情**。我们大多数人都很喜欢我们能做好的事情以及能给我们带来成功和认可的事情。布鲁姆的研究表明有很大一部分很有才能的人是由早期表现出的技能而开始他们的发展。例如，大多数受称赞的医学研究者的开端是在学校的优秀表现，特别是自然科学成绩优异；大多数奥林匹克运动员从小就表现出很强的运动能力。非常成功的交易者表现出不同的天赋——从数学分析到对模式的直觉认识——但是所有这些能力在一个相对很小的年纪就有所表现。

- **重要他人怎样看待你**。有时我们并不能很好地判断自身的价值和缺点。其他人也许会在我们不在意的方面觉察出能力。例如，布鲁姆发现有天赋的表现者，在很早的时候就被老师和教练发现是很"特别的"了。维持这种特殊的感觉成为他们早期的重要动力。很早以前我就认为自己是个专业作家，编辑的反馈肯定了他们对我的信心。如果一个有经验、有洞察力的指导者，相信你在交易的某个方面具有天赋，很可能这个方面对你在市场中的成功会有所帮助。

从模拟交易的练习中，你发现了自己与众不同的能力。当你很快地培养出对市场模式的感觉，发现被所看到的模式深深吸引，并能基于洞察力自然做出反应时，你就会明白你已经接近你的市场位置了。如果在经过相当试验后，你还没有用一个交易方式找到适合你的职位，就尝试下一个。毕竟，如果最初几次的约会不令人愉快，你不需要说服自己加倍努力于"营造这段关系"。如果是这样，很可能是你的能力或他的能力不协调。交易模式也是如此。如果在一开始的时候你没有成功，就再试一次。但如果尝试变成了努力，那就试试其他的。好的交易位置数不胜数——就如有很多好的人际关系一样——得找到一个基本合适的。

每个人都能在交易中获得成功吗？

之前曾提过我所遇到的最普遍的一个问题："我有适合交易的个性吗？"第二个很普遍的问题是类似的："任何人都可以成为一个成功的交易者吗？"

当人们问这个问题时，大多数人想听到的答案是"当然。只有坚持和努力，你就会成功。"

然而，这是在胡说。

每个人都有在运动领域、国际象棋、芭蕾舞、军事领导或者诗歌方面获得成功的能力吗？当然不；在任何表现领域最终能依靠自己的表现谋生的人是很少的。如果每个人都可以成为优秀的表现者，那世上就没有不优秀的人了。

"任何人都可以成为一个成功的交易者吗？"这个问题常常是由于自身的软弱才提出来的。提出这个问题的人可能觉得自己太过情绪化、太散漫或太有理智，以至于无法成为一个成功的交易者。然而，我的感觉是并不是软弱让人们远离交易的成功，而是他们的能力。

请允许我解释一下。在我写到这里的时候，想起来我认识的3个很成功的交易者。在若干年内，他们都赚取了100多万美元。他们每一个都拥有你在交易心理文章中所读到的缺点。当他们进行交易时，都太过情绪化，他们变得很固执，在不应该的时候持仓；开市前他们很少会进行系统的计划。他们可以成功是因为他们的强项压倒了软弱。就像我们起先看到的米克和艾尔的例子，那些没有情绪变化，更自律以及更系统的交易者，会失败是因为他们缺失交易领域所需要的强项。

里奇是一个很好的例子。作为一个名牌大学的毕业生和一个大学代表队的运动员，里奇或许是我所知道的最有气质的交易商。拥有胜利的微笑，古道热肠以及俊朗的外表，里奇在公司里很受女士和其他人的欢迎。然而，作为一个成长中的交易者，我发现他工作的很消极。他宁愿花更多的时间和其他交易者交流有关交易的事情，也不愿花时间进行实际的交易。我去他办公室的大部分时间，发现他要么和其他交易者在他的办公室里聊天，要么就和其他交易者在网上通讯，交流有关交易的东西。不能成为一个交易者的可能让里奇很心烦，但是他又可以平静地接受这种不乐观的可能。他已经对他认为可以管理的公司进行了投资，甚至已经想过应该如何管理这些公司。毫不令人吃惊，所有这些公司都面向大众，涉及与客户的面对面的交流。

当我听到里奇谈起他对交易的选择时，马上进入我脑海的想法是：(1) 他花了更多的时间来研究一个有前景的生意，而不是研究有关交易的任何东西，(2) 有前景的生意，而不是交易更让他感到兴奋，(3) 他是一个天生的企业家。里奇作为一个交易者注定要失败，但却并不是因为他的软弱。而是，他的强项在其他的领域。他有作为领导的才能，而且他有惊人的人际交往能力。如果有一天发现他想要竞选政府公职，我不会感到吃惊。显然，他不是一个可以整天坐在电脑屏幕前，与电子期货合同进行交易的人。

想想我作为一个交际者、学习者和优化人员的能力。我可以每天从开盘到闭市的交易市场中获得成功吗？其实，我在几年前曾尝试过，却发现这个过程既枯燥又没有意思。如果不花大量的时间进行学习和与别人一起工作，我会感到自己活得很不充实。我的强项，而不是我的弱点，注定了我作为一个全职市场交易者的失败。

生活中最重要的事情不是进行交易。最重要的是要找到适合你的职业；这个领域的工作和人际交往可以发挥出你最棒的方面。太多的交易者发现交易显现了他们最差的一面。他们兴奋地攀登一个靠在错误建筑物上的梯子。如果除了交易之外的其他事情让你感到更高兴，更有成就感的话，或许那才是属于你的梯子。

> 正确的梯子靠着我们的强项。

早期发展中指导的作用

布鲁姆的研究指出，指导者在大多数专业表演者的发展进程中扮演了很重要的角色。运动员从教练那里受益，钢琴家在老师的指导下学习，而有成就的研究人员是从高级研究人员的实验室开始的。然而，正如我们所看到的，指导者的角色在一个人职业生涯的课程中不断变化。在专业成长的早期阶段，他们用鼓励的方式提供基础指导。这种支持对于初期在表现领域的遭遇是非常重要的，因为这些遭遇往往会为早期的学习带来沮丧和挫折。老师的关心和自信，帮助未来的专家保持一种在后期深入训练阶段进步所需要的动力。

研究还指出，在专业技能成长过程的早期阶段，指导者在从学生中培养优秀人才时扮演了重要的角色。随着指导的继续进行，对指导者的要求也随之增多，因为学生要应对更大的挑战以及培养更复杂的技能。我的儿子玛克瑞在初级中学开始学习摔跤时，下课后所干的事情只是进行训练。现在，在高中早期，假期时他要参加多种训练，并且全年都要参加体重培训。对于刚入门的钢琴家来说，练习或许就是每天进行，几分钟的音阶和音急速弹奏法练习。然而很快，练习中就会包括一天几小时的简单乐谱的演练。在如摔跤这样的团队体育项目中，同伴的压力和支持有助于保持职业道德。"不要让团队垮下"常常是一种鼓舞。然而，当表现领域是属于个人时——如同大部分的交易——动力就是不要让老师失望。好的指导者变成了重要他人。

在交易者职业生涯的早期阶段有着一个重要的不同。找一个是优秀交易者，或指导过优秀交易者的指导者，并不是很重要。事实上，大部分是优秀交易者的指导者，不会在初学者身上花费时间，就如奥林匹克运动员教练不会培训新人一样。相反，如果你是一个新的交易者，会想要找到一个可以充当重要他人角色的、有知识的、可以为你同时提供基础指导、组织和支持的指导者。在交易公司里，这些人或许是交易团队的领导，或许是专门推动交易者发展的专家们。在公司之外，可以从网上交易论坛找到更多指导。

Trade2Win英国投资论坛就是一个很好的例子。这个网站包括一个基础交易信息的维基。还有一个独立的，由被认可的交易者提交的文章组成的知识库。它鼓励读者对网上的文章进行讨论，提出问题，以及互相学习。所有这些讨论都被保存在论坛里。网站的内容编辑乔治·福尔曼鼓励人们进行对话，将与很多交易者相关的内容结合起来。他的继任也将继续保持这种方针。作为一个为交易新手写作相关主题的作家——他的文章《交易的精华》是一个很好的资源——作为大学的运动教练，福尔曼理解交易者对指导的需求。他发现，学员们在网站内容以及网站下的相互交流，为自我提升提供了支持动力。在为Trade2Win写稿后，我不断地收到读者的电子邮件，他们询问有关交易的问题，询问可以帮助他们进入下个阶段的建议。就像其他的撰稿人一样，我总是给这些电子邮件回信。有时候它们会演变成长期的交流和论坛关系；其他时候他们让我感觉到作为作者，可以提供有价值的学习和指导资源。类似的，当学员们在论坛上读到有趣的评论时，经常会互相发电子邮件，为信息和支持开辟了新的通道。就像一个运动团队中的前辈学员帮助新手的发展一样，一个网上交易论坛上有经验的学员通常都能指导新入门的学员。

或许这种非正式指导的最好例子，就是伍迪的顺势指标俱乐部CCI，他的座右铭是"交易者帮助交易者。"伍迪，也就是肯·伍德，是一个有经验的交易者。他用 hotComm 系统开发了第一个交易聊天室。这让交易者可以真正地观看伍迪（和他的优秀的学生们）是如何进行交易的。他们对市场动态的评论将交易模式变成了一个模型，其他人可以将自己的模式结合进来。这个俱乐部中特别有特色的是，有一大批愿意帮助新手的交易者。"一个蜡烛帮助点燃另一支蜡烛，自己并没有什么损失"是伍迪的名言之一。结果，他的例子吸引了很多愿意当蜡烛、点亮别人职业道路的交易者。有时他们网外的帮助可以简单到帮助交易者打开电脑屏幕；有时则关注于确定在不同市场，使用顺势指标的市场模式和理想时段。他们经常交流学习过程中的喜悦与挫折。这时，整个俱乐部就像戒酒志愿团体一样，他们是乐于帮助其他人的奉献团队。这种团队的一个很大的优势是，所有的帮助者可以体现自己的价值，并且有很多很难得的经验可以一起分享。

> 你最好的指导者是那些在你的市场中经历过学习曲线的人。

　　伍迪的 CCI 顺势指标俱乐部，在交易的世界里看起来似乎不太正常，因为这里的人对于分享私有的交易秘密都神经紧张。不过我还没有找到这样的例子。多年来，琳达·拉什一直主持着一个网上交易聊天室，让交易者可以观察到她和她指导的学生的交易情景。这些交易还附有市场评论，以及对交易管理和交易心理有用的建议。交易者利用这种服务，在网上的独立聊天室进行交流，互相传授经验。这也为给各种各样的交易方式建立模型提供了机会。

　　许多和交易软件平台相关的用户组，也提供相似的功能。例如，TradeStation 拥有一个非常活跃的用户组，他们在编程、系统开发和交易想法上彼此帮助。利用 VestorVest 股票选择软件的团队在很多城市都有见面会，讨论使用这个程序以及开发投资组合的方法。E-Signal 的使用者论坛的成员，可以通过公告栏获得交易工具。这包括文件的共享，允许成员交换自己的草图和指标。我属于 Market Delta 和 NeoTick 程序论坛，在这里使用者可以迅速地向别的人提问或给予建议。很多这样的公司，像 Market

Delta、CQG 和 Ninja Trader，都举办直播教育节目。

最近，我们还会看到大量的免费交易博客，提供了有用的交易信息和交流经验的机会。我自己的博客，Traderfeed，是主要针对交易分析商的。其他的博客，包括 Trader Mike 网站和 The Kirk Report 都提供如何选择股票的指导。托德·哈里森的 Minyanville 网站涉及包括经济、市场和教育在内的众多内容。越来越多的供应商都为使用者提供自己的博客，并鼓励相互学习：Trade Ideas 帮助交易者挑选符合他们交易标准的股票；得尔塔市场的博客对程序的独特应用为使用者提供培训。大部分这样的博客都有很丰富的链接目录，让你可以找到非常专业的交易资源——以及擅长这些交易的人们。

> 无论你计划在市场上做什么，都有很多已经在此工作多年的人们。他们有可以分享的信息，可以帮助缩短你的学习曲线，并让学习变得更让人享受。

看一看最伟大的演员们，优秀的高尔夫和网球选手，奥林匹克运动员和顶级的飞行员：他们都在指引和教导下成为最优秀的人。专业技能开始时是要有天赋和能力，但是只有当这些被适当的引导后，才可以全面发展。你的工作是找出你的强项——然后找到可以帮助你充分发挥这些强项的指导者和资源。在本书的最后，我会列举一个我认为很有帮助的交易资源的清单，或许可以帮助指引你的发展。

自我发现：你的第一个学习环路

如果你从事交易已经有一段时间，但还没有取得理想的成绩的话，这一章就要求你跳出这个圈子进行思考。或许你交易的缺点并不是心理的问题，或是动力不够强烈。而是，你或许在用一种不能完全表现你特有强项的方式，在进行交易。

> 如果沿着一个交易者通常走的道路前进，你永远也不能抵达专业技能和杰出表现。

世上伟大的表演者，利用乘数效应来加速进行学习：他们发掘自己的天赋并由早期的成功进入，并从更高效的环境中获益。如果你了解自己，你就很有可能找到匹配你个人强项的交易位置，它将带领你进入这些环境——如同不寻常的转变让亚斯变成了泰德·威廉姆。

在这一章的开始我们遇到了学习环路。现在你可以明白表现成长的第一个学习环路，就是学习了解自己。你可以在教授市场经验的学院学习，参加各种各样的课程，更换不同的老师，以及找出自己的专业。如果你做得很对，这就会是一次伟大冒险的开始——和一场非凡的学习体验。

第三章 培养能力

表演者的成长

> 第一节课,我希望你把《现代国际象棋开局》的每一个对局都下一次,包括脚注。而下节课,我希望你再做一遍。
> ——鲍比·菲舍尔布置给要求上国际象棋课的传记作家弗朗克·布兰迪的作业

当我们说一个人在某个表演领域很能干时,究竟是什么意思呢?当然,他们肯定拥有区别于新手的基本技能和天赋,使得他们可以表演得更成功、更持久。也像鲍比·菲舍尔所认识到的那样,意味着在表演领域相当程度的经验和足够丰富的知识。当我们说一个人是有能力的物理学家、运动员或国际象棋选手时,我们会对他们表示称赞——但同时也有所保留。能力和专业技能是不一样的:一个美国全国赛车联合会汽车大赛冠军,绝不仅仅只是有能力;一个有能力的歌手并不一定会在百老汇崭露头角。虽然能力并不能代表专业技能,但是很难想象一个没有能力的人,会成为一个专业表现者。能力,从这个角度来说,对于专业技能是必需的,但同样也不是足够的。如果我们想要掌握市场,就先得跟上市场。在我们变成专家前,先要变得有能力。

给交易中的能力下定义

我对交易中的能力有段十分简短的定义,对专业技能也有个同样简单的定义。

☆ 一个有能力的交易者永远都可以收回他的投资成本。
☆ 一个专业的交易者通过交易，维持一个稳定而又相对富足的生活。

想要通过一个人拥有的独特能力、个性特征和技能，来为交易能力和专业技能下定义是不可能的。因为如我们在第二章所看到的，有很多不同的交易形式，分别需要各种不同的能力。我知道有很多擅长股票期货指数的交易商，在其他市场中不堪一击。也知道很多有能力的期货买卖者（position trader），在"抢帽子"时一败涂地。通过持续的结果来定义能力和专业技能，给我们提供了判断参与者，是否已经找到市场中非随机位置的唯一标准。

能收回交易成本看起来是一个定义能力的合适标准，但更多时候它不会出现。没有经验的交易者把交易看成是一个一半对一半的命题：要么市场会朝着自己预期的方向发展，要么就不是。即使我们大胆地假定交易者同样善于盈利和亏损——行为金融研究人员发现，人性中很难具备这种条件——交易仍然不是一场胜负机会相等的打赌。为了真正收回成本，交易者还必须收回实时数据、交易软件和其他辅助交易工具上的花费。再加上屏幕交易者的硬件花费，与市场通信所必需的花费和维护冗余系统（以防止设备或通信的故障）的费用，管理费用很快就多起来。专业投资者需要与交易所的高速通信，专业的计算机支持和适应他们需求的最新的软件配置，一个月很容易就会花费上千美元。如果他们是大额交易者，或许还要支付交易所会员费。

小额交易者在家里交易所省下的管理费用会花费在其他方面。对于一个投资频繁的交易者来说，小额佣金增加很快。一手5美元对于在ES期货市场一天交易3次每次5手的交易者来说或许不是一笔大数目。然而，一天75美元，交易一年的费用就是15000美元。如果我们的5手交易者账户上有100000美元，他需要15%的利润才能勉强抵消佣金。再加入那些设备和其他支出，我们很明显可以看到普通投资者身上的负担有多重。

实际上，形势比我刚刚描述的要严峻得多。假设我们的5手小额交易者在市场上建仓和平仓。这么做的过程中,每一笔完整交易都牺牲一个最小变动价位,来买进卖出价格和抛出买方所出的价格。换言之,如果他在每一笔交易后立刻退出,就会失去买卖差价,因而在每一单交易中丢失一个最小变动价位。一天交易 3 次,每次 5 手,每天就有必须赢利 15 个最小变动价位以保持平衡。如果每个最小变动价位 12.50 美元,他每天就有 187.50 美元的赤字,每个交易年超过 37500 美元。再加上佣金——难以想象——他每年要白白丢失一半的交易资金。

为了收回成本,一个投资者实际上至少要适量地、持续不断地盈利。这需要在实施风险管理和读懂市场模式等方面有高超的技巧。尽管收回成本并不是一个令人兴奋的目标,它却是迈向更大成功必需的一步。一个刚开业的饭店仅仅需要维护固定的管理费用:如设备、房产、职员、食物、税收和公共事业的支出就能够维持经营。如果在一段合理的时间内能够坚持下来,它慢慢就能打开市场,调整菜单以建立顾客群。你的交易事业早在你获得专业技能前就需要获得能力。和饭店一样,保持平衡会为你赢得延长学习曲线的时间,从而抵达那个能靠专业技能为你的投资大量赢利的点。

然而,是什么造就了交易能力?一个有天赋的新手如何成为一个有能力的表演者?这个过程可以加速吗?这些就是我们将要面对的问题。幸运的是众多的研究为我们指明了道路。

专家的能力和称职的能力

我对于专业表演者的研究,让我有了一个最初不是很清晰的想法:最终发展成专业技能的能力的道路,与那些非专业技能的能力的道路是不同的。大部分交易者——和那些与交易者一起工作并给予指导的人——都没能认清这个重要的区别。

先看一个简单的例子。我是一个有能力的打字员。我在高中二年级时参加了一个打字培训课程,打印了我大学所有的论文,并继续在我的写作生涯中从事自己的打字事业。结果,我对键盘非常熟悉。我打字又快又准,但却肯定比不过速记员。多年的接触使我变得很有能力,但是却不专业。同样地，我们中大部分都是开车好手，但却不是那些动作电影中敢于表演大胆特技的专家。重复的练习就变成了学习，而这种学习带来了能力的提高。然而，能力却并不是专业技能。我很确信，我可以再打20年的字或开20年的车，但最终也不会成为这些领域的杰出人才。

当我们看这些真正的专业表演者的历史时，我们会发现他们通过不同的方式而变得有能力，而并不单是通过经验的累积。这一方式充分解答了，为什么他们的能力充分开发了，而另一些人却没有。

发展心理学家霍华德·加德纳，在研究了爱因斯坦、毕加索、斯特拉文斯基、甘地和弗洛伊德等学识渊博的人的独特的成就后发现，他们在获得成功以前，这些有天赋的人都遭遇过晶体化经验。这与"啊哈"的经历是相同：与他们最终掌握域的强烈的情绪碰撞。这并不只是说爱因斯坦或斯特拉文斯基，通过许多物理实验或音乐乐谱的演练而变得有能力的。而是说这些领域中的某些东西吸引了他们。他们有一股想要追逐这个领域的冲动，而不仅仅是有一种想要从事的欲望。有才能的音乐学生在开始一天的生活之前，在钢琴前花费一个小时练习乐谱。而成长中的专家则是被从钢琴前拽开的。由晶体化经验带来的兴趣就是这么的强烈。

沃特斯和加德纳在著名数学家、音乐家和视觉艺术家身上研究晶体化经验。他们引用作曲家德彪西作为一个典型的例子。还是少年的时候，德彪西就是一个有天赋的音乐家，但他却对作曲毫无兴趣。在新指导老师拉维尼亚克的影响下，他发现了瓦格纳的作品，并为之沉迷。他每天在音乐教室待到深夜。这就是他对作曲感兴趣，并最终成就其在非传统和弦上发展的最重要的影响因素。发展精神科医生罗伯特·科尔斯，以采访一个六岁大的名叫鲁比的黑人小女孩而开始他职业生涯中不平凡的一课。这个小女孩在新奥尔良的一所全白人的地方公立学校上学。丹尼丝·谢克嘉为她的书《不一般的天才》而采访了科尔斯和其他39位获麦克阿瑟基金天才奖得主。她称科尔斯很不寻常的被这个年轻女孩吸引，认识到他找到了人生的意义所在。在接下来的30年里，科尔斯和他的夫人到世界的偏远地区旅行，从阿巴拉契亚山到南非，去采访那里的孩子们并倾听他们的故事。其结果引发了对儿童道德和认知资源及他们的危机反映的空前讨论。

科尔斯告诉谢克嘉很多人都认为他很疯狂，竟然到最穷的乡下地区旅行，并且放弃了与孩子交谈的这个舒适简单的医疗环境。然而他说，他认为自己选择了正确的道路。据科尔斯自己说，他相信他的直觉，是由很强的能力鼓舞着。更深入地说，他确信这就是他注定要做的工作。

科尔斯认识到他的能力得到了发展，但是他和我的打字能力完全不同。他通过对吸引他梦想的工作的热切追求，而不是通过上课，或者在结构化的课程中练习技巧来获得能力。沉浸在自己兴趣中的学习和传统的学习不一样，而这也是区别专业表演者的关键。这也就是为什么找到一个人的表演位置并深深投入其中是那么关键。只有这种投入才能令人沉浸并掌握一个领域，而不仅仅是学习它。

> 普通的能力来自对一个领域的熟悉；专业的能力来自热爱。

明朗化经验和深入的学习

毋庸置疑，我作为临床医学家最大的天赋是阅读心理学家莱斯特·鲁柏斯基所说的各个阶段里情绪转换的"标志"。这有点像扑克牌选手阅读其他玩牌者的表情一样。一个委托者也许会用一种口气，讲述她和她丈夫的争吵，然后又用另一种口气描述她工作上的升职。过一会，她告诉我，她和我的下一次预约可能会迟到，这时她用的是描述她麻烦多多的婚姻时的口气。我马上就明白了她和她丈夫之间的问题，影响了她和我的会晤。为帮助她解决问题，我假装是她的丈夫。通过帮助她明白这点，和我共同解决问题，我向她提供了处理婚姻问题的经历。

在临床医学中，有各种各样的标志——一些是口头上的，一些是非口头上的。标准可以是一个姿势，一个语气，或者一个有特定含义的手势。有时，一个简单的话题转移就是一个标志，例如当一个不高兴的委托者交叉双腿，转移目光，以及把一个会惹人焦虑的话题转移到另一个更舒服的话题时。从这一点来说，一个好的临床医学家，对每一次双腿的交叉和目光的转移都应该有详细的备注，以用来确认这些话题可能会引起焦虑。

当我日复一日地观看交易市场变化，注意多种多样的标志和价格水平时，我在市场中的晶体化经验就有了。一种叫作最小变动价位（跳动点TICK）的东西吸引了我的视线。作为一个规则，当市场上涨时，它就会上涨；当市场下跌时，它也会下跌。然而，有时它会上涨而市场却不再上涨；反之亦然。常常，这些不寻常的时刻带来了市场方向的短暂变化。这时我脑中的灯泡突然亮了：我找到了交易的一个标志；我可以像其他人一样看懂市场了！

从那时开始，我就沉浸在了纽约证券交易所的跳动点中。然而由于我是一个全职心理学家，我不能实时追踪市场状况。但是这并没有阻碍我：我购买了一个录像机，在电视上录下财经新闻频道。每个晚上我都分析录像，并且每隔5分钟就记录下价格和跳动点值。我的数据收集还远远不够，但通过这很多个晚上我对跳动点变得渐渐熟悉。从我在1997年末的实时数据反馈中正式收集这些数据为止，我已经对短线交易模式有了一些了解。当我写作这本书时，从我忠实地收集跳动点、分析它、每天存档已经有8年了。我已经自制了指标以提高它的准确性，并为不同市场定制了许多跳动点的度量方法。由于这种熟悉，我可以根据我的TICK指标和一分钟的价格及成交量数据，在普通股指数市场轻松交易。

我每夜用录像机收集数据与罗伯特·科尔斯的奇特探询有很大不同吗？我认为没有。晶体化经验产生执着——渴望将我们完全沉浸在有意义的事情里。谢克嘉讲述了艺术家罗伯特·艾文的故事。他退出日常的生活，在一个单一的主题上画出不同的变化——一个由两条直线穿过的彩色区域。在这个过程中，他坚持一周七天，一天集中作画十二个小时或更长。在经过两年的努力后，他完成了十幅作品——所得的成就远不止此。如谢克嘉所说，他对彩色区域加以变化和线条摆放位置的试验改造了他的洞察力，将他的感情细化到能感知环境对形成体验的作用。这把他带到了环境雕塑领域：为特定的地方设计作品。艾文发展了具有洞察力的能力——但是这种能力的获取，并不是通过任何传统的学习机制。他的成长，就像科尔斯的一样，是深深的沉浸，从而看到别人看不到的东西。他从学习中获得了新颖和有创造性的东西。

难道这就是有能力的能力与专业的能力的区别吗？一个普通的有能力

的人通过重复的、常规的经历来获取必要的技巧，正如我在打字或开车上的进步一样。而发展中的专家，沉浸在不一般的经验中，学习用新奇的方式来思考和观察，正如我像阅读委托人说话一样，学习阅读最小变动价位。它们之间的不同是，普通的学习产生普通的表现。沉浸式学习——由于是晶体化经验——是格林斯飞船背后的动力，产生建立专业技能的乘数效应。（表3-1）

表3-1　创造普通能力和专业技能的学习

普通 VS 沉浸式学习		
	普通学习	沉浸学习
动力	渴望培养技巧和获得练习目的的资料	明确化经验；因为自己的原因对学习领域十分着迷
情感	努力；与玩乐不同	沉浸在自己认为对的事里；变成一种娱乐
过程	在分离的课程中学习；经常从课本上获得知识	持续沉浸在学习和实践中
结果	能力；重复记忆教授的东西	专业技能；独特的表演

好的表演者把普通的事情做得出乎意料的好，而伟大的表演者只做不平凡的事情。他们学习的目的是创新，而不仅仅是复制被教授的技巧。难道创新——新颖的观点、独特而沉浸的经验——是市场位置的最终来源？创新是伟大的交易者和一般交易者的区别吗？

一个受挫的交易者的创新练习

查德受到了挫折。看上去似乎他每次建仓，市场就会朝他预料的反方向发展。一开始，他开玩笑说市场是故意和他开玩笑。后来，这就不再是个玩笑了。很长一段时间里，他开始害怕建仓，以至于宁可站在一旁看着机会溜走。当他最终被自己的胆怯激怒时，就冲动地突然大额持仓——却只是发现它们突然，都朝自己预期的反方向发展。他赢的日子和他输的日子相比实在是太少了：他要么是太谨慎要么是太固执。看起来没有更愉快的中间位置。

对查德来说，最打击他的或许是，他常常能对市场的走势有正确的评估。他能看到强势并购买，但是他不能容忍亏损。有时当他的多头持仓朝相反方向变化时，他甚至会说："看吧，它就要回升了。"的确，当本地账户交易者做完他们的游戏后，市场最终会升回到他最初的目标。然而有好几次，在仓位进入赤字后，当他想坚定立场时，市场就会更严厉地打击他。结果就是损失掉了之前好几天的利润，使他又回到了过于谨慎的交易中。

我观察查德的交易，发现一个重复出现的现象。当市场呈现易变的局面，或者查德正在持仓时，他的呼吸就会加快。他的身体很明显地变得紧张起来，还会在椅子上转来转去。当市场很平静或他没有持仓时，他的姿势就明显舒适得多，而且呼吸平静缓慢。这些标志告诉我查德将市场风险——市场波动——当作危险信号。他身体的反应就好像是在传统的飞行或打仗中会出现的反应一样。他不再是为了赚钱而进行交易，而是为了躲避风险而交易，就像是驾驶通过不熟悉的危险地形一样。

我对查德所做的第一个实验是让他跟紧市场，保持舒适的姿势和呼吸和缓，来进行精神上的模拟交易。我们还使用一个便携式心速监测器来追踪他的生理反应。我们认为，只有在掌握了保持平静的方法，并且在观察市场时能保持冷静，他才可以开始真正建仓。

有好几次，查德告诉我他已经准备好开始重新进行交易了——特别是在精神上的模拟交易能赚钱以后——但是他总是会心跳加速。我鼓励他要有耐心，要完成我们的计划。

所以他就观察市场。观察，再观察。一段时间以后，就像罗伯特·艾文观看他画上的线条一样，查德习惯了观察。他不再是简单地看着电脑屏幕，而开始留心屏幕里所包含的信息。

当艾文在画室的墙上发现了一条小裂缝时，就达到了这个程度。他发觉，这条裂缝影响了他对墙的视觉感，这与他对线条的摆放位置影响彩色区域一样。当他用石膏将裂缝盖住时，墙带给他的视觉感就发生了变化，但同时，他对自己正在描绘的画的感觉也发生了变化。这个洞察把艾文从画画带到了雕塑领域,所以艺术对他来说又变成了新东西;通过真实环境的修改,体验发生了变化。

当查德能够平静的追踪市场变化时,他的罗伯特·艾文经验就到来了。他大声喊出卖出报价,然后发现市场马上涨了4个最小变动价位。我很高兴看见查德依旧很冷静。当我正准备发表评论时,查德说:"市场没有交易!"

"你是什么意思?"我问道。

"看!我们几乎没有交易量。"他兴奋地说道。

是的,在市场迅速变化的时候,每个价格上只有几百个合约进行了交易。这看上去很奇怪,因为在买卖盘记录中有成千个合约。我们在审视录像时,发现了原因。买卖盘记录中的报价在市场急速跳跃前被迅速拉动,产生了一种暂时的卖方空缺状态。记录中剩下的报价被迅速提高,产生了我们观察到的适量交易量。一旦没有买家进入市场,价格马上就降回到了最初的价位上。查德注意到,不是由于过量的买进造成了这个提升;这只是暂时的卖方空缺。

这就是为什么查德在这些眩晕事件发生时会觉得,价格最终会朝他所预计的方向发展。然而现在查德很兴奋,他发现了这些短时"空缺"波动可能会成为机会,而不是威胁。他的反应是想要进入不熟悉的地形,而不是踮着脚尖穿过它。

他认为,关键是确定没有其他的买家或卖家,会跟随这个空缺波动。查德同意加大他的持仓量,这在以前他是不会做的。他会以一个相对较小的头寸持仓额开始,并在集中观察市场如何交易时,用我们的练习方法使自己保持冷静。如果市场走势相反,他就测量一下波动的成交量,并确定变化是由供应或需求的大量涌入而引起的,还是由单边市场的撤离引起的。如果是后者,他就会等待一会儿,看看这个变化是否会吸引新的交易。如果不是,他就会以一个更好的价格补仓。如果变化吸引了更多的成交量,他就会平仓,接受较小仓位上的损失。这对于查德来说,是双赢的。

查德最终因这次经历发展了一个很好的逆走势交易风格。在交易中依比例决定自己的仓位和保持冷静,大大降低了他的风险。同样重要的是,和艾文一样，查德转移了他的洞察力。过去的威胁如今变成了机会的来源。查德现在开始扫描市场，寻找会让风险过高的交易者受打击的急剧波动。他发现，一旦他们觉得眩晕，市场就会回到它的平衡点，就像是当他觉得心灰意冷时市场所做的一样。每天回到平衡点，为他提供了好几笔利润极高的交易。事实上，他变得如此精通于发现何时别人被套牢时（就像他以前一样），以至于其他的交易者会立刻随着他，紧跟激烈变化的市场，以便了解他对市场状况的分析。

查德跟我一起操作的本质是什么呢？如果我只是教他一些放松练习，查德也许会获得降低身体的兴奋状态和减慢思考速度的能力。然而，查德所得的成就远不止此。他使自己投入一个集中的状态，在这种状态里他会发现一些以前没有注意到的事。这种新的觉察力——他的突然一亮的经历——改变了他对市场的观察方法。风险变成了机会；挫折变成了兴奋；不可理解变得清晰明了。他所发展出的能力并不仅仅是自我控制能力。他找到了观察和做事情的新方法。他的练习是创新，而不是治疗方法。

使命感、天赋和高水平的表现

重新发现之后，查德一直保持着兴奋感。他热爱锻炼新的洞察力，并在不同的市场捕捉空缺波动。这种兴奋使得他整日对着电脑屏幕，这也反过来在他分析市场时，加速他能力的发展。说查德在练习一种技巧，会漏掉他的动机的一个重要组成因素。他感到了以新的方式观察市场的驱使力量；这不仅仅是一个简单的学习练习，更多地是一种使命的感召。

我们从德彪西、科尔斯、艾文和很多其他把能力发展成为真正的专业技能的人那里印证了这一点。与其说是他们选择了这个职业，倒不如说是这个职业选择了他们。他们的意识和目的都远远超出了常规。还有什么可以使人独自到最贫困的地方旅行，或封闭在一间画室里整日对着一幅画，或时时刻刻对着市场屏幕？

这是区别能够走向专业技能的能力和普通能力培养的最简单的方法之一：未来的专家如此沉迷于新的经验，以至于他或她的努力远远超越了普通的常规工作。什么是工作，什么是娱乐变得模糊不清了；空闲的时间被用来当作非工作的工作。这是因为这项工作给你的感觉已经不再是工作了。它对你而言变成了一种享受。

  艾迪·塞柯塔在他的《市场奇才》访问中写道，并不是成功的交易者拥有天赋，而是天赋造就了他们。这与我们所看到的专业表演者，发现他们被晶体化经验激励着是一样的。兴趣的火焰是一个人的天赋和在某个表演领域的机遇之间的化学反应引起的。有时这会发生在非常小的年纪，像泰格·伍兹一岁半看到父亲打高尔夫球后，就开始拿高尔夫球玩了。伍兹的传记作家，比尔·葛特曼回忆到，在非常年幼的时候，伍兹就已经展现出真正的天赋，并对高尔夫球爱不释手。泰格把高尔夫球看作是一种用少的分数来展现高水平的沉迷。当泰格的父亲厄尔试图鼓励泰格，简单地享受高尔夫球的乐趣时，泰格回答道："我这就是享受了。挥杆打出低分让我觉得很开心。"

  你可能觉得泰格从低分中得到的兴奋，与科尔斯发现有关孩子的新事情，以及艾文为某个特定的地点创作，来体现它的精髓的雕塑没有什么不同。经历并不仅仅是一种乐趣，它很强大并很有意义。它是快乐的源泉。

  年轻的丹·盖博开始并不是一个摔跤手。他尝试过游泳，但是他的成功只是暂时的。传记作家马孔·萨瓦瑞解释说，当其他的孩子在丹之前就经历了迅速进步时，盖博就已经不能再赢得游泳比赛的冠军了。然而他发现，摔跤对他来讲很容易。看上去他似乎可以用抓斗来控制对手。被自己的运动员力量和摔跤领域的匹配所激励，盖博从教练那里拿到了体育馆的钥匙，比队友很早就开始训练。年轻的丹发现摔跤是一种持久的运动——一种可以使他长期保持兴奋的活动。他解释说，这是一种他不能从其他训练中感受到的高度。

  与我一起工作过得非常成功的交易者和伟大的运动员一样，在他们自己的方式上很有竞争力。作为一个教练，丹·盖博会要求允许对摔跤手扇巴掌，以此来使他们在战斗时集中精力，会在训练前缠住他们的手，为动力的爆发做准备。迈克尔·乔丹在输掉了一场乒乓球比赛后，认为是被轻视了，以至于他自己买了一张球桌，每天虔诚地练习，一直到他打赢了为止。对优秀的交易者来说，最艰难的并不是赔钱，而是在赔钱后中止交易。他们是如此的好胜以至于让他们接受失败是如此勉强。

然而，这并不仅仅是关系到钱的问题，就像是对朗斯·阿姆斯特朗来说，赛车也并不仅仅是骑自行车。我问过很多成功的交易者，如果我为他们找到一个构造良好的机械化系统，该系统保证可以带给他们一笔可观而稳定的收入时，他们是否愿意更改他们的交易方式，所有人都说不。他们不想用一个系统来击败市场，他们想要用自己的技巧来击败市场。我可以想象，如果有人给罗伯特·艾文一个，可以画出博物馆珍藏名画的电脑艺术生成系统，他会研究这个系统——接着回头继续自己的工作。通向专业技能的能力，并不仅仅是被称赞和成功所驱使的；它是由掌握一个领域，并留下自己的印记的动力滋生的。赢得彩票并不能带来高水平表现。然而，查德在他用新的方法进行一项交易前，体会到了这种高水平。

> 通往专家能力的道路是对高水平表现的一种追求。表演者并不是为了动力而工作，而是因为他们被工作迷住了。

如果天赋一般，就不会有高水平的表现。我对我的打字技术很满意。并且我能够胜任这个工作。但是作为一个打字员，我永远也不会经历3岁的泰格·伍兹所经历的一切。高水平表现是从一个人对自己实力的溺爱中滋生出来的。没有实力，就没有高水平表现；没有高水平表现，就不会有沉浸；没有沉浸，就不会有创新能力——就不会有将表演者带往更高境界的理解的突破。其实是很简单的，如果你不曾体验过高水平的表现，你就选错了位置。

"只有有耐心的人，才能将简单的事情做得很完美。"俗话说，"他们有将复杂的事情变简单的本事。"查德在训练中的耐心将复杂的市场环境变得简单化。然而，这并不是一个人等公交车时小小的耐心。它需要全神贯注的注意：这种注意力来自完全地沉浸在自己所做的事中。像所有杰出的表演者一样，查德不仅仅是有动力，他被迷住了。

质疑推衍：根本的表现谬论

表3-2总结了普通能力和向专家方向发展的能力的不同之处。最值得注意的是专家和非专家，是在不同的道路上开始发展的，即使在当时，仅以基本表现也许很难区分二者。

这对于你成长为一个交易者有什么意义呢？它暗示了只靠努力工作，是无法获得专业技能的。只要努力会有好的回报的这种想法是如此的盛行，以至于我将其称为根本的表现谬论。因为看到表演者努力工作，我们就假设努力工作，对于他们的成功起主要作用。因此就相信，更多常规、普通的努力——即培养一般能力的强化训练——会带来专业技能。

表3-2 普通能力和专业能力的区别

	普通能力	专业技能
学习的本质	直接的课程和经历	不断沉浸在某个表演领域
学习的模式	一般经验	不一般的经验
学习中的情感经验	满意	新颖，与众不同的技巧
对自身的影响	不改变个人洞察力	有很大的影响，甚至控制个人洞察力

如果用一节课来教授我们技巧，这个根本的表现谬论就会让我们相信，上2节这样的课，就能使我们的技巧翻倍。4个小时的钢琴练习肯定比2个小时的练习让我们拥有更多的艺术技巧。然而，就像我们所看到的一样，专业技能并不只是相同的能力建立经验的堆积。其实，它是一个人与一个表演领域之间关系的改变。艾文在其转型期间，画的作品和其他画家相比很少，但是却给他带来更多的东西。泰格在第一次参加高尔夫球锦标赛前，就已经是泰格了。努力工作和沉浸之间是有区别的，而这才是什么样的能力能带来专业技能的核心。这是画画和成为一个画家之间的区别；是你拥有的天赋和造就你的天赋之间的区别。

哈佛大学零方案是一个调查天赋发展和创新能力的研究计划。其成员艾伦·温娜揶揄地说，没有人声称努力不足的后果是思维反应迟钝，但是我们都不同程度地承认，努力工作可以造就天才。在对于视觉艺术的研究进行总结后，她发现让普通小朋友，像具有艺术天赋的小朋友一样努力画画是不可能的。这些有天赋的小朋友也表现出一般小朋友所没有的多种不同的画画手法，而不是只用一种手法画多张画。因为有天赋的人比其他人学得快，他们就会倾向于花更多的时间来学习，因此也就更有能力用他们的艺术天分，创出新的方式方法。例如，年轻的艺术家很快就可以拥有将自己的观点融入画中的能力，而且并不是靠清楚的指导才这样做。他们对色彩和形状的应用，也更为灵活和有创造——这种天赋在2岁时就会有所体现。这些发现表明他们的天分，从一部分来讲，是感性的。他们所看到的世界和同龄人所看到的是不同的。这种天赋的缺乏不是仅仅用努力就能填补的。同样，动力也不能用来代替天赋训练中的高水平表现。

专业的能力可以用努力和天赋的结合来定义。温娜把这个叫作"掌握的激情"：即想要拓展和表达自己能力的强烈的动机。她引用了一个名叫雅各布的小男孩的经历作为例子。雅各布4岁的时候，在听过重金属音乐后就马上要一把吉他。他的父母用了2年的时间来反对他的请求，但最后还是妥协了。雅各布在第一节音乐课后就拒绝离开，每天都花很长时间来练习弹吉他。温娜的报告说，他的父母从未鼓励他练习；事实上，他们不得不祈祷他能离开这个乐器，去做点别的事情。年轻的泰格·伍兹也是如此：他的父母坚持让他完成家庭和学校的义务后再拿起高尔夫球。他想掌握这个运动的激情是如此强烈，以至于工作和玩乐的界限已经被彻底打破了。

根本的表现谬论是一个谬论，因为它没有考虑到掌握的激情。即使普通的孩子被强迫着，像雅各布或泰格·伍兹一样长时间练习，他们也不能真正地投入到努力中。他们也就更不可能会像有天赋的孩子一样的察觉力、动力、智力优势。温娜提到，没有天赋的努力，只能塑造出做苦工的人，而不是一个杰出的表演者。然而，没有努力，仅凭天赋，其结果必然是潜质的浪费。掌握的激情将天赋和努力联系起来，创造出不同于一般学生所具有的能力。

发展表演者的特性

在发展过程中的某个程度，表演者开始将他们的个性融入他们所进行的活动中。他们并不仅仅是在进行交易，他们是交易者。在这个发展的早期阶段，老师和家长的称赞是关键的动力。然而，当天赋找到其表现方式后，能力的练习就变成了主要的动力。劳伦·索斯尼亚克，一个布鲁姆计划中的研究员，调查了成为成功艺术家的年轻钢琴家们。当他们有所进步时，他们意识到自己比同龄人要优秀，并且很享受他们的天赋带来的区别对待。据索斯尼亚克所说，对这些早期表演者来讲，对一件事物的掌握和注意力与赞美一样有激励作用。

基于能力的动力对于点燃持续努力学习之火是很重要的。索斯尼亚克发觉，钢琴家越觉得自己与众不同，就越愿意接受音乐教育。掌握的激情也是经历专家一样的体验，改变对自身认识的激情。在专业技能成长的启蒙阶段，表演就是娱乐。然而，随着越来越多的成功以及天赋的训练，表演就变成了自我提高。

以色列高尔夫球手左拉·沙龙就是能力转变力量的典型代表。根据美联社爱伦·海勒的报道，他最近在以色列唯一的一个十八洞场地，以色列恺撒高尔夫俱乐部的第15洞一击入洞。他还赢得了无数的国际高尔夫球锦标赛——这对于一个4年前才开始从事这项运动的53岁的老人来说，的确是引人注目的成就。

然而，这还不是左拉·沙龙与众不同的地方。

他是个盲人。

在以色列军队服役期间不慎失明后，沙龙经历了人生中最萎靡不振的时刻。"我以前所拥有的一切都没有了，"沙龙描述道。"突然之间，你变得什么都不是了，一个3岁的小孩都比你有用。"他尝试了多种包括画画和身体治疗师在内的活动，但却没有一个适合的。事实上，他最初尝试高尔夫球结果是失败的，于是10年都没有再打过，直到在他的好友理查多·科多巴，一个果断的运动心理学家及教练身边做高尔夫球童。

海勒解释说，科多巴用非正统的方法来教授这个盲人，挥舞高尔夫球杆的正确姿势。他让沙龙在家里打扫地板，把长柄的扫帚当作高尔夫球杆来用。他还把沙龙的臂膀套起来，光让他用臀部练习挥杆动作。这些练习持续了好几个月，直到沙龙可以正确地挥舞一个高尔夫球杆为止。这是一个形象的、真实的例子，它告诉我们那些有耐心做简单事情的人，是如何正确掌握技巧以解决难事的。科多巴的反馈是早期支持沙龙的动力；后来，他从他的朋友和球童西蒙塞·勒维那里得到对每一次挥球的反馈和指导。他的快速发展使他成为盲人高尔夫球手里的世界第一。

然而，更重要的是，沙龙不再是一个沮丧的人了。他把自己在高尔夫球课上的经历当作一次释放。当他沉浸在高尔夫球中时，就会暂时忘记自己的残疾。的确，他把自己看作是拥有与众不同的能力的人。他不断提高的能力并不仅仅是一个动因，还是他身份的组成。他不再只是一个玩高尔夫球的人了。

现在他是一个高尔夫球手。

> 普通的能力通过培养技巧来拓展我们；而专业的能力，则是通过发掘天赋来重新肯定自己。

交易者的死亡之吻

在到金斯特里交易公司之前，我和一小组进行欧元货币交易的交易者经常联系。他们没能获得成功，于是向我寻求帮助。我问了很多问题，包括他们是如何在某天的特定时间亏损的。与纽约公开市场相比，他们在欧洲公开市场中的赢利或多或少？对我的回答一阵沉默。原来，这些交易者不在早上2点开市的伦敦公开市场中交易。

我感到很震惊。我现在的日常生活是早上4点钟醒来、锻炼、看欧洲股市和亚洲收盘价，以及头天的期货市场交易情况。从内珀维尔去芝加哥上班，通常会在6：30到7：00到办公室上班，然后有充分的时间来准备7：30的发布会。我从来都不会错过我交易市场的开盘。

在和这个货币团队的领导交谈过之后，我向好几个同事提出了一个问题：你能在不看欧洲公开市场的情况下进行欧洲货币交易吗？照我平常的做法，我会先做一个数据研究，找到在伦敦和纽约公开市场开市时，市场波动最剧烈、具有趋势价格的时段。欧洲市场开市时不在现场对我而言，就像是在纽约证券交易所开市时，股票交易者没有坐在他们的电脑前一样。这就是错失良机。

然而，我的问题并不就是这样。是的，错失机会时段和错失屏幕时间，并不是赢利和增加交易经验的方式。然而更关键的问题是：一个专业的交易者，怎么能容忍自己在市场开盘前不在现场呢？

泰格·伍兹会因为下场击球时间太早而不在第一洞出现吗？丹·盖博会错过晨练吗？如果一个人有掌握的激情，你必须用武力才能控制他们，不让他们在开盘时出现在电脑屏幕前。他们想要知道市场交易是怎么样的；他们从头一天就在琢磨方法，直到深夜。

专业技能的死亡之吻就是舒适。在一个寒冷的芝加哥早晨贪恋床上的舒适，使得交易者远离伦敦开放市场的开市。与朋友吃一顿悠长的午饭的舒适，就是一个人为错失下午一早的突破性市场所付出的代价。对鲍比·菲舍尔、朗斯·阿姆斯特朗、丹·盖博或鲍勃·奈特来说，练习是根本没有任何舒适可言的。我很想摇醒这个货币交易者：如果你甚至没有足够的意志在开盘时间出现，你如何可以在不利的市场波动所带来的极大的不舒适中进行你的交易呢？

关键并不是你要强迫自己从开盘到收盘都必须在场，也不是为了赶去听一个很早的经济报告，更不是在交易还没有进行时回顾市场。就像顶级的芭蕾舞演员罗氏·惠兰一样，专业表演者喜爱做这些事情。即使没有强迫和束缚，他们也会像公园里的威马狗留在表演场。这并不是说练习，甚至是筋疲力尽的努力后就没有不舒适的感觉。然而，最后出现的高水平的表演，会使得所有的努力与之相比都倍感失色。

这些货币交易者缺乏高水平的表演，因此也就没有要在开盘时出现的情感上的理由。没有掌握的激情，他们就不能掌握市场，至少不能持续很久。

现在是刚过早上6：30，我在金斯特里的办公室写作。我们在不到一个小时的时间内，就会收到一份市场活动潜力的经济分析报告。当我续咖啡的时候，帕布洛·梅尔加雷霍经过并向我打招呼。他已经检查过 BUND 和标准普尔的交易，并对这些市场在不同新闻条件下，会做出的波动谈了他的意见。帕布洛从一开始就在金斯特里工作，并且一直都保持着赢利的记录。当你和他谈论市场时，他的眼睛就会有些发亮，语调也变得更加热情。帕布洛并没有交易事业，是交易有了他。这就是世界上一切不同的来源。

沉浸：能力的驱动力

想要了解是什么促使像罗伯特·艾文这样的人，在色彩范围内花费一天又一天的时间，或是什么让左拉·沙龙花费整月的时间，用一柄扫帚练习挥舞动作是一件很难的事情。掌握的激情使表演者花费数小时来完成一项任务。一遍又一遍的下同一局国际象棋，用好几个月的时间来研究最小变动价位数据，又或者重复预演着一个特殊的体操练习，这在别人看来是让人十分厌恶的事情。在写自己的赛车经历时，阿姆斯特朗描述说他整小时、整日地把自己"夹"到自行车脚踏板上，每天消耗 6000 卡热量，以及在各种天气情况下消耗 12 公升汗水。

没有人可以坚持这样一项活动，除非它本质上并不只是回报，而是十分有意义。阿姆斯特朗解释道，环法车赛不只是关于自行车。它是生活的缩影；一个克服心理、身体和精神上障碍的自我超越。

参与一个远超过自己本身的事是成功人士最常见的相同点。心理学家米哈里·奇克森特米海伊将这个称为流畅体验：表演者是如此被表演所吸引，以至于看起来投入得毫不费力。在《交易心理》一书中，我把流畅体验中的表演者，描述成在高速公路上有意识的驾驶，处于一种不寻常的清醒状态。奇克森特米海伊的研究支持这个观点。他从包括攀岩选手到小提琴家在内的各种各样的表演者那里得到的报告发现，这些人已经进入了没有任何时间概念的状态，并且完全地投入在表演里了。这是如此喜悦的状态，以至于变成了他们自己内在的动力。奇克森特米海伊发现，登山者并不是为了登上最高峰而爬山，而是为了在攀爬的过程中追寻最高点。这种动力最适合用来刻画与我一起工作过的成功交易者。交易中的盈亏是很重要，但在寻求掌握的过程中也只不过是一张记分卡。交易为他们提供了别处无法获得的高水平表演；这与丹·盖博在摔跤上，和阿姆斯特朗在赛车上得到的高水平表演是一样的。

奇克森特米海伊最重要的发现是，流畅体验只有在一项任务的要求和表演者的天赋达到一个相对平衡的状态时才会出现。表3-3描述了这种关系：当任务的要求大大超过了个人的能力时，结果就会出现焦急。当任务的要求小于个人的能力时，结果就是厌倦。投入状态出现在厌倦和焦急之间的最佳状态，当任务是种挑战同时并非不可完成时。

已故的健身冠军麦克·门泽在他的常规训练中，发现了举重运动员训练的一个重要启示。如果重量太重，他就不能举起，锻炼就很让人灰心。如果重量不足，他能轻而易举地举起，就无法检验他的力量。最终就会变得厌倦，让他无处可去。当重量可以挑战举重者和他所谓的"失败训练"，即一直增加重量直到无法再继续下去时，他就可以塑造他的肌肉力量并产生了一种投入的、有挑战的锻炼。常规的举重者在一次好的锻炼后会感到筋疲力尽，肌肉上布满血丝，举重者同时感到这次挑战所带来的筋疲力尽和新生的力量感。这种感觉成为体操锻炼的重要回报，也是一个举重者的沉浸体验的重要组成部分。

> 维持绩效发展的沉浸状态需要匹配的技能挑战。

表3-3 沉浸和适当激励

厌倦	沉浸	焦虑
缺乏挑战	技能和任务难度相匹配	任务难度超过了技巧

在大部分表演活动中，为了给成长中的表演者创造适当的平衡，用滴定法测定挑战的等级是可以的。厄尔·伍兹曾经为他的儿子泰格调节高尔夫球赛中的标准杆数，这才使得这位以后的大明星可以打标准杆数，或低

于标准杆数的高尔夫球。同样地,一个音乐教师布置很多不同难度的乐谱给一个学生练习,也是为了创造出和这个学生的技巧水平相匹配的任务要求。然而,这个方法在交易中使用起来十分困难,并没有分开的针对简单或困难的交易:交易总是让一个人与经验丰富的本地股票交易人、基金经理和投机商竞争。当有实时价格反馈时,甚至是模拟交易,都是在一个大联合中进行的。由于这个原因,交易者很容易变得既沮丧又焦急。他们最终得到的不是对能力的肯定,而是感到"这是不可能的事情"。然后,按照交易者的说法,他们失去了"魔力"、驱动力和对竞争的渴望。

> 并且,事实证明,没有魔力就没有沉浸。

蒂姆,沮丧的交易者

当我开始对蒂姆的工作时,他已经失去了大半魔力。他曾经是一个很成功的交易者。可他发现,那曾经是他谋生之道的交易,已经不能再为他赚取利润了。1990年末,股票指数——特别是纳斯达克指数——有在短期坚守的势头。如果能在市场波动早期进入,就算赚不到几点,但至少可以赚到一些最小变动价位。然而,在新千年刚开始市场出现波幅时,这些势头效应消失了。习惯在市场上涨势头买进和在市场下跌势头时卖出的交易者,突然发现他们是在买高卖低。

面对这种形势,蒂姆的第一个反应是沮丧,然后是焦虑。就像奇克森特米海伊以前预测的一样。"这到底是怎么回事啊?""渐渐被"市场变得越来越难进行交易了!"所代替。蒂姆的大部分有关市场的谈话,不经意都围绕着"市场什么时候会再度活跃起来?",蒂姆满怀希望的表达最终变成了办公室里的笑谈:市场会在假期后上涨,在联邦贮备通告宣布后上涨,在我们突破一个特殊的价格水平后上涨。他最大的恐惧是,市场已经变得太难进行交易。他害怕他的技巧已经不再能应付任务的要求了。这对他来说是个很大的威胁,因为他已经订婚并马上要举行婚礼了。他知道,会有更多的责任和开销。

然而市场并没有在假期后，经济报告后，或价格突破后有所上涨。事实上，市场波幅多年都不高。"这个市场变得很难进行交易了"的想法，转变成了"这个市场不可能再进行交易了。"当发现自己不能买进优势股或卖出弱势股时，蒂姆试图把高价股和低价股放在一起，以达到补差。这个方法有时会奏效，但是当市场出现突然延长的方向性波动时，他的损失就更大。结果，一周的大部分时间里他会有很小的赢利，但是当遇到偶尔的市场突破时，就全部都输回去了。他明白自己已经不能承担大的损失了，而且也清楚自己需要时间来看清楚新的市场环境。虽然很不情愿，但他还是缩小了规模，交易量是如此的少，以至于就算是赢利时，都需要很勉强地才能收回成本。

面对快要崩溃的职业生涯和令人担忧的财政情况，蒂姆感到越来越绝望。他从焦虑变得彻底地心灰意冷。有时他会看着有希望的交易从他身边溜走，因为他抱着市场肯定会和他作对的心理。也许，最重要的是，他已不再享受交易带给他的快乐了。他害怕每天早上的到来。

从我们的咨询课上，可以发现蒂姆有想要学习另一种交易方式的想法。他抱着这样的希望：要么市场会回到以前的状态，让他可以通过势头交易来赚钱，要么他可以找到一个相关的市场，用他的势头方式来进行交易。他知道有一个学习全新市场的学习曲线；但他不能接受，因为这会增大他的个人开销。当他试图用不同的方式进行交易时，势头跟进时他就会变得很沮丧，因为如果是用以前的方式进行交易的话，就肯定会赚到钱。他不止一次说出这种担忧——有时是开玩笑地，而有时却不是：一旦他掌握了一种新的交易方式，市场就会返回到以前的模式中。他认为，墨菲定律对他是不管用的。他在努力改变的过程中，受尽折磨的标志是他频繁地离开交易，在有一些积累金额的时候离开。在他本应该投入在学习过程中的时刻却发现自己正在打退堂鼓。

我很想说通过正确的观察、技巧和建议，我帮助蒂姆重新得到之前在市场上的荣耀。然而，结果却不是如此。蒂姆离开了交易，进入了生意圈，在那里他可以用一笔稳定的收入来养活他的家人。有很长一段时间我都在绞尽脑汁地想，我还能够做什么来帮助蒂姆。我其实并不是很关心蒂姆的前途——事实上，他看上去对他的新职业很满意——但是我知道，以后在与交易者工作的过程中，我还会遇到更多个蒂姆这样的人。

我还能够做些什么来给他指出一个新的市场吗？一种新的交易方式？我们是不是应该再多离开市场一段时间呢？

令人沮丧的是，我发现我们已经尝试了所有的方法，但却没有丝毫成效。

真相是，蒂姆在专业技能的道路上迷失了，而我们谁也找不到回来的路。

交易者为什么会失败：自我意识，能力和情绪

让我们试着分析蒂姆到底怎么了。社会心理学家雪莱·杜万和罗伯特·维克伦德发现，当人们客观上处于自我察觉状态时——即当他们处在让他们很在意的情势下时（例如，在镜子里看他们自己）——他们就会，比处于不自觉状态时的态度更消极。研究人员得出结论，认为自我意识让个体更加关注他们，真实的自我和理想中的自我之间的差异。例如，当你给予研究对象一个任务，比如说是衡量他们的创新能力，然后告诉他们，他们具有平均水平的创新能力。有自我意识的个体，就会比没有自我意识的个体更注重他们真实的创新能力，和他们理想达到的创新能力之间的差距。这就会使他们的态度更消极。

很明显，当人们关注对他们而言很重要的方面时，这个客观自我意识效应就会表现出来。如果你让一个运动员加强自我意识，然后她发现自己反应很慢，这就会对她的情绪产生很重要的负面影响，因为这对她的身份是一个威胁，而同样的情况就不会对一个会计有任何影响。自我意识让蒂姆感到很痛苦，因为他老是要面对他作为一个交易者时，真正的成绩和他理想的成绩之间的差距。蒂姆不仅仅是对一天的亏损进行反思，他还把这个当作对他职业生涯的一种威胁。所以，毫不吃惊地，他做出杜万和维克伦德所预见的行为：避免自我意识。当这些亏损要被确认时，他就会离开交易。这不能简单地说成是失去了动力，只是不断地自我关注和体验真实和理想之间巨大的差异，对他而言实在是太过于痛苦了。

当大卫·阿德曼和我在杜克大学做研究时，我们在客观自我意识这个主题上做了很多尝试性的研究。我们针对一个任务给予研究对象反馈意见，从而让他们中的一半产生自我意识，而另一半只关注事情本身。区别是我们告诉一半的人，他们可以轻松地提高他们的表现，而告诉另一半人，结果表明他们先天的特点无法被改善。就像我们所猜测的一样，相信他们可以得到改善的一组（"能力"组），在自我关注时情绪并没有降低。只有"无能力"组——接受消极反馈并相信他们无法得到改善的一组——在自我关注时，感觉很糟糕。

这里面蕴藏的含义是很重要的。只要我们相信自己可以达到自己的理想，我们主观上，就不会因为离目标太远而感到自暴自弃。当我在写这本书时，我的手稿只是刚刚开始，但这没有困扰我。我知道，我可以在主编规定的日期内完成，并且我对此有一个详细合理的计划。然而，如果我的电脑硬盘出现了问题，而我又没有对我的文章进行存档时，我的感觉就完全不同了。面对遥不可及的规定日期和白费的努力，我也会像蒂姆一样变得焦急。我不会再满怀信心地相信，我可以完成我的目标。

如果我们把客观自我意识和奇克森特米海伊的研究结果结合起来，会产生一个重要的结论：我们对可以产生乘数效应的沉浸的坚持，取决于对能力的经历。如果不期许最终会掌握，就没有能铸造专业技能的学习。

> 在很大程度上，我们的情绪由我们对自身的期许操控——特别是有关自身能力的期许。

蒂姆的经历充满着厌倦、焦急和沮丧的情绪。当我们感到自己的能力应付一项工作绰绰有余时——当环境的要求不能激发我们的天赋时，我们会感到很枯燥乏味。当我们觉得自己的能力，不够应付我们需要表现的任务时，就会感到很焦虑。然而，只要我们认为我们的能力，不足以应付一项重要工作的要求，沮丧就产生了。成功的必然带来乏味枯燥，对成功的怀疑则让我们感到焦虑。沮丧来自确定的怀疑：断定真实与理想之间的鸿沟无法被缩小。

举个例子。设想一下,一个人被告知患了可以轻松治愈的早期皮肤癌。手术后的存活率很高,虽然不是100%。很明显,这种情形很容易产生焦虑。这是把疾病和健康——真实与理想——之间的差距缩短到一个适度的程度。然而,如果这个人被告知,患了无法治愈的扩散性晚期癌症,结果又会如何呢?他被告知,化学疗法可以减缓癌症的进一步恶化,但却不能消灭它。真实和理想之间的差距是不可能被缩短的,这是毋庸置疑的现实。这种病人的沮丧率是相当高的。

蒂姆跌入了一个情绪陷阱,在这里怀疑转变成了对失败的肯定。焦急变成了挫折,然后是沮丧。他不能够扭转自己的交易局面,是因为他的一部分在避免自我意识,另一部分才集中在交易工作上。就某种真实意义来说,他是一个被分开的个体。

为什么这个如此重要呢?

> 我们不能被分割,产生专业技能的专注的流畅体验也不能。

第一和第二阶能力

就像我们所看到的,当个体沉浸于技能可以满足工作需要的环境中时,流畅体验就产生了。在这种最理想的激发阶段,表演者既不会被枯燥引发的刺激不足而分割,也不会被焦虑带来的过于刺激而分割,也不会有不能缩短的真实和理想之间的分割。当感觉到一项重要的工作有可能会成功,但又不能肯定时,流畅体验就会产生。流畅体验提供了有价值的挑战。

奇克森特米海伊观察到,在流畅状态注意力会很集中。在流畅体验中,吸引使得表演者忘记了时间概念。这也是为什么流畅状态被看作是提高学习能力的阶段。在没有分散注意力和认知能力提高的基础上,表演者通过一般的学习可以获得更多、更深入的信息。在通常的教室里,如果材料是重复的,学生也许会感到很枯燥。当他们发现资料对于他们来说太难理解，他们就不会认真听了。他们的注意力被分割了，比起全神贯注的学习者，他们比较没有可能获取及保存信息。学习研究表明，当学习者在获取信息时，不得不表演一项容易分心的任务时，他们对资料的回忆能力，就远比没有分心的学习者要贫乏得多。枯燥、焦虑和沮丧会干扰学习，是因为它们是干扰物；它们分散注意力。过于自信带来的积极的想法，也同样是分散力。有趣的是，我们需要用感到自信来发展我们的能力；对能力的期许，产生了提高注意力和学习的流畅体验。

蒂姆的例子很有趣，因为他有动力、技巧和成为成功交易者的天赋。我们都知道，他曾经在一段相当长的时间里是一个成功的交易者。他发现了一个位置，并将自己和这个位置紧密地联系在一起；他把这个位置当作是他自己的。然而，当市场发生变化时，这个情感纽带就和他作对。他很不情愿地放弃了以前所有的一切。因为不能抹去自己的失败从头再来，他经历了挫折、焦虑和沮丧。因为分心，他不能用以前跟随势头市场的方法来跟随新市场的模式。当他处在他的位置时，一直保持着投入状态，商机自然也就来到他面前。然而，一旦位置发生了变化，他就不能重新进入投入状态。他就像普通的学生一样，试图通过普通的努力和练习来培养能力。他不能专心致志地将自己沉浸在市场中，也就无法获得走向专业技能的能力。

> **注意力分散是绝大部分表现缺陷的根源。**

当然，这也是交易带来的巨大的挑战之一。设想已经掌握了例如保龄球这样的领域，然后让公共保龄球协会改变球道的长度、宽度和表面。曾经运动剧烈的球，现在就会在一条直线上移动；以前在一条直线上移动的球，现在剧烈的向左偏。由于球道的变长，速度和球瓶运动都引起了变化；由于更宽的球道使球瓶之间的相互作用减少，比分就会降低。不难想象，就算是最好的表演者都会变得沮丧和焦虑。

> 事实上，最好的表演者——那些喜欢激烈的竞争和最习惯于成功的表演者——也许正是那些经历过情绪上极大崩溃的人，就像我们看到的蒂姆那样。

当输给了IBM的超级电脑深蓝时，格里·卡斯帕罗夫发现他的游戏规则发生了变化；那些可以令对手情绪紧张的虚张声势，现在没有一点作用。更重要的是，由于改进的程序，他的电子对手现在可以下出出奇制胜的棋。卡斯帕罗夫，一个技艺高超的冠军，发现他的注意力已经崩溃，而且还犯了一些加速失败的很一般的错误。

市场总是在变化。70年代初期到中期的高度的活跃性和熊市倾向，与90年代初期到中期的不活跃环境非常的不同。早上的市场和中午、晚上的市场交易方式不同；假期时的交易和其他天里的交易有所不同。专业的交易者，不仅仅是要像蒂姆一样掌握市场，还必须要掌握变化的市场。通常我们都会把专业技能的发展，想成是一个线性的发展过程：一个学生变的有能力，然后成为专家。然而，交易却需要一个环形的发展过程：一个持续的学习链。我们一直不停地在学习——和重新学习——市场。

这让我们明白了一个重要的区别：一阶能力和二阶能力的区别。有一阶能力的表演者，感觉到具有一项任务所需要的技能。二阶能力表演者感觉到能够获得下一步任务所需要的技能。

一阶能力的表演者感到能够在市场中赚钱。二阶能力的表演者感到可以在任何市场中赚钱。一阶能力是做事的乐观态度；二阶能力是培养自身能力的乐观态度。一个一阶表演者感到能够在纽约市场操作，但在伦敦却不行。一个二阶表演者感到能够快速学习任何城市的市场结构。

对于专业技能来说，市场表演者的一阶能力是必需的，但还不足够的。就像蒂姆，不论是牛市还是熊市，他在高度活跃的市场都感到很自信，但是却不能适应缓慢浮动的市场。一旦条件改变，他就再也回不到曾经给他早期的发展带来的动力的提高学习阶段——也就是投入阶段。然而，如果他获得了二阶能力——如果他对在这种市场形势下获得能力很有信心的话——市场的变化就会是可行的挑战，而不是太过巨大的威胁。如果他认为改变的市场对于他的技巧和天分来说是一个有价值的挑战的话，他还可能停留在投入阶段。每当市场情势发生变化时，一阶表演者将会在客观自我意识效应和认知干扰面前变得很脆弱。二阶表演者，就像我与安德曼研究中的对象一样。一旦他们意识到自己可以缩短真实和理想之间差距时，在面对缺点时就不会感到害怕或迷茫。

恢复力和能力

我不知道能在所有市场环境下同样起作用（并且赢利）的交易方法。最好的交易系统也会遭遇跌幅时期。最终，他们必须适应于市场条件的转变。我曾经有幸和一群非常成功的交易者一起工作——并且私下认真观察他们的行为。他们中的每一个都经历过获利少的阶段，也经历过巨额赢利的阶段。甚至是最优秀的交易者有时也会想，他们是不是还可以一直成功下去。

在《打败市场的小册子》一书中，作者乔尔·格林布拉特为选择股票描绘了一个相当简单的——但又很有效的系统。他建议投资者把注意力放在有中等以上投资回报和中等以上收入的公司上。也就是：把钱投资在那些用自己的钱赚取了很多利润的公司——这些公司的股票价格当然也会赢利不少，而不是其他的公司。他甚至为投资者搜寻那些会赢利的股票，提供了一个免费的网页：www.magicformulainvesting.com。

格林布拉特并不担心，公开他的股票选择标准会毁掉他的方法。他知道，从他的历史研究来看，他的股票选择标准只有在漫长的时间内才会奏效。几个月甚至是几年时间内可靠公司的股票价格都不会比更差的公司的股票价格更高。在这段时期内，这些衡量价值的投资者就会失去信心了。他们就会像蒂姆一样变得沮丧和焦急。最终，他们会摒弃这条原则，或彻底放弃自己独立投资。缺少情绪恢复力——不能获得将劣势转化为有价值的挑战的二阶能力——他们就绝不会在这种方式的指导下赢利。

机械交易系统的卖主，在他们的买主间也发现了同样的事情。当这个系统经历跌幅阶段时，使用者就会胡乱修改系统参数，或干脆放弃这个系统。损失为真实和理想带来的差距，对于普通的交易者太过痛苦以至于不能忍受。

想象一个交易方式在60%的时间里赢利,而在剩下的40%的时间里却不能赢利。一段时间以内,一个人可能会认为这样一个方法可以赚取高额利润。但是,这个方法还会有2.5%的,可能产生4次连续的亏损。2.5%的可能性听起来似乎很小,如果你想到在一个活跃的交易年会做上百次的交易。但是有时候,一周就算进行一次交易,都有发生4次连续亏损的可能。如果没有适当的金钱管理,这4次连续的亏损很容易就会将一个人几个月来所得的利润一扫而光——有时甚至会彻底亏光所有的存款。另外重要的是,亏损的钱可能会将在很多个月,甚至是多年的交易基础上建立的信心毁于一旦。大多数运动员都有过进入低谷的体验。一旦运动员认为自己处于低谷时,他们就会变得具有自我意识——不再处于投入阶段。他们开始做一些改变。如果不能够突破的话,就会产生进一步的低落情绪,从而会引起进一步的表现和信心的彻底毁灭。

变化的市场和平均法则,规定了低谷的产生。例如,对表现最好的对冲基金进行历史性的观察,也会发现重要的跌幅时期。对于他们的方法的有效性,非常有信心的反弹对冲基金经理,会把这样的跌幅当作是不便利的因素,但不会把它们当作威胁。然而,并不是所有的投资商都有这种恢复能力。损失对他们来说实在是痛苦地无法忍受。

那种认为优秀的表演者,永远有好的表现的想法是浪漫的,但却是不合实际的。事实上,迪恩·基思·西蒙顿的研究表明,杰出的科学家、艺术家和学者中成功和不成功的表现的比率,与在一个职业生涯中成功和不成功的比率不会有多大不同。我们因为爱迪生成功的发明,而不是失败的发明而记住他。没有人会过多理会莎士比亚不成功的作品。然而,即便是像他们这样杰出的表演者,也有一个成功和失败的固定的比例。不同的是生产效率。杰出的表演者比不杰出的同行生产的作品要多得多,这就确保了他们会在死后,留下更多重要的创造。这样的生产效率需要高水平的恢复力:一种即使是在挫折和困难面前也要保持前进的能力。无论在一个公司好还是差的情况下,都不放弃这个公司的投资者,就是那些完全接受格林布拉特方法的人。那些在一种策略失败后又跳到另一种策略的人,最后只会留下一次又一次的失望。可恢复的表演者已经培养出了,甚至当不可抵挡的挫折出现时，仍能够待在这个领域的二阶能力。

或许有关恢复力的最典型的例子是朗斯·阿姆斯特朗。在被诊断出患了已经扩散到脑部的睾丸癌后，他经历了一系列让人难以承受的化疗。正如他的书《重返艳阳下》所写，这种疗法让他觉得很想干呕。几乎是从一开始，朗斯对待癌症的态度，就像是对待他的赛车敌人一样：他有一种很强烈的获胜的竞争驱动力。"你挑错了对象。"就是他对待癌症的态度。当他的护士测试他的肺部力量时，他用尽全身力气吹气，并告诉她以后不要再把这个仪器带到他的房间去；他的肺没有任何问题。他坚持在医院的地板上行走，而拒不接受坐轮椅。当治疗允许时，他就马上开始骑自行车了，尽管他的身体还很虚弱。

然而，在他的书中，阿姆斯特朗揭示了他从通常会致命的末期癌症中康复过来的重要秘密。他解释说，癌症给了他"一种新的目的感"（151页），代替了赛车而成为他奋斗的目标。他想设立一个癌症基金会，希望帮助其他人来对抗这个疾病。他的角色不再是自行车赛车手；他把自己看成愿意帮助其他幸存者的幸存者。

有趣的是，阿姆斯特朗是在化疗的最后阶段，但是在被告知会康复和幸存下来之前，认识到的这一点。他的新目标——和他对自己的重新认识——毋庸置疑地对这次康复作用巨大。

我们能从阿姆斯特朗身上学到的是专业技能的能力比技能的培养更重要。这是表演者和表演领域之间的一种特殊关系的培养。朗斯一直都是一个竞争者，他的书也说明他最强大的能力之一是引导他的愤怒和能量。

> 然而，他最伟大的能力是恢复力，这是他把挫折当作是挑战的能力所带来的。

当他的市场——他的健康——发生变化时，他并不是像蒂姆一样变得脆弱不堪。他把这看作是进一步的挑战，并确定一个目标——并认定——他的力量足够应付这次挑战。"我喜欢那些与我作对的机遇。"他对他的赛车教练说道。"……这只是我要征服的另一样事物"（119页）。这就是二阶能力的本质。

专业技能的表演者和表演领域的关系是从天赋和表演挑战的结合开始的。在适当的条件下，它发展成为一种能够支持更高一阶能力的特殊感。这种有足够的能力来掌握不断变化的环境的感觉，让表演者拥有从挫败中恢复的能力，而同样的挫败则会令他们的同辈难以抵挡。像阿姆斯特朗一样，很多时候这种恢复力是由表演者的一种新身份的创造带来的——一种对前方挑战的重新定义。左拉·沙龙不仅仅是通过学习技能来克服失明的障碍。他通过成为一个比盲人更有用的人的方法来克服失明。他成为一个高尔夫球手。

教授交易者如何正确进入和离开交易、阅读图表和指数、管理风险，以及研究成功交易的方法——所有这些都很重要，但是都没有抓住发展专业表现技能的中心。阅读100本交易书籍和听100次交易讲座，会诞生一个具有知识的业余爱好者，却不是一个交易专家。这不是关乎交易，就像对朗斯·阿姆斯特朗来说的，不是关乎自行车的道理一样。区别专业技能的道路和一般能力的道路的能力可以改变一个人。这就是罗伯特·波西格在他的书《禅与摩托车维修的艺术》中所要讲的，他认为你真正所努力的是你自己。

> 你的目标不只是学习如何交易，而是如何成为一个交易者。

掌握的激情是由自我掌控的意识点燃的，而它来自不断经历和克服变化的环境。记得琳达·瑞斯基说过："经验是很重要的。"产生杰出表演者的学习过程，让交易者经历不断地挑战，最初是建立一阶能力，但是后来随着时间的变化，就变成了培养能掌控任何挑战的二阶能力。

能力和模拟

没有什么比和专业交易者待在一起能更好地学习专业交易者的思想——上网、看书和看直播。在观察他们的恢复力时，你也更有能力找出你自己的。听他们说的话,你开始通过他们的双眼来看世界,用新颖和有意义的方法来进行观察。

我邀请你尝试一个小小的实验,请访问维克多·尼德霍夫和劳瑞尔·肯纳的每日投机网站(www.dailyspeculations.com)。在那里,你会发现一个专家列表的邮件总汇,一个为有科学观念的交易者提供的长期网上讨论。在这个网上你经常可以发现一个独特的观察报告,或是一个审视市场的新方式。我记录了从我作为一个交易者到加入专家列表的时间,以及从那些比我取得更多成就的人身上学到的知识。

列表中最常见的一个主题,在尼德霍夫的《投机者的教典》以及他与肯纳共同出版的《实践投机》中都有提到,就是把市场看作是一个生态系统的观点。在生态系统中有食物链,并且每一种生物都有其角色。生态系统也在发生改变,生物要么就适应这个改变,要么就面临死亡的威胁。以诸如系统、食肉动物和猎物这类术语来思考,会在我根据市场中最大参与者的行为来发明交易方式的时候帮助我明确自己的想法。当我花很长时间通过研究来提炼这些想法时,生态系统被最有力的生物控制的基本观念,让我可以淘汰市场中超过90%的活动。并且在短期内,以食肉动物所剩的残羹为食。

在每日投机的一个最近的帖子中,尼德霍夫提到他和他的交易者,每天都提出和验证大约100个假想。想象一下这种活动所产生的乘数效应:从市场和其走势中获得的累积经验。然而,同样重要的是,这种活动所产生的样本效应。参与者不再只是研究市场,他们还学习像训练有素的投机商一样思考。

在样本规范的环境中工作,对个人还是专业人员来说都是一个巨大的福利。如果我们无法获得这样的资源该怎么办?交易者可以指导自己的学习过程,并培养能支持他们顺利度过转移风险和不确定性的流畅、魔力和二阶能力吗?答案是肯定的,而且——再一次——研究为我们指明了道路。

第四章　培养能力的策略

在攀登真理的高峰上，你永远也不会白费力气：要么你今天会达到一个更高的地方，要么你就锻炼了自己的力量，可以在明天登得更高。

——弗里德里希·尼采

1940年，维也纳精神科医生维克托·弗兰克尔开始写《医生和心灵》这本书。他于1942年结婚，但是在那年末他们被关入纳粹集中营，他和妻子也被迫分离。他缝在大衣内的手稿，在奥斯威辛集中营被发现并撕毁了。在集中营的3年里，他经历了充满饥饿、疾病、恐怖和经历他人死亡的痛苦日子。让他生存下来的是两件事：重新拼合他那被撕毁的手稿，以及能再次见到妻子的希望。弗兰克尔发现，那些没有活下来的人，要么就是没有希望，要么就是没有目标。他有对抗厄运的理由，并且——尼采解释道——是为什么而活为他提供了如何忍受的勇气。

从表演的角度来看，弗兰克尔的故事甚至有更无奈的一面。当他从集中营被释放后，得知妻子没有活下来时如五雷轰顶，但他仍然坚持目标并完成了他的著作。然后，在短短9天的时间里，他又写出了另一本书——也是他最优秀的作品：《人类对意义的追寻》。

先不要说是一本深奥并且重要的书，有谁可以在9天的时间里写成一本书呢？这怎么可能？当然，在弗兰克尔被关入集中营的3年里，他一直在"写"这本书。他没有记住每一句话和每一页，但是他对自身经历的反思是如此热切，以至于话语从笔尖如瀑布般流淌而出。真是难以置信，弗兰克尔竟然在最恶劣的条件下找到了自己的投入状态。当他是一个囚犯的同时，还是一个精神科医生。

> 他把自己恶劣的生活环境当作一个病人，花了很多年进行研究。

在被释放时，他是一个不一样的精神科医生：他是一个意义治疗法医生，即把心理健康的中心放在对意义的探询上。

在第三章中，我们看到了阿姆斯特朗是如何在面临末期癌症时重新定义自己的。弗兰克尔在经历被捕、饥饿和伤寒时，还坚持并扩展了他的身份。每一个逆境中的发现都是一次有价值的挑战；每一次表演都是不屈不挠的二级能力。如果癌症和集中营都不能阻止一个人的精神走向高处，那么在市场、职业和人际关系上就没有不能逾越的苦难，只要你知道"为什么"。

> 世上没有无目标的表演。

从找到位置到培养能力

希望到现在为止，这本书已经阐明了，为什么寻找自己的交易位置是如此的关键。如果你发现这种交易方式或这个交易市场不能激发你的天赋和兴趣时，你在流畅状态就不会花很多时间，因为这会增加你的学习负担。你也不会培养能帮你度过不可避免的交易难关的二阶能力。找到一个位置比简单地赚钱或是娱乐要重要得多。它是对能激发你能力的，有价值的挑战的探询，可以激发你对意义的深层次的理解。

当你在这种方式下充满活力时，你会有什么发现？你意识到你只是市场上刚入门的学生。更确切地说，是一个有动力和天赋的初学者，但还是个初学者。你会犯很多初学者都会犯的错误。你刚开始可能连成本都无法收回。有时，能力——先不要说专业技能——看上去似乎遥不可及。

你是如何学习交易的基本常识，经历初学者所遭遇的挫折，并还可以维持在流畅状态进行表演的能力的呢？这是表现成长道路上的主要挑战。你不能通过对赚钱的渴望来掌握交易的技能。你会掌握它是因为它对于你的天赋来说是一次有价值的挑战，而金钱只是恰好作为表现的记分牌。然而，你如何规划你的学习会决定交易是变成了一个有价值的挑战，还是个令人受挫的阻碍。

我们以拉尔夫为例。他是一家为散户提供交易服务的独资公司的新进交易者。他被聘用后就进行了有关交易软件和指令的下单方面的基本培训。人们告诉他要在屏幕上追踪市场的情况，并要用充满激情的态度来进行交易。每天下班时，他都会和他的导师进行有关他工作结果的讨论。或许就像你猜测的一样，拉尔夫每天都在模拟系统上亏损。他的导师就如何减小亏损、观察股价等方面给了他很多建议。但是拉尔夫无法把建议变成真实有用的策略。他不理解导师在庄家屏幕上的简短示范，他的同学也是一样。随着失败次数的增多，他充满激情的表现也减退了。他的导师认为他缺乏潜力，于是就把他解雇了。

拉尔夫看上去似乎具备成功的要素。他有动力，他有机会接触到真实的市场模拟，而且他有一个负责的导师。他接到的建议很有道理，而且开始时对市场的确很有兴趣。然而，他的训练既不能产生能力，也不能产生专业技能。

> 很简单，他的学习经验不是为获得成功而规划的。从更重要的一层来说，他的学习一点也不系统。

学习的规划：营造镜面效应

规划学习对于成功有什么意义呢？奇克森特米海伊在他的书《创造

力》中，为达到流畅体验总结了一下所需的前提条件：

☆ 学习过程的每一步都有清晰的目标。
☆ 对于每个行动及时反馈。
☆ 挑战和技巧之间的平衡。

这样我们就很容易看到，为什么拉尔夫无法获得流畅体验，并永远也无法发展交易能力。他的确接近了市场，但是他没有清晰的目标，也没有及时的反馈。在一个相对真空的环境下工作，他无法在自己的技巧和面临的挑战之间维持平衡。而且，他认为自己没有希望学会一个专家们所操控的复杂市场。

让我们回到左拉·沙龙，第三章中提到的盲人高尔夫球手身上。他的教练理查多·科多巴——科尔命令他用数个月的时间来练习挥杆动作，那时沙龙还从来没有踏入过高尔夫球场。科多巴知道协调的重要性，所以他鼓励沙龙利用他失去的能力来想象他的击球。在一次练习中，沙龙需要在靠近一个杆的地方挥动高尔夫球杆。如果他没有挥中，他就会撞到杆上。这就是及时反馈！

在刚开始训练的时候就走向高尔夫球场，对沙龙来说可能会有些沮丧。他不能像一个有能力的人那样体验。然而，协调练习、想象能力和练习挥杆，让他掌握了基本的技巧，并拥有了信心和能力。科多巴的反馈在这个过程中很重要。他帮助他的学生感觉像一个赢家，而他的学生也对此做出了回应。

当他们最终在高尔夫球场上比赛时，沙龙的球童兼挚友勒维，指引他从一个洞走向另一个洞。勒维会站在洞旁边拍他的手，以便让沙龙可以瞄准。结果，一个想象的工作就转变成了听觉上的工作。通过声音来预测距离以及完美的挥杆动作，沙龙能够打得很好，甚至可以击败看得见的对手。因为有勒维对于每一击的反馈和科多巴对于技巧发展的指导，沙龙具备了专业技能。他的学习规划产生了投入状态，从那里，他发现了自己的魔力。

有两点可以帮助你在规划学习的过程中达到你预期的目标：

☆ 你身处能够提供流畅体验的市场吗？
☆ 你的市场经验能产生魔力吗？

你经历过沉浸和我一定能做到的感觉吗，又或者你能找到那些，会在交易中产生厌烦、沮丧和自我贬低情绪的基本工作吗？在每一次交易练习之后，你可以进行的最好的练习就是看看一面比喻的镜子，产生出杜万和维克伦德所描述的自我意识。如果你作为一个交易者的经验，让你想要逃跑的话，你就会知道，它既没有为你提供流畅体验，也没有为你提供魔力。如果你对于你所看到的很满意，并发现能给你力量的时候，这就是你获得能力的最好的证据。

练习的规划为我们提供了一面可以体验自我的镜子。我们从工作中体验自己，就好像我们从人际关系中体验自我一样。亚伯拉罕·林肯曾经把机敏说成是，像看见自己一样描述别人的能力。按这种说法，所有好的镜子都是很机敏的。心理学家约翰·哥特曼在研究成功的婚姻时发现了一个共同点：每一方都能为另一方的缺点提供最仁慈的解释。相比之下，失败的婚姻则不是这么机敏了。配偶会用每一个明显的缺点去印证自己对另一半最恶劣的印象。成功的婚姻是成功的镜子，反射出我们最好的一面。

不久之前，我听说一个交易公司试图教新的投资者降低他们的风险。难以置信的是，他们通过把每天的损失限制在200美元来实现这点。在E-mini标准普尔（S&P）500期货的单交易中亏2点（8个最小变动价位）的交易者，当天就完了。因为这些交易者被教授对市场进行投机，一天中某时会亏8个最小变动价位是难免的。实际上，这些交易者都掉进了陷阱中。如果他们不持续进行交易的话，就会因被看作是不积极的学习者和市场参与者而被责备。如果他们在市场中竞争并亏损时，就得退市并带着失败的经验而离开。慢慢地，新的交易者学习的是惊慌的交易；他们永远也不会有建立大的头寸和在风险关头交易的信心。在任何时候都害怕做错事，他们就永远也达不到投入的状态。一个这样的交易者告诉我，他连续3天都赚钱，然后很骄傲地给其中一个导师表演他的成果。可这个导师看上去一点都不在意，并评论说利润还不够收回他的成本。

想一想这样一个评论中体现的镜面效应。他告诉年轻的投资者，就算他埋头苦干、用尽全力，他也不可能收回成本。他泄气了，就失去了投入状态，并开始冒着鲁莽的危险来加大自己的利润。当最终他进入赤字时，就会被公司解雇。这种消极的镜面效应产生了一种自我实现预言。

> 你的学习经验的规划会为你提供一面镜子。

这面镜子要么确认你的成长，要么指出你的弱点。它会让你感觉在不断变得有能力，或是在不断受挫。通常会是后者。无论如何，当你在市场中探索时，你是在和专家交易——他们是华尔街、芝加哥、伦敦、东京和苏黎世最好的专家。当你在和如此众多的更有经验的竞争者奋勇作战时，你如何能培养和保持有能力的感觉呢？如果你的练习规划不当，以至于你无法进入流畅状态时，你如何能希望找到魔力呢？

> 最好的学习经历的规划，能够反映能力和保持流畅状态。

如何规划学习：把任务划分成技巧的组合

让我们再回到我们的盲人高尔夫球手。他的通往精通掌握的道路，对于如何规划学习才能产生有能力的专业技能是一个非常好的例子。

科多巴对沙龙所做工作的非凡之处在于，他把复杂的事务划分成了技巧的组合，这样就有清晰的目标和反馈来进行反复练习。这在表演的发展方面已经是一个全世界都认同的规则了。当我们说到专业技能，就能看到组成技巧的大量反复练习。这种演练并不仅仅能使表演成为一个自动的过程，它还通过产生正面的镜子来培养掌握的感觉。

把表演分割成若干可以练习并掌握的部分，在体育界是非常普遍的。在《成功训练摔跤手》一书中，丹·盖博解释了他是如何让团队一直保持如此优秀的。他把每一种技巧都分割成若干部分，然后清晰的解释每一种技巧。在摔跤手试图自己完成这些技巧之前，教练会把这些技巧重复表演很多次，用不同的方法，从不同的角度。例如，第一次表演会由教练一个人完成；第二次就会由教练和一个对手完成。在真正开始练习之前进行重复演示和讲解，会让表演者在进行技巧训练前，就对掌握有了很多的体验。

有名的网球教练，曾经培养了无数大学冠军和职业冠军的尼克·伯里泰尼也倡导"有目的训练"。每一个训练都有一个具体的目标，或是要获得某种技巧。他以对训练的作用和重要性的解释和对学生的期望开始。将要训练的技巧接下来由老师来演示，为训练提供一个示范。学生们观察每一个正确和错误，在真正开始练习之前得到多次的学习机会。这种指导的关键就是训练的节奏。训练适度才能保持学习的状态，太快会把学习者吓倒。用这种方法，伯里泰尼让他的学生们沉浸在投入的汗水中，并保持了挑战和任务的平衡。

如何才能把技巧分成若干部分呢？

> 里面含有很复杂的表演要求，而这些对于初学者来说有些望而生畏，但又使他们易于控制。

让一个教练重复地讲解和表演一种技巧——然后当学生们开始尝试这种技巧时，给予迅速的反馈——会把得到学习经验的可能性最大化。用分步攻破的方法指导，为发展中的表演者创造有利的镜面体验，让他们看到自己在超向目标的方向上所有的进步。

> 记住，如果你在指导自己的交易发展，你就既是教练又是学生。

在规划学习的过程中，要创造自己的镜子。你要反复练习的特定的组成技巧是由你的交易位置所决定的。在我对初入门的交易者所做的工作中，在实际训练前有几个技巧成分是比较重要的。

☆ **学习硬件**。对电脑要有足够的认识和掌握；建立一个工作空间，优化屏幕的布置；功能强大的硬件、在线连接和业务记录表——还有一些紧急程序——以防设备或连接发生错误。

☆ **学习软件**。对聊天、分析和程序命令的安装十分精通；学习如何利用这些来读取多个市场和时段。

☆ **学习市场基本知识**。对阅读不同市场和不同时段里的交易模式十分精通；读取短期供求，来帮助执行委托；学习特殊的交易体制，并能在真实情境中辨别它们。

在本章稍后，我会把一个交易者所需掌握的技巧概括并列出作为参考。现在，重要的事是你必须把交易划分成若干份，演练它们、掌握它们，以及保持自己在投入状态内。一开始的时候，训练是一种娱乐，而我们通常会对感觉好的东西非常着迷。产生完美的练习发展了特定的表演技巧，同时也培养了持续集中精神、加强学习和增强信心的环境。

如何规划你的学习：创造多种多样的训练条件

大卫·拉维列和同事最近在运动心理学上总结了他们的研究，确定了能使运动员获得体育技能的学习环节的特点。他们的一些关键发现在表4-1中有所总结概括。

这个研究最重要的结论之一是，多种多样的训练条件比一般的训练条件更有效。为了描述这个，让我们回到尼克·伯里泰尼的规划训练中。他为选手解释了正确的反手击球方法，然后通过向每一个选手发反手球的方法，让他们进行演练。然而，他会击向球场的任何地方，以便选手还可以锻炼脚上的速度和对球的预测能力。他也会在其中混合着正手球，让选手可以专心训练，并使得训练看起来更真实。看上去向静止的选手发一个又一个反手球似乎更有效率，但是这种策略不能将这个阶段的发展技巧（反手球）和其他的技巧（对球的预测，脚上的速度）结合起来。在训练期间进行多种多样的技巧训练创造了一种真实性，让技巧可以更快地向现实生活中的环境转变。

同样，拉维列和他同事的研究暗示了在训练中将技巧混合起来训练比起在一个阶段只训练单一的技巧更有效果。例如，一个临床医学家在一个阶段可以教一种放松的方法，然后下个阶段教认知能力（例如思维停顿）。然而，这比起在训练阶段内把所有技巧混合起来训练效果低多了。于是，病人会被鼓励在一个训练单元里，既干扰消极思想也进行渐进性肌肉放松训练。在真实的具有压力的环境中，这会加强技巧的完整性，确保可以把在临床病房所学的转化到现实生活中使用。

表 4-1 获得体育技能的研究，摘自拉维列（2004）

获得成功的规划训练：研究发现
训练多种多样的技巧比专心训练一种技巧更有效。
在随机的模式中将技巧混合起来训练，比在固定的时间阶段训练技巧更有效。
有质量的反馈对初学者有帮助，但详细的数量反馈对于有经验的学习者更有帮助。
经常的反馈对初学者有帮助，但没有有经验的学习者的帮助大。
鼓励含蓄学习的训练比起进行明确的学习，对感情干扰的抵制力更强。

有趣的是，研究表明最初的学习会被混合的技巧训练所妨碍，但是这种学习更经得起考验。也就是说，当学习者用多种方法进行训练时，他们忘记技巧的可能性就更小，但是会需要更多的训练，让表演达到一个可接受的层次。站在发球器前练习的反手球运动员，可以很快地学会如何使用反手球，但在比赛时，当把反手球与对球的预测和其他技巧结合起来使用时，他就不知道如何应付了。这在临床医学中是很常见的，过快地学习经常伴随更大可能的复发。在真实条件下，更多的学习练习，要比少而且没有变化的训练更好。

反馈是多样化练习的另一样回报。研究指出，初学者从频繁的反馈中得益不少，而这种有质量的反馈（在清淡的市场上缩小投入，就不会都是不良价格）和有数量的反馈（当你是空头时，比你赢家的持有时间多了30%），对于初学者是非常有帮助的。然而，当表演者变得更有经验时，频繁的反馈实际上是有害处的，因为它让学习者依赖于指导者来判断自己的能力，而不是独立地进行判断（就像现实生活中所需要的一样）。对于有经验的表演者有帮助的反馈通常需要细化，要善于捕捉大量练习中表演上的细微差别。对于初学者而言不太有用的信息——例如，可以让交易者在某个给定价位，退出长线交易的特定的买入交易额——也许对有经验的交易者非常重要。

> 有效的训练瞄准的是特定的技巧，在训练中把它们混合起来，并对表演者这个阶段的学习提供有建设性的反馈。

拉维列和他同事的观点同时指出，暗示学习策略比起清晰的策略更有优势。清晰的学习方法是依靠可以用言语表达的规则。例如，"当交易数额达到了你的最高额度时，退出交易"是一个清晰的策略。将这种策略提供给一个学习交易的学生后，指导者就会对模拟交易进行随机的抽查，观察学生是否遵循了这条原则。相反，暗示的学习方法，是依靠学生自己发展出对表演的一种直觉，而不是使用清晰的一系列规则。例如，指导者也许会提供一个很宽泛的指导大纲——"如果在你的交易方向上成交量并没有放大，那么退出"——然后用模拟器使用双倍的速度产生随机的记录。价格的快速变动不允许学生使用清晰规则退出。事实上，一段时间后，他或她会对何时交易量和波幅会随交易而变化产生感觉。这个运动心理研究的有趣的结论是暗示学习策略比清晰的策略对于情感干扰——例如焦虑——的抵制力更强。在认知过程中产生恐惧或贪婪的念头需要实行清晰策略，但是他们不是通过直观的学习获得的。这是特警队训练中最关心的。例如，"肌肉记忆"的开发——产生自动的能力表现——在紧急、危险的环境中是很必需的，因为当时既没有清晰分析的时间，也没有情绪干扰的时间。

这对交易而言有什么意义呢？它暗示了为了发展能力，还有比简单地端坐在屏幕前打开你的模拟交易平台和进行交易更多的东西。如果我们把这个研究应用到我们的交易课程中，我们会按照如下方法规划学习：

☆ **在真实的结合环境中练习技巧**。我们不只是要简单地学些如何画图，或如何下达委托订单，还要学习根据我们在图中所看到的来下委托单。我们会遵循有很多请求的不同时限内的市场情况来获取更多有波动情况的完整的画面。

☆ **为每一次训练都制定一个目标，以产生及时的反馈**。每一次训练的目标，应在以前训练进度的基础上制定。目标要清晰明确，这样才能在学习中有所收获。

☆ **反复练习技巧以促进暗示性的学习**。我们可以通过快速重复，巩固学习和提供对情绪干扰的抵制力，来使技巧自动化。

我们所看到的是训练不仅仅是一项活动，它是需要课程辅助的一个项目——不比物理学家或运动员的培训少。后面你将会读到更多帮助你创造自己的学习课程的设计。

> 能力的培养需要课程的辅佐：一个系统的学习方法。

如何规划你的学习：在模拟的表演中将技巧重组

一旦一种技巧可以分片进行练习，把它整合成一个完整的模拟表演就是很重要的。为技巧的训练而进行的模拟表演，为把所学在现实中表现出来创造了机会，同时还要求不出错也不打折。在房子里挥动扫帚，帮助沙龙获得了挥动高尔夫球杆的完美的动作，但最终他还是需要离开屋子和扫帚，把他的技巧在高尔夫球场上组合起来。

> 有效的学习，是通过对真实表演环境的不断接近而获得的。

例如，在摔跤中，当丹·盖博演示完一个技巧后，他鼓励选手和摔跤手模型以及被动对手进行练习，以获得技巧的完整性。和以前一样，教练对他们的动作进行观察和反馈，并迅速地纠正错误。摔跤手模型和被动对手为练习提供了一个相对安全但又真实的环境，让学习者可以把技巧完整结合在一起。伯里泰尼在击球训练——教练可以控制球是如何发向学生的——中逐步提高目标分数，学生凭击球的方式得分。特警队练习突然袭击的方法和排球队学习新方法一样：先走步演练，然后用一半的速度演练，最后用全速演练。这种爬——走——跑的过程，为表演者提供了熟悉感，树立了信心，并且在真实的表演前，让导师找到问题所在。

想一想一个正在学习自己的交易平台和个人业务的成长中的交易者。一开始，就像我们所看见的，她运用技巧的结合进行学习，由目标和反馈指引。一旦她在真实的环境中认清交易体制后，就会用历史数据来进行模拟交易的转变。这使她能够暂停下来，重新审视交易的要素，观察自己的行为，吸收及时的反馈。稍后，当她的技巧已经在这个被控制的环境中得到进步后，她就会用即时的数据进行模拟交易，最后就会进行真正的交易了。

> 模拟提供了知道和会做中缺失的一个环节。

当技巧被引进不断增加的现实的表演环境中，教练通常会倡导专心致力于一种技巧的培养，而不是进行多种技巧一起培养的方式。克里斯·卡麦克和朗斯·阿姆斯特朗用为一座房子喷漆的类比为赛车手规划了详细的表演项目。先喷一间屋子的一面墙，再为另一间房子的天花板喷漆，然后再喷门厅是很没有效率的。一次喷完一间屋子看起来更好些。同样，表演者在运用别的技巧（建仓后增大或缩小仓位）之前，先要综合运用一部分技巧（进入市场的时机和指令的执行）。这被称为分期进行。卡麦克和阿姆斯特朗描述了在进行连续单元的工作前，对每一个技巧单元要用四周时间进行训练。这样，举个例子，一个赛车手或许会花四周时间来练习全速冲刺，然后再花四周时间来练习攀缘而上的赛道。在每一个四周的训练里，这些技巧结合在一起，迅速融入真实的表演环境中。例如，赛车手可以先从一辆静止的自行车练起，然后进步到简单地形上的短程练习，最后进入一个更长但也更有挑战性的赛车训练。

一个有技巧的交易指导者和一个运动教练的作用是很相似的。区别在于交易指导者运用历史和即时模拟市场来进行真实的技巧预演，不是用静止的自行车也不是吊袋。模拟交易相当于市场学习者的一个足球训练场，或是拳击房里的身体模型。试图跳过初始学习交易技巧的阶段，就好比是从在黑板上画一个传球的图标直接过渡到在足球比赛中进行传球一样。分级模拟，从一个更容易控制的环境进步到一个更真实的环境，促进了技巧的掌握。

如果你自己充当自己的交易指导者，在模拟表演中把多种技巧，在各个单元中结合起来的需要——以及通过分阶段来延长每个单元的训练时间——要求你的课程必须有一个全盘的交易计划来支持。（见例表4-2）在训练的开始阶段，某些技巧比起其他的来讲是更基本、更必需的；其他能力的培养是建立在这些基本技巧的基础上的。例如，运动员的惯例是，力量训练和物理训练应在策略技巧的训练之前。这就是为什么，优秀的军事训练项目总是从条件测试阶段开始的，随后才是教授如何射击和降落这类特殊的技巧。在电子交易世界里，了解你的机器和交易应用软件，应先于对市场的有效理解，而对市场的有效理解，反过来，也要先于交易的建立和管理。如果你见过正式的训练项目——不论是军事、医药或是网球上的，就会发现它们都有一个发展计划，这个发展计划可以用年表、活动和目标的图表来表示。当你既是学习者又是导师时，你要建立自己的训练课程——一个适合你的学习速率的，可以让你在不断更加真实的环境中掌握技巧的课程。

需要重申的一点是：每个课程的特定内容，会随着交易者位置的不同而有所变化。一个期权上的价差交易者所要学的课程，会与同一系中的股票交易者要学的有所不同。每个交易位置都有自己独特的技巧。导师和同行的指导，在早期的学习曲线中是十分重要的，因为他们帮助学习者认清重要的技巧，并在训练中把这些技巧分解开来进行练习。

> 整个规划，即学习课程的速度，确保了学生的能力和任务的要求是相匹配的。

每个训练阶段都清晰地列出了学习的目标，并且在每个学习阶段都有迅速相关的反馈，以保持投入状态的继续。如果训练想要成功，就要花费很大的努力，包括动力和能力。它也会建立一种能力意识，以使训练变得更有动力。

表4-2 训练项目的规划

创造一个训练计划
将整个表演分成若干个技巧阶段，包括用有利的交易条件监控市场，研发/确认交易观点，研究指令/进入头寸，管理交易和研究指令/退出头寸。
在每一个阶段要规定时间期限，在发展其他特定技巧前，在课程中先掌握最基本的技巧。
在每一个阶段内，把每个单元分割成若干部分的技巧，通过对这些技巧的混合练习来将技巧结合起来。
在每个训练阶段树立清晰的，有挑战性但是可以达到的训练目标，并收集对于表演的反馈，以便找到达到目标的途径。
利用反馈来为下一阶段训练制定目标。
利用反馈对课程的速度进行调整，如果进程缓慢的话就延长阶段训练时间，如果进程迅速的话，就缩短训练时间。

> 每一个环节是如何进行训练的，与你训练的是什么同样重要。

专家和业余爱好者

此时,我希望你可以看到专家的学习和业余爱好者的学习有着多么大的区别。业余高尔夫球手通过和朋友一起打高尔夫球来学习;业余网球手站在球场上到处乱挥舞网球拍。业余爱好者通过表演来学习,他们的学习靠的是反复的练习经验,他们的学习既没有规划也没有反馈。专家是通过训练来学习,他们通过有规划的技巧的学习和对反馈以及指导的分析来获得进步。

没有比通过交易学习交易这种观念更为大众所接受了。我冒昧地问一句,你有没有检查过这个命题呢?你不会用坐在驾驶舱里驾驶一辆大型喷气式客机的方法来学习如何驾驶飞机。你也不会通过拿着手术刀为病人开刀的方法来学习外科手术。交易为什么要有所不同呢?我研究过的每一个表演领域,都是从获取技巧的训练发展到模拟表演,再发展到真实的演练。

> 尽管这个命题看上去似乎是正确的,然而我们很少看到交易者通过训练来学会交易。取而代之的是,他们用一种业余爱好的态度来接近交易,却发现只是亏钱及遭遇挫折。

这并不是说交易者不能通过专注于屏幕来学习交易。稍后,在本书中,我们会知道专注的屏幕时间会很大程度地缩短一个交易者的学习曲线。最近,当我和巴勃罗·梅尔加雷霍,这个在金斯特里一直保持着不败纪录的成功交易商进行交谈时,他摇着头说道:"我不希望当人们到达他们的损失限度时就离开市场回家。我一直观察每一次开盘和每一次收盘。我也许不是在进行交易,但是我永远都会在下午3:15的时候出现在市场。"的确,我一直都认为巴勃罗属于那些早上第一个进入电脑系统,而又最晚退出系统的人之一。他待在屏幕前不是为了娱乐,为了刺激,甚至不是为了交易。他总是处于观察和学习的状态中。

巴勃罗作为一个交易者保持常胜的秘诀是什么呢？"我知道把握时机。"当他某天亏损了分给他的最大金额时，就会放下鼠标，称这为普通的一天。他不沉思——"明天又是崭新的一天。"是他的座右铭——但是他也不会忘记市场。他会待在那直到市场结束，审视市场的动向。这才是专家的固有心态。巴勃罗意识到很多交易技巧的核心，归结为对市场模式的认识和了解。花大量时间在屏幕前的交易者，比那些只是断断续续和市场接触的交易者更有可能真正掌握市场模式。

专业训练的一些最好的例子可以在拳击中找到。马克·海特曼在他的书《掌握拳击》中强调了每一个拳击手是在连续的训练中得到进步的。这个连续体的第一个阶段是镜面训练：练习步法，上身移动，手腕和为了得到反馈和正确信息而观察对手时的防护。接下来是设备训练，用很重的包、速度沙袋和跳绳作为工具。设备训练为受训者提供了在教练观察下的演练。之后是对受训者或搭档的训练，除了真实的拳击对打训练外，还有预演详细的策略。只有当对这些训练进行精通的掌握后，拳击手才能进入到场景拳击对打（详细模拟的对打情景），以及真实的拳击对打当中。

回忆一下第一章中所提到的十年规则，它暗示了在任何表演领域专业技能的培养，大概需要花十年费心的练习。当你看到一个拳击手需要学这么多东西——策略、步法、挥拳的速度、攻击的力量以及准确性——就很容易看出，为什么训练会持续这么长的时间。

这种领悟并不是每个交易者都拥有的。而且也没有理由认为，交易比拳击或我们曾接触过的其他表演领域要更容易或更简单。交易者有进行交易的欲望。他们欺骗自己相信，他们的交易为自己提供了学习经验。然而，我们还是可以清楚地了解到一个拳击新手，不会从同拳王的比赛中学到任何东西。

他会被打晕的。

交易心理的训练

当交易者自己做自己的导师时，他们有一种领导的功能。因此，他们能否坚持自己的士气和动力是考验他们的关键。克里斯·麦克拿伯，《特种兵部队毅力训练手册》一书的作者，引用孙子的经典之作《孙子兵法》里的一句话：

"将弱不严，教道不明，吏卒无常，陈兵纵横，曰乱；将不能料敌，以少合众，以弱击强，兵无选锋，曰北。"

孙子有非常深邃的洞察力：在表演中感觉到的大部分情绪压力，可以归咎于不充分的训练。奇克森特米海伊所描述的焦虑、枯燥和挫败，不仅仅是交易出现问题的理由，也是离开沉浸状态的不可避免的后果。

> 适当的训练就是交易心理，保持固有心态以及表演者的技巧水平。

麦克拿伯描述了多种不同的训练策略，可以完全有效地训练普通士兵，并让他们成为特种部队中的优秀士兵。他强调，这些策略的重点是真实性。例如，士兵们必须经历战场上的景象和声响——比如，大炮的震耳欲聋声——或者他们必须在实际的战场条件下迷失方向。麦克拿伯所引用的一个极好的研究发现是在二战中只有15%的联军士兵在战场上真正开过枪。由于之前没有接触过他们所碰到的激烈打斗的情形，他们在压力下浑身颤抖。交易也是如此，真实的风险和回报的状况铸造了他们自己的战场。

> 当表演被情绪干扰时，你经常会发现训练不充分的证据。心理学的辅助可以对一个受过很好训练的专家的表演有所帮助，但还是不能代替完整的训练。

麦克拿伯将让士兵接触战场的压力的过程描述为"战场取证"和"战场免疫。"例如，特种航空兵并不只是被教授，如何应付被敌军捕获时的应对方法——实际上，他们在真实的环境中，被扮演成敌军的士兵所捕获。射击训练中士兵被放在一个紧张的模拟环境中，他们需要做出迅速地决定，这样领导技能就被成功地转移到真实的战场使用了。只有在特警队到达火灾现场，并要进行全速抢救和捕捉行动时才会用到突然袭击。交易者从模拟技巧单元——记录、风险管理经营等等——进步到交易建立和管理阶段，然后在模拟模式下进行全天的交易，最终把钱全投到一种股票中。一次次地面临——及掌控——挑战产生了战场免疫功能，让交易者在压力最大的环境中还能保持冷静。

> 确保不断提高的训练要求是在建立表演者的自信，而不是击败他们的自信，是指导者的工作。

尽管我们老套的认为操练军士是喜欢折磨新兵的人，现实却是领导力需要一个补充建立的过程。"如果再坚持一分钟，恐惧就会变成勇气，"乔治·巴顿上将发现。训练就是那多余的一分钟。

> 如果你是自己指导自己，你就是自己的领导。

你最大的挑战就是，创造可以测验你的学习环境，但不要挫败了你的精神。如果你的测试或战场取证不够充分，你就会在真实表演的压力下畏缩不前。如果你为了达到要求，而给予自己很大的压力，你就会丧失增强你学习曲线的动力和魔力。做你自己的指导者，通过创造一个又一个层层建立的挑战目标的方法来建立能力及自信的领导力。在为一个又一个目标努力奋斗而最终获得成功后，你会用一种大多数市场参与者不知道的积累起来的自信来面对市场的变化。像士兵一样，你就会进行现场取证——一种代表真正能力的标准。

优秀的学生需要从指导者身上找到什么

让我们对以前学习的进行一下总结。当我们观察运动员、专业音乐家、临床医学家、物理学家、士兵和国际象棋手的训练时，我们会发现同样的 3 步进展法：

☆ 把表演分解成多个技巧组成部分。
☆ 将每个单元的技巧和表演的简单模拟环境结合起来。
☆ 要求技巧在复杂性不断加大的模拟环境下，进行不断的提高。

更重要的是，在一段很长的时间里，我们是通过从比较进步的技巧过渡到比较专业的技巧来观察进步情况的。训练的目的是培养一个能够有效地利用技巧，以及在演练这些技巧时具有高度自信的表演者。这不仅仅是因为有自信的表演者比没有自信的更有动力。有自信的表演者从他们的努力中锻炼出一种直觉力，会使他们产生很大的乘数效应。一个人需要用流畅状态来激发魅力，也需要用魔力来进入流畅状态——二者都需要持久的成功和精通的掌握。

在专业技能成长的这个阶段，指导是有长远意义的。在这个成长过程中的早期，就像我们以前所注意到的，指导者提供的是基本的指导，和一个健康的支持和鼓励的措施。一个基础钢琴老师需要知道钢琴，一个指导新手的高尔夫球指导者，需要了解高尔夫球，等等——光凭这些，早期指导者掌握的技巧是不够的。更重要的是，他们从早期的挫折中培养学生的能力，并帮助学生找到他们的表演位置。

然而，在中期能力建立的阶段，一个指导者光是提供基本指导和支持是不够的。一个指导者，必须对学生要发觉能力的这个特定的交易位置，亲密而熟悉。这就是为什么外科医生教授外科手术，士兵教授士兵和篮球教练自己始终保持练习。指导者自身不需要是世界一流的表演者——一些大学篮球的最优秀的教练，如迪恩·史密斯、麦克·沙舍夫斯基、吉米·波伊海姆和鲍勃·奈特，都曾经是有能力的选手，但却不是该领域的专家。然而，他们必须指导表演领域详细的"进攻和防守"。如果没有这样的知识，他们就无法将表演分割成若干技巧组成部分，也不知道先锻炼哪个技巧，再锻炼哪个技巧，最后锻炼哪个技巧。如果你自己无法专心于表演中的话，一个表演者就不可能制定详细的目标，以及提供详细的有意义的反馈。如果要指导一个有希望的精神治疗医师，我会先稳步的制定一系列的练习和模拟训练，并在每个阶段提供有用的反馈。然而，如果要为一个有希望的眼科专家提供同样的经验，我就会陷入困境了。

> 找到一个对你特定的市场位置精通的指导者。最出色的指导者，具有适合你的这种交易的可靠的经验。

我听说过有些人鼓吹他们是交易指导者，宣称他们自己本身并不是交易者。他们宣称，他们通过指导交易的心理部分来培养表演能力。然而，就像我们在这一章中所看到的，你训练表演的心理部分的方式，就是通过在真实性和挑战性不断增强的环境下的表演来进行的。除了表演之外，并没有心理表演的培养：什么样的谈话和自我分析都不能让一个将要面临炮火的士兵进行战前取证，也不能让一个将要在一个下雨并崎岖的山路比赛的赛车手做好准备。由于这个原因，选择一个对你将要进行的交易有熟悉的经验的指导者来对你进行训练要更好一些。如果你想要基于基础的、宏观的因素进行货币交易——如我们第一章中所列举的雪莉的例子一样——你就必须要参加一个银行里的培训项目，因为货币在银行中进行着频繁的交易。又或者，如果你想要进行股票指数上的投资，你需要在芝加哥的一个交易事务所参加培训，因为那里和你想要进行的外汇交易有所关联。你寻找这些公司的主要目标是找出可以加快你专业发展的指导者。正确的公司会在这些指导上进行投资，并拥有经验丰富的指导者。

曾经说过，优秀的专业技能对于成功的指导者来说是不够的。所有优秀的教练首先把自己看作是教师——对于他们来说教授能力和对该领域的掌握一样重要。毕竟，指导是和交易或打球一样的表演领域。取得成功的指导的因素和其他领域中引起成功的因素没有区别。一个好的指导者有对教授工作的一种直觉上的热爱，并且发现内心可以获得回报。

> 优秀的指导者和他们的学生一样，对他们的工作专心致志。

他们会审视过去的表演——回想花好几个小时观看他们队和他们的对手比赛的录像——然后他们集中观察队员，以发现指导的机会。最重要的是他们拥有一种强烈的判断意识，这对找到对学习者的挑战和支持之间的平衡是非常需要的。在我以前的书《交易的心理》中，我提到过临床医生的角色是"安抚饱经风霜的人，以及折磨安于享受的人。"这对于有能力的指导者同样适用。他们用足够的赞扬、反馈和支持来为年轻的表演者树立自信的意识，但是他们也知道何时让学生喘喘气。教练们意识到对于恐惧和勇气的那一分钟的界限，表演者很少会欺骗自己。

> 指导者很少能从别人的口中询问出如何发展更优秀的专业技能，他们都是自己摸索的。

交易者真的可以指导他们自己的学习吗

看着合格的指导所必备的要求，很多读者都会问他们自己一个很难回答的问题："一个人真的可以不通过正式的指导而获得能力吗？"例如，一个交易者在家里有机会接受的学习和一个交易者进入一家职业公司接受培训项目的学习一样吗？

自我训练的专家在文学领域并不是默默无闻的。像鲍比·菲舍尔和路易·阿姆斯特朗这种具有高技能的表演者，他们只接受过一点点正式指导。我知道一些成功的交易者，他们自己发现适合自己的位置，发展自己的能力以及专业技能，只从交易前辈身上接受过一点点指导。然而，在文学研究中还是有很多暗示，认为指导对于专业技能的发展具有重要作用。

例如，通过和专业钢琴家、雕塑家、网球选手、数学家和精神病研究学家一起工作，布鲁姆发现，指导对于天赋的发展是很重要的。这是因为指导者可以传达很详细的知识和技巧发展战略，而不是广泛的建议。例如，学习中的钢琴家，在进步过程中报告说课程变得越来越长、越来越细。只是花很少一部分时间来完善技巧。看一看由克里斯·卡麦克（朗斯·阿姆斯特朗的表演教练)、尼克·伯里泰尼、丹·盖博和杰出的军事组织结构编辑的训练手册，会发现对于细节都有相同的关注：如何蹬自行车可以达到最高的速率，如何适当的挥动网球拍进行发球，可以达到很快的速度，并使落球的位置最合适；如何在很短的时间内组装和拆卸一样武器。很难想象一个人可以完全靠自己获得这样的信息以及培养这样的技巧。同样也很难想象如何能一直保持技巧和挑战以及反馈水平的匹配，来使一个人一直保持在提高学习的投入状态中。

迪肯和克伯雷用运动心理学总结了对文学的研究，发现即使是非常有水平的表演者，如果让他们只依靠自己，就会花更长的时间来练习技巧策略，以便使自己学得比工作需要的要多一些。这也是值得理解的，在这些古老的表演活动中，必须要以享受的，而不是以抵抗心态来面对新的事物。教练们的一个重要的作用，根据研究发现，是用一种有效率的方式来合理分配训练时间，以确保努力是花在最需要的方面的。的确，在有关剑术师表演的一个研究中，走向成功的最重要的两个因素是，教练的指导和单独练习时所花费的时间。教授特定的技巧和为这些技巧的预演准备好场景是使训练者获得能力的关键。

在另一个研究中，珍妮·斯达克斯和同事报告说，专业的滑冰选手和摔跤手认为训练和他们的成功有着最紧密的关系。有趣的是，教练和滑冰选手二者都认为训练是获得成功的第二重要的因素，隐藏于表演者的渴望和动力之下。如果让很多滑冰选手和摔跤手在一个很小的年龄就开始他们的训练，那么我们就不会因为导师在他们发展中所起的至关重要的作用而感到惊奇了。的确，一个人在没有教练指导的情况下是不可能把很多运动项目掌握得非常好的。

然而，在如国际象棋和桥牌这样的领域，在发展过程中指导者并不常见。尼尔·查尼斯和同事把这归为"自我创造"技巧范围，因为专业技能可以在单独的追寻中，即在极少指导帮助的情况下被表演者获得。他们发现国际象棋高手的正式训练与他们参加锦标赛的比率之间有一个适度的关系（0.26），在这里教练的作用却连一半的优势都没有。令人惊奇的是，当作者研究出一个退化等式来预测选手的比赛率时，指导并不是一个重要的参考数据。取而代之的是选手积累的练习时间，和他们所拥有的国际象棋书的数目，这是两个专业技能最好的参考数据。

> 这是一项有趣的发现，因为它暗示了当单独训练很困难或不可能时，指导就是训练中最重要的。

例如，摔跤必须要在团队环境中练习；滑冰需要很强的平衡能力和很强的舞蹈设计能力。很难想象单独一人学习外科手术或是心理疗法，这或许就是为什么专业教育的指导过程需要核发执照。当个人用于训练的资源很丰富时，他或许不会太依靠指导来获取专业技能的发展。国际象棋就是这种自我创造领域的最好的例子：仔细描述专业表演的书数不胜数，而复杂的电脑程序可以为技巧训练提供强有力的对手。因此一个自我驱动力强并且有天赋的年轻人，就像鲍比·菲舍尔一样，可以通过利用这些资源进行训练而获得能力，甚至是专业技能也就不是什么难以置信的事了。

作为一个自我创造的表演领域，交易与国际象棋有其相似之处。大多数进行外汇交易，躲在屏幕后的非常成功的交易者，从交易前辈那里得到了基本的指导，但这些交易前辈却没有参与到专业技能发展的长期正式的项目中。查尼斯和他的同事指出，原因是这样的一种自我创造活动——通过它们的本质——提供了一套看似合理的目标，迅速的反馈（赢/输），以及拥有模拟比赛的能力，来使天赋和学习的任务相匹配。扑克牌就是自我创造表演领域的一个很好的例子。牌手通常是从打牌经验中进行学习，用两只手来提供关于技巧和策略的反馈意见。当书本、电脑程序和课程可以帮助一个扑克牌手进步时，要想成功，直接的经验往往比正式的训练更为重要。

这并不是说交易者从正式的训练中不会有什么收获。举个例子，俄国的国际象棋选手从年幼时就开始培养，并为他们提供很多的指导。毋庸置疑，这帮助认清了这个事实，大多数的国际象棋大师都来自俄国。还记得那个暗示训练，在规划学生的学习进程时很有价值的研究吧。当学习者在年幼时就开始他们的表演职业生涯时——如体操运动员，以及当表演在复杂的团队环境中开始时——如赛艇、英式足球、足球、橄榄球——指导者对于进程的规划就是至关重要的了。当学习者很晚才开始学习时，表演从大体上来说就变成个人的私事了——如扑克牌或交易——很多的训练需要自己来进行规划。例如，古典音乐训练普遍地是依靠持续地指导；更多地自创音乐训练，就如我们所看到的爵士乐音乐家，则典型的是依靠个人的经验来获取技巧和能力的。

> 当表演者常常有机会进行练习和得到反馈，以及规划自己的学习时，自我指导才会出现。

培养能力的指导资源

在第一章我所提到的网络指导资源，包括论坛上和讨论组的同辈提供的非正式的指导，以及网上交易室中相对正式一点的课程。尽管前者已经足够发展的最早阶段使用，能力发展的要求指出，交易者必须参与真实的练习。电子交易室是这种想法的最理想的实现场所。这些需要技巧的介绍和表演，并且它们使交易者能够观察到，这些技巧在实际的交易环境中是如何运用的。早先提到过，琳达·拉什有一个长期有效的网页，在这里交易者可以看到她和她的支持者的分析和交易市场中使用的短期技巧。伍迪的CCI俱乐部模拟了一个在真实情况下的基于指数的技术交易系统，是免费的。约翰·卡特的市场交易服务，号召在真实环境中进行短期交易，让学生可以看到交易者是如何在变化的市场中使用不同的策略模式的。几个有经验的市场教师，例如堂·米勒，通过交易市场网提供了专门的训练录像和直播课程。Minyanville网包括很好的Minyanville大学专门课程，帮助使用者模仿交易专家的思维方式。更多的网上指导服务，通过简单的网络搜寻或通过在某个交易软件公司的合作伙伴中都可以找到。适当的勤奋是必需的，可以确保服务提供他们所声称的保证，以及为你最终想要从事的交易种类提供指导。

电子交易室的价值，不仅仅是从权威那里得到交易观点。而是，你是从指导者身上学习他或她的特殊的交易方法。布鲁姆的研究发现，在专业技能发展的中期阶段，学生学习如何模仿他们的老师。在发展过程的后期，学生把从好几个老师那里所学的融会贯通，然后发展他们自己的交易模式。当你在培养能力的时候，需要指导者一步步地表演给你，为什么他们要这么做，以及给你机会独自将所学的知识和技巧在实践中进行运用。我发现肯·伍德的团队和伍迪的 CCI 俱乐部在这个方面都做得非常好。伍迪开玩笑说，"我们不需要没有发臭的价格"，并鼓励他的交易者在顺势指标（CCI）中通过了解的模式来进行交易。这迫使交易者每天观察还未成熟的交易模式，最终在不断变化的市场状况下，成为掌握这些模式的出色的侦察兵，并将他们的交易观点与指导者的进行比较。

发展交易技巧的另一条路是通过专业的教育。研究生院有将交易室当作他们培训课程的一部分的趋势，从而让学生在更真实的环境中学习交易技能。俄亥俄州的肯特州立大学、麻省理工学院、北科罗拉多大学和伊利诺科技学院是少数积极在模拟环境中进行交易项目的学校。这些项目的最大优势是他们根据特定的交易领域传授市场技巧，包括程序设计和数量分析。这些对系统交易和复杂的市场工具以及策略来说都很重要的技巧在网上很难找到。我发现，他们正变得越来越重要，甚至曾经主要依赖于自由的交易者和交易方式的当日交易店，也把这些看得很重要。通过更高的教育来学习交易的另一个优势是会为你规划好课程。这是非常宝贵的，因为你也许不知道在特定的交易职业上获得成功需要这些特殊的技巧。

指导也有继续受教育的机会。在之前提到过的优秀训练部门，坐落在芝加哥商业交易所的哥劳白克斯学习中心，为参加课程的交易者和在公司上班的人员提供培训。教育人员提供观察力和指导，帮助学生进行各个方面的模拟训练。例如，通过美克教育办公室，一个人可以参加电子交易的课程，然后利用专业交易者经常使用的最新软件，尝试哥劳白克斯学习中心所提供的不同的策略。芝加哥商品交易所和芝加哥商业交易所都有行业领先者提供的现场和网络讲座；很多都储存在他们的网页上，不收取任何费用。我相信最有价值的项目，让你在真正的环境下观察有经验的交易者如何进行交易，以及解释他们在做什么和为什么这样做。乔治·科诺利的教我学期货的网站上有很多这样的项目，通过 CQG 提供免费体验交易模拟的机会。这也让交易者可以对他们从网上讲座中所学到的进行真实的测验。

> 最好的指导资源是，在交易市场进行交易的人，和与你交易方式相近的人。

以上这些选择都不能提供完善的指导服务，但是他们的确可以让我们实现在我们看来对能力发展很有帮助的目标：技巧的介绍和表演，在模拟环境中技巧的演练，以及制定目标和从指导者那里获得反馈的机会。我们所了解的是，如果你真的专心致志地进行学习，并且发现在面对新的挑战时，越来越有动力的话，你就会明白指导过程是很有效用的。如果指导完全可以让挑战和技巧达到一个平衡的话，学习就既不枯燥也不沮丧了。相反，它会让你的技巧不断进步和熟练。尽管你也许选择自我指导，你也不需要在真空中进行。广泛的各种各样的电子和现场直播资源会加快你的学习曲线，并对你的学习规划有所帮助。

能力发展中最重要的资源：模拟

作为一个交易者，如果你大部分的发展是自己指导的，我猜测大部分的读者都是这样的，你在专业技能发展中最重要的资源就是真实的、自我控制的模拟训练。让我们回顾一下尼尔·查尼斯和他的同事的研究报告。在国际象棋的自我创造领域中导致成功的两个最重要的因素是拥有的书籍量和单独练习所花的时间。这告诉我们，知识和对知识的应用是走向成功的关键。在其他的领域知识可以直接通过教练和指导者获得，就像布鲁姆所说的。当知识和训练结合起来时，知识就发展成为能力。这就是为什么，我能找到的每一个优秀的训练项目——在运动、国际象棋、健康治疗和军事上——都强调通过对训练的规划进行技巧的培养。

> 研究和经验建议你在交易成长中所做的最重要的投资就是获取可以让你发展你的培训项目和演练你交易位置核心技巧的软件。尽管模拟交易的功能足够你找到合适的位置，但是对于能力发展的要求则更加严格。

你将会需要可以对模拟进行高度控制的模拟能力，从而获得迅速的反馈，以及轻松地调节与你的技巧水平相匹配的练习的难度。理想状态下，在模拟真实市场中的交易之前，通过重现以前市场的方式，模拟平台会让你回顾分解部分的技巧和技巧模块。为了将学习效果最大化，这种方法可以让你开始、停止、重新模拟。如同网球、摔跤或者拳击，你首先要独自进行基础技巧的练习，然后在越来越真实的模拟的交易表演中，重复这些练习。

我自身训练的一个简单的例子，可以描述在交易能力的成长中模拟的使用。较早的时候我曾指出，很久以来我一直跟踪纽约证交所的 TICK 走势，作为在市场中进行买卖的衡量手段。跳动点实际上跟踪着纽约证交所以要价进行交易的数量减去以买价进行交易的数量。卖出时，这意味着买家特别心急，迫切想要成交。当买入时，这意味着卖方急于退出，为了及早脱身，他们会接受较低的买入价。从这个意义上讲，TICK 走势是对市场情绪的短期衡量方法。

我发现，TICK 走势有一个问题，就是对于一个短期交易者来说它相对比较慢。很多纽约证交所的股票交易很频繁；因此，他们不能代表长期的 TICK 走势。另一个问题是 TICK 走势监视着纽约证交所大盘；而不是某一笔正在进行的交易。TICK 指数也许会因为一小部分强势的买卖而走向一个极端，从而愚弄标准普尔期货中的交易者。

对待这种情况，我的方法是使用只包括标准普尔 500 指数中提价交易和低价交易的跳动点。这个由 Tickquest 公司发明并在他们的 NeoTicker 项目中实施的 TICK16 指数，波动比传统的 TICK 走势要迅速得多，并且对 ES 合约的波动更加忠实。然而，因为它和 TICK 走势的波动在各个高低价位上都不同，需要对它进行一些调整。对这个目的来说，NeoTicker 模拟很完美。我创造了一个图表，可以监视 ES 价格和成交量，Tick16 就在下方的窗口演示。这让我在追踪 ES 价格和成交量变化中同时看到 Tick16 的变化。隔壁的屏幕上是 MarketDelta 程序，以图表的形式表现了 ES 中以买入价和卖出价成交的成交量的比率。这为市场参与者想进入过剩方和短缺方的迫切程度，提供了一个快速的度量。

在我学习过程的开始，我的目标是为了在市场中找出那些能够包含所有买入，或者将正在缩量的买入拉起的显著卖单。对此我的理由是，ES 市场是由那些更多是利用杠杆效应，而不是账户有效操纵长期走势的本地交易者控制的（这时你对特定市场和它的交易特点的知识，就显得很关键了）当我观察 MarketDelta 时，发现市场上所有交易者都向一边倾斜——他们都是多头，使得市场无法再上涨，或者都是空头，使得市场无法再突破下跌——我追踪 Tick16，看看基础股份是否同样表现出买盘的缺乏。如果是这样的话，就提供了一个可能的反方向交易的点子，当承担过度风险的交易者需要平仓时，就可以利用价格变化来获益。我最初模拟的工作仅仅是重现以前的市场，在我认为买进或卖出缩减的时候下重注买现货。当我估计错误时，我利用模拟的重试功能来审视发生的一切，并找出我在哪里可能犯了错误。后来，我模拟观察真实的市场和 MarketDelta，在承担很多风险的情况下，对要缩减的买价或卖价下重注。我使用这种核心技巧，将练习的交易放到模拟器上时只有一次运行很好。

你也许比我在更多不同的市场利用更多不同的方式进行过交易，但是构建成功训练的基础过程应该是很相似的。你开始时拥有天赋——以我为例，拥有像阅读委托者的标志一样，阅读 TICK 走势的能力——以及对一个市场的知识的了解。你再添加一些基础信息上的优势，如 Tick16 和 MarketDelta 来支持你的决定和对模式的认识。当这些都就位时，模拟就提供可以锻炼这些能力的练习，直到它们都变成自动的。意思就是，花很多时间在模拟上，交易技巧就会在你开始实际交易时变成第二本质。在这一点上，你可以自己认证。

> 你在模拟中的最初目标是坚持，而不是盈利。

在刚开始的时候，通过判别你所选择的现货上买价或卖价是否会反弹，你就会知道自己是否成功，从而从市场本身获得表现反馈。稍后，用模拟交易，你的软件可以提供对你交易的盈利情况的详细的反馈，你持股有多久，等等。我发现 NinjaTrader 程序提供了对模拟和表现衡量标准集合的一个独特的有效综合。在写作这本书时，这个公司正在提供他们交易平台的模拟免费版本。公司开创人雷蒙德·迪欧克斯最近告诉我，这是他们公司致力于加长交易者职业生涯期限的措施之一。他发现，太多的交易者在没有坚持他们学习曲线的情况下，在可以发展能力之前，就已经失去了他们在市场中的投入。他的关于 Ninja Trader 模拟的想法就是提供在市场时间之内和之外，都可以进行技巧练习的一个交易锻炼室，加速交易者的发展。

以前曾经提过 CQG 有限公司，通过 Teach Me Futures 的网页，它也是一个让交易大众进行免费模拟的公司。这个模拟允许现实市场的模拟交易，但是还有一个"训练模式"，交易者可以通过这个一次查看一栏市场，以帮助模式识别。这个模拟程序还支持交易系统，使系统交易者在用他们的钱进行冒险前，可以看到在真实情况下他们的系统交易是如何进行的。我特别喜欢的特点之一是买卖指令的表现，在图表上标志出建仓和平仓以及指出正在进行的交易。你是否以好的价格建仓和平仓，以及你的指令是否下得妥当，都可以看得迅速明了。在图表上还可以显示注释，为每日回顾记录日记。这些工具为以后的加强学习提供了反馈。

我应该为能力发展进行哪些交易技巧的演练

很难为每个交易位置将基础技巧一一归类——交易，正如我们所看到的，就像药一样有各种各样的特点，每一个都有自己独特的知识基础和技巧——我自己的交易成长所重视的有几个基本原则，我在此写出，以供参考（例表4-3）。

表 4-3　可以被训练的技巧和指导资源的事例

在交易中发展能力所需的技巧训练
创造特定的数据表现，通过不同的时限来追踪特定的市场，以及追踪不同套的指数；在指导中观察卖方数据。
实行股票审查或者对其他交易器械的审查，来帮助交易意见的产生；查看例如交易意见这样的项目，利用网页和使用者团队的方式。
对市场模式进行历史分析（我们在很高的交易量中连续 20 天处于低迷状态；以前，在这样的情况出现后会发生什么事呢？）；看看我的 Trader Feed 网页，会有更多的描述。
对详细的交易意见实行历史测试；可以浏览 Trade Station 和 Wealth Lab 中的活跃使用者论坛和例子。
阅读市场中的供求关系；观察三角洲理论和市场轮廓理论中各种策略的推行，追踪交易量以及为了监控而加入使用者团队。
在市场各个部门追踪买卖情况；在 NeoTicker 中观察详细的 TICK 走势和 NeoBreadth 指数。
在交易内外妥善放置各种各样的买卖指令和缩放比例；观看 Ninja Trader 的买卖指令记录特征，以及 CQG 开发的模拟项目和创新的图表交易特征，可以让你正确的从图表表现中追踪市场和交易情况。

☆ **灵活，有组织的利用交易软件。**我预测，普通的交易者在他或她的软件中利用不到四分之一的功能性。我总是觉得很惊奇，交易者在他们的表现中利用标准的、有创造性的环境，而不是为他们的交易需求定制每一个屏幕。这个问题不能通过为交易站添加更多的监视器而得到解决；我极少发现交易者在短期交易中对大数量的监视器进行有效地利用。关键把你交易决定中很重要的信息，尽量多的显示在尽量少的屏幕上。如果信息可以用直观的方式传达——例如，通过一个扬声器——这样更可取，因为这会为你节省其他数据的直观信息加工资源。每次你转移注意力时，你就失去了潜在的注意力和集中力。这也许看上去像镜子一样，但这些能源的消耗会增加。例如，朗斯·阿姆斯特朗通过学习在骑车的时候长时间的坚持坐立，极大地提高了他的表现能力，并降低了风力的阻挡。每次他站起来的时候，他就面临着更多的阻力并经历更多的疲劳。消耗你拥有的值得注

意的资源，也有相似的影响。练习如何使用你的软件，使你能够仅用极少的努力和延迟，就能迅速获取很关键的信息。

☆ **观看录像带**。这很明显与短期交易者很有关联，而且也对那些需要将好的价位变成最大的利润的部位交易者很有价值。当你可以用一点耐心买入报价和卖出要价，失去执行交易波动点是没有任何意义的。传统图表电脑程序表现每栏的价位和交易量，在观看录像带中都只有很少量的帮助。相反，你需要可以让你看到特定的价位上，有多少交易量等待成交的应用，以便你可以追踪什么价格在每个价位上是可以被接受或者被拒绝。长期交易者可以利用市场轮廓理论来进行这些分析；WindoTrader 项目是一个很好的实行方法。WindoTrader 让交易者可以在多样的时限下监测交易量和价格发展，在真实情况下灵活地用图表显示，而且每日重演市场情势，不断练习揣测市场产生信息的能力。短期交易者可以依靠如 Market Delta 这样的一个项目，将交易量分解成买进价和卖出价的数量，以便你可以发现什么买家或卖家，在给定的价格尺度上更具有侵略性。投机者会采纳市场深层的信息，例如交易技术开创的梯层表现。这些描述了买进价和卖出价数量间的转化，从而使交易者可以追踪市场内外有潜力的买家和卖家的沉浸状态。最初的练习应该是致力于在给定的价格和时间上阅读供求关系，通过断定买家或是卖家是处于掌控地位（或控制力在他们之间是不是平均分配的），以及你认为下一个最小变动价位是上升还是下降。

☆ **历史模式分析**。这个技巧与定量和系统交易者有紧密的关联，但是我也发现，对于一个在交易中除了观看录像技巧外，寻求资源优势的代表买卖交易者，这是一个很有用的补充。历史交易模式的例子可以在我的研究博客 TraderFeed 和 Market History 网站上找到。由詹森·戈普弗创造的富有创造性的 SentimenTrader 服务也为历史模式分析提供了有用的模型。在这个分析背后的意义是你确定现在市场的独特特点，然后观察这些特点在过去何时发生过，以及在这些场合下市场有哪些独特的变动。拥有强大历史市场信息的数据库，可以从 Tick Data, Pinnacle Data 这样的资源，和如 CQG 和 RealTick 这样的真实数据卖方中获得。这些数据可以很容易地转化成空白表格程序、数据库，或电脑程序分析来探询市场的模式。一开始这些看上去不适合空白表格程序，但当你将这个发展成为惯例时，从历史数据样本中进行挑选的过程变得近似机械化。要求自己在模拟中表现简单的数据种类（在一个市场上涨或下跌之后的一天，会发生什么事？），然后进行更复杂的分析（在市场连续3次下跌后的3天会发生什么事呢？）培养了一个人的信心和分析理论。

你对以上几项的反应也许会是"我自己不能做这么多！"你是对的：大多数交易者——包括我自己——在对软件使用、观看录像，或确定历史市场模式变得非常精通之前需要帮助。而这些只是一些基础技巧。（见例图4-3）不同的交易方式都有自己独特的技巧——套期图利、期权分析、基础和计量经济分析——不包含在上述几项中。利用在这里和本书附录中提及的资源，对于交易的开始是很重要的。我个人的网页现在包括名为交易者表现的部分，解释向一个交易表现者成长的具体细节。这里还包含一页关于交易者成长的篇章，对对学习资源有帮助的联系进行更新。其他人也会有很大的帮助。软件公司和有贡献的人员，在学习掌握你的交易平台的功能性中也非常珍贵。高质量模拟项目的提供者——NeoTicker和NinjaTrader会立即在你脑海中浮现出来——对使用者团队和支持人员也很有帮助，并且在你进行模拟中会辅助你。

即使你自己是自己的指导者——或许，特别是你在指导自己的话——你不可能独自承担所有的。这对于找出和发现可以帮助你学习的交易者是很重要的。网上交易论坛、研讨会/课程、使用者团队、电子论坛和通告板——这些资源是相当多的。交易书籍的正确种类——那些解释和描述详细交易方式的书籍——对为你提供你可以练习的交易方式也是很有价值的，并最终针对自己做出修改。（吉姆·道尔顿在市场轮廓理论上的工作，托马斯·巴尔寇斯基在图表模式上的工作，和琳达·拉什、詹姆斯·阿图彻和拉瑞·柯乐斯描述的交易模式都浮现在脑海。）最终，从附录中的来源进行很好的利用，可以帮助你学习如何确认和追踪市场模式。你最好的开始就是寻找一个适合你交易方式的买卖指令实施平台，这个平台允许详细的模拟，以及包括一个提出一些和你相似的问题的、活跃的使用者团队。这个基地也会为你的自我指导提供很多工具。

第四章 培养能力的策略

> 网络、网络、网络,如果你是自己的指导者:很多人和资源可以照亮你的表现路途。

构建开端:布莱特博士所收到的最好的建议

交易的基础技巧是认知市场模式。无论你是一个短期交易者还是一个长期交易者,你的交易方式是任意的还是呆板的,你是进行大豆交易还是码头交易,这个都非常适用。你试图预测期货市场的动态,而且你等待会指导你决定的供求模式,稍后,在本书中我们会将交易分解成技巧、战术和策略,并探询你应该如何对每一个进行学习。然而,当你发展能力时,你不想因为接触太多可能的无法应付的模式而一事无成。

我作为一个成长中的交易者,所收到的最好的建议之一是琳达·拉什几年前所写的一些东西。她建议在处理别的模式之前,应该着重掌握一种模式。我用心的记住这个建议,从不后悔。琳达认为每一个交易者都需要用某些方式来"构建"市场:弄懂体现他们自己的模式的意思。技术分析是构建模式的一种方法;历史模式寻找、市场轮廓理论和基础分析都是其他的。当你对市场有了一个了解的框架后,你就有一个根据来指导你的决定是对还是错。随着时间的过去,你倾向于修改你的框架——毫无疑问,当你获得经验后市场就变得更复杂,也是在市场交易时指导你的一个方法。

你交易能力成长的最好开端是查看现有的资源,并找到一个看起来最适合你的。利用它来确定一个或两个交易模式,然后通过模拟和实时追踪过去市场中的这些模式。甚至不用担心如何进行这些交易的模式,只需在发生时进行确认即可。例如,如果你的模式是从巩固波动范围中进行暴涨或暴跌的方法,训练你的眼睛发现所有这些巩固和暴涨或暴跌。参与可以为你模仿交易模式搜寻的网上交易论坛。一旦你确信已经确定这些模式时,你应该试图找到进入市场的价格,并利用这些暴涨或暴跌。通过模拟进行审视,会帮助告诉你何时你做对了、何时做错了。最重要的是,会告诉你为什么。例如,在审视中,你也许会发现暴涨或者暴跌,最有可能在长期走势的方向中发生——而这一点会成为辅助你在寻找你的期货交易模式中至关重要的信息。

你的练习是为了找到你的时间周期和一种交易的方式。保持简单。在某一种交易中变得优秀。这会为你以后的发展提供一个基础。如果你的目标是掌握专业技能，你就要付出很大的努力。把这个当作一次值得纪念的旅行。

第五章　从能力到专业技能

非常成功的交易者的成长历程

> 专业表现应该被看作是自然实验的结果,在实验中一些人,在他们专业技能领域的代表性任务所施加的束缚下,用最大的努力达到他们的最高表现水平。
>
> ——K. 安德斯·埃里克森,《追求卓越之路》,43 页

造就卓越,专业技能和杰出表现的"自然实验"到底是什么呢?毕竟,一个实验只是我们将变量带入一个受控情形,以及观察其结果的一个过程。无论如何,非常成功的表演者刚开始时都有一系列的天赋和学习活动,并且一生都在人前表现出不同于一般人的表现水平。借用伟大的曲棍球员韦恩·格雷茨基所说的话,他们不只是需要对冰球的位置做出反应,他们还要学习如何预测它的位置。他们不仅仅是依照冰球趋势或范围而移动。当别人一拥而上时,他们已经掌握了动向。与这种自然实验结果有关的变量是什么呢?当表演者从能力向成熟的专业技能成长时,他们身上会产生什么变化?最重要的是我们能实施自己的自然实验以及完全掌握交易成就的成长吗?

这一章的主题是从能力到专业技能的跳跃,这种跳跃并不是一蹴而就的。卓越并不仅仅是能力更高的体现,更多的是包含了同样的技巧。更确切的是,产生杰出表现的自然实验从身体上、认知能力上和情感上这几个方面改变了表演者。在数个月不间断地在上色的布景上画线条的过程中,罗伯特·艾文一直不断地在调整他对环境的观察力。朗斯·阿姆斯特朗依

靠多年的训练来提高自己的有氧效率，增进蹬车技巧，消减风的阻力，以及致力于骑车能力的改进，体验不同于业余自行车手练习的山路。和所有的专家一样，他是从根本上创新性的调整自己的观察力和经验。这个调整就是埃里克森所谓的自然实验结果，也是个人层次演变的一个例子。

专业技能的演变

发展是自然实验中最基本的一点。试想一个导致温度和降水量大减的环境变化。植物迅速死亡，由于无法繁衍濒于灭绝。依靠这些植物生存的动物也遭遇同样的命运。冷血食肉动物面临着食物短缺的命运，不能再维持它们身体的温度，最终也会死亡。然而，哺乳动物调节自己内部情况，并且来自食肉动物的危险也减少了。它们的数量剧增，特别是那些可以自己猎取食物的种类。随着时间的流逝，这些物种可以制造工具，并在新的环境中更好地调节他们的环境费用；它们的繁殖速度越来越快。当这些物种成功地融入有不同要求的新环境，最善于适应的个体生存下来，繁衍产生新的、独特的物种。在进化过程的每一个阶段，环境限制选择最善于适应的种类。结果是这个由恐龙控制的世界转化成为人类主导的世界。

然而，试想我们通过由人类实施自然实验的方法，可以极大地加速这个过程。每日都有新的环境束缚。大多数个体不能适应这些变化的情形而退出自然实验；从科学家的角度来看，他们渐渐灭绝了。那些仍然坚持实验的就有一定的优势，面对变化的环境也可以迅速恢复。他们继续发展这种在变化中提升他们的适应力。在漫长的选择过程的结尾，相对很少的非常善于适应的个体坚持下来；他们是自然选择游戏中的杰出表演者。

很大程度上，专业技能的成长是一个进化过程。很多孩子参加少年棒球联赛；很少在高中和大学才开始艰苦地参加体育项目。那些在学校里就已经成为运动明星的学生，将继续参加较小的联盟组织，而极少数的一些参加较大的联盟组织。我最近和一个很有名的经纪公司的主管交谈过。他指出，一个顾客开设一个交易账户，从开始到注销这个账户的平均时间大约是6个月。这不是因为不满意，调查显示他们都对公司的服务很满意。更确切地说，新的交易者只需要半年左右的时间来注销账户。他们都是进化过程中的牺牲品,从自然实验中被淘汰。

区分我们自然选择的加速观点和物种进化的不同是,我们可以控制很多影响生存的变量。试想如果恐龙也有教授如何帮助大野兽控制内在环境,适应新的饮食,迁徙和寻找食物等等在内的训练项目。恐龙训练项目中的杰出表演者,也许会比项目的淘汰者有更大的机会在变化的情况下生存下去。在人类表现的世界里我们创造了极端的环境条件——有竞争力的运动、游戏、战争和财政——然后进行训练项目,来引起对这些条件的更好的适应。表现训练就是个体的演化。在某种意义上,这些训练所导致的改变就是新的物种——和他们的前辈人类或是恐龙不相同的物种。

> 训练创造出可以让表演者进行演化的条件,专业技能是个体演化的结果。

从能力到专业技能

回忆一下我们对交易能力的定义:能够一直收回一个人交易成本的能力。专业技能还蕴涵着更深刻的意义:在交易中维持生计的能力。倘若大多数交易者在几个月的时间内迅速浏览账户,接下来能力和专业技能都是交易这个进化世界中的例外。如果每一个交易者都是一个突变——交易"基因"的特别组合——我们发现就如同自然世界一样,很少的突变者会很适应环境。交易在这一点上与其他表现领域没有什么不同。有能力的音乐家和运动员相对较少,但这些人中的一部分从他们的表现中谋生。对每一个摇滚巨星或是美国全国篮球协会传奇性人物来说,很多有能力的音乐家和运动员都在他们各自的领域默默奉献——还有很多已经将他们对音乐会或运动场的梦想长期放到一边的人。

在前几章中,我们看到能力是从鼓励这些先天发展的天赋和一系列个人兴趣开始的。以训练和指导形式的指导性活动,对表演者进行挑战及培养能力,维持很强的动力、集中力和学习的沉浸状态。在这种状态下,成长进程很快：

> 技巧仅仅通过不间断的乘数效应的演化而发展。

当有能力的表演者追求专业技能时，在集中训练中有一个重要的转折。当学习者获得技巧时，模拟变得越来越真实，要求也越来越高。在运动员中，简单的训练为内在训练游戏，然后成为旺季之前的竞赛。演员先阅读剧本，然后排练场景，最终进行彩排。模拟，就像我们看到的，通过在表演者面前重现真实性的方式来培养能力，这是十分有效的方法。

然而，当说到专业技能成长时，模拟又是十分不一样的了。

> 为了使专业技能培养起来更容易，模拟比他们想要营造的表现条件更有挑战性。

这是很重要的。如果你想要摔跤手在每周持续3轮的比赛中处于很好的状态，你就会让他们每天进行很多轮的摔跤练习。如果你想要让特种部队在恶劣的地形中生存下去，并发挥作用的话，你就会在训练数月中都营造恶劣的条件。对要进行战前取证的表演者来说，把他们放在比他们在真实世界中要面临的更困难的战斗中。很多表演者会被淘汰——特种部队的淘汰率高达三分之二——但留下来的就会是最适合进行培养的个体。这是因为极端的训练会造成迅速地适应，并加速专业技能的成长。引用美国海豹特种部队理查德·麦克维兹的话，他们在练习中流的汗越多，在表现中流的血就会越少。

泰格·伍兹的父亲厄尔，利用看起来很残忍的训练策略来帮助儿子成长。当伍兹准备击球时，他会故意制造噪音，分散伍兹的注意力，强迫这个受挫的年轻人在精神上处于紧张状态并非常集中精力。只有父母和子女，指导者和学生之间强大的纽带才可以确保这种挑战不会产生事与愿违的后果，破坏了学习进程。海豹特种部队的指导者按常规不断地诱惑新兵，让他们放弃对食物和睡眠都有严格限制的残酷训练，而去享受丰盛的食物和温暖的床铺。一些不能忍受如此强化训练的士兵，在这种诱惑前屈服并退出了。那些在毕业时非常有信心，认为自己可以面临任何挑战的士兵会有这种自信心，是因为他们已经熟练自如地应付最恶劣的环境了。

> 一旦战胜了极端的挑战，就会拥有极度的自信。

要为不寻常的表现做准备，表演者就必须满足不寻常的要求。回忆一下鲍比·菲舍尔给他的传记作家的有关国际象棋课的意见：跟着国际象棋书中所有的棋局下一遍——然后再重新下一遍。想要掌握如何攀登山路的自行车手，不会在平地或小山丘上练习。最陡峭的山路为自行车手熟悉真实比赛中的山路做好准备。这是因为要战胜最陡峭的山路，自行车手就必须强迫自己锻炼肌肉和有氧呼吸状况，而用别的方法都不能做到这一点。一个不用道具就可以对一个场景进行完美诠释的女演员，会有比在通常情况中更好的表现。健美运动员一直将体重保持在标准体重之上，这样他们就可以进行更高强度的锻炼。一个人必须要让肌肉一直保持负荷的状态才能不断进步，其目的不只是为了训练肌肉。

专业交易者的办公室

在我的金斯特里交易有限公司中，我很幸运地学到了两点：我接触到了现实生活中的专业交易家，那些年复一年在每日交易中进行谋生的人。而且，我还在支持专业技能成长的环境中工作。从我来到公司为交易者演讲的第一天开始，公司开创人查克·麦克艾文就强调说，公司的任务是培养更多的交易者。正因为这个原因，金斯特里花费了比寻常的交易公司更多的时间和金钱来培养投资者。有很多次投资都无法收回，但是当它们可以收回时，回报往往会是很丰厚的。从一开始查克就明白，将交易者束缚在短绳上是无法培养卓越交易者的。曾经做过交易的人很明白，只有通过将自己沉浸在市场中这种方法才可以让他们学会如何进行交易。你可以运用不断增加自己资金的方法来扩大交易规模。成长中的交易者是无法超越自己所设定的目标和环境所能提供的挑战的。

在我将你带进专业交易者办公室之前，请允许我描述一下在一个交易事务所中专业技能到底意味着什么。交易者整日在公司里积极地进行交易，无论是在市场中还是市场外都是如此。每天进行50多单交易或交易量超过上千的现象都是不正常的。想一下压在交易者身上的巨额佣金，就算他们像专业公司一样处于盈利颇丰的情况时佣金也是很令人头疼的。想一下每天50多次分录和退股的损失，再加上为舒适的办公环境、精密的电脑设施和网络支持、交易的直接线路和最新的软件所花的费用。你就会发现能力本身，甚至会因为无法应付支出而瓦解。在这种情况下，交易者就需要具有处于沉浸状态时的技巧。在相反的状况下，想一想每年可以做六七笔大数额交易的交易者，他们的技巧是如何展现的。要拥有这种天赋就需要有灵感。

在他二十六七岁时，马克·格林斯波在做事和说话时都充满了能量，虽然有些轻率鲁莽。当他进行交易时，他和别人进行交谈，坐立不安，在椅子上动来动去，还时不时地咒骂几句。他对交易的重视是很明显的，这和一个外科医生对手术过程十分重视的情况也是有些相似的。如果让一个不认真的观察者描述一下马克，你会听到诸如"自负"甚至是"活动亢奋"这样的形容。我对马克的印象则是完全不同的。我看到他坐在8个屏幕前，专心的观察每一个波动点，他问道："你对这个是怎么看的？"就如同他是在准备自己的下一次交易一样。我记得，有一次他打电话到我家，在上一年赚了几百万美元的情况下，和我谈论他明年的目标。交易、社交生活、度假、聊天：只要是马克参加的活动都拥有非常高的成就。我对马克的描述是"虔诚"：他对自己所做的事情十分投入。

这个早上他损失了数万美元。他已经接近自己的忍受极限了——他和风险管理者都认为他早上应该马上停止交易。达到极限和打一场很差的棒球赛有些相似：最终教练会从后方走出来，做出准备换人的手势，然后把你从比赛里拉出来。没有一个真实的竞赛者会主动退出，所以教练就会帮助他做出决定。风险管理者的作用也是如此。他们是将交易者从险地拉出来的人。

对很多交易者来说，退出交易比承受损失极限还要差劲。也许你曾经看过专业拳击手在比赛中被对手用拳连击数下，很难再举起拳头了，还不停地忍受着对手一拳又一拳的重击。在这个时候，关心拳击手伤势的裁判终止了比赛。被击败的拳击手会是怎样的反应呢？他向裁判提出抗议！他不想结束比赛。他想有赢的机会。拳头的重击在这种情况下根本不算什么，是欲望让这个拳击手可以依然坚持战斗。很多杰出的交易者也是如此。很难找到一个非常成功的交易家，可以平心静气地接受交易战斗已经终止这样一个结论。他们会哄骗风险管理者，接受包括缩小投入规模在内的任何决定，只要还能留在战斗中就行。

马克是一个远离指导者帮助的人。我到他的办公室找他，看看他是否可以离开市场。马克很沮丧，这点我很能理解。"你相信这个市场吗？"我一进来，他就说道。"你以前见过这样的事情吗？"他不等我回答。"在每一个价位上，都有上千的交易，但是价位却不变化。"他停了一下，两眼仍直盯着屏幕。"我简直不能相信我的交易进行得如此糟糕。"又停了一下。"我知道，只要我有足够的耐心，我就会赢回来。"

"这就是关键。"我回答道。"你可以一点又一点的赢回来，而不需要一次就把所有的都赢回来。"马克知道我只是在重复在他年初所写的东西。他是一个逐步积累的交易者，通过一个又一个好的交易来赚钱——而不是一次就在一单交易上花费很多时间。

我回到办公室，发现马克和其他交易者都在我的屏幕上。风险管理软件让我可以在任何时候看到他们的头寸以及交易者正在做的委托单。我还有交易者的即时盈利/亏损（P/L），当交易向他们的方向靠拢或是反方向变化时，波动点都会被迅速地更新。这个信息让我可以看到，交易者什么时候进行得很顺利，什么时候很失败；他们何时是按照自己的常规方式交易的，何时是不按常规交易的。我面临的挑战是，如何在最初的损失到达极限前，确定这些问题以及帮助交易者。

市场有时的确是像马克注意到的那样，在局限的范围内进行交易的。每次在达到好的交易量的最高点后，它就会向反方向变化。同样，在萎靡时，市场会突然找到收购者。公司的很多交易者都在买高卖低，希望暴涨或暴跌会像他们所期望的那样发展时，遭遇到损失。许多人拉着汽笛，在跳上岸前等待着市场的变化。他们知道，一两次甚至更多的反复会让他们当日马上退出游戏。

可以肯定的是，市场在它的交易快要接近顶峰时，卖家开始抛售。然而，这次，逆转本身又发生了逆转，市场又反弹了好几个波动点。然后就不动了。

还是不动。

我将注意力集中到交易者的屏幕和市场屏幕上。我像马克一样专注，观察交易者的下一步动向。

市场在发盘时开始交易。马克没有等待；他把订单提高了600点。又有一些委托单碰撞着市场，提高报价。然后暂停，然后这个报价又有了更多的交易量。突然好像到达了一个倾斜点：买家以完全的力量进入市场，将ES合约推向这一天的新高。一些交易者马上就开始盈利了，期货下降了几个波动点，但马克依然坚持交易。到结束时，他的600手共完全上涨了两个百分点。他又参与了两个上冲，到这一天结束时，他的账户又增加了6位数。

在这天结束时，我为马克的翻身而祝贺他。"我应该能从交易中赚的更多的。"是他典型的反应。"当我发现我让自己很失望时，我都发疯了。我每天早上都为自己挖好一个坑，它要杀死我了。"听到马克这样说，你也许会认为他刚刚损失了一大笔钱。

但这就是马克。他第二天会试图寻找，如何才能在早上不损失钱的方法。到达亏损极限的记忆，要比复原的记忆要深刻得多——而这就为第二天提供了动力。

就像我所说的：要有一颗虔诚的心。

找到交易专业技能的来源

我们从哪里开始寻找马克的专业技能来源呢？难道他阅读市场的能力很强，几乎不需要给一个占尽天时地利的交易加加热吗？这是一种接受大规模投入的风险和回报，坚定不移地坚持交易的能力吗？或者也许这是引导他每次体验成功、更上一层楼的竞争驱动力。所有这些都与马克的表现有关，但是我发现它们中没有一个是在他早上交易恢复状态中最有影响力的。

我看到的比较简单，但显然也是事实。当马克眼睁睁地看着自己降到亏损极限时，马克将交易放在浮动范围边缘的做法是很机械的。这与他以前的很多次是一模一样的。他看到市场的活动，一个重要的价位和一个交易的范围。上百天进行市场交易所带来的经验——以及长时间紧盯着屏幕——使他对这样的场景十分熟悉。他把这个称为对市场的"感觉"，正是如此。很多交易者比马克了解更多关于标准普尔股票的信息；也有很多交易者，他们对技术、基础和整体经济学的了解大大超越了马克。然而，他们中大多数一年所赚的钱都没有马克一天赚得多。他们知道很多关于市场的知识，但是马克了解市场。他对交易模式十分精通，即使他受到挫折，处境岌岌可危，他也可以毫无差错地下交易的订单。只有对市场更深一层的了解，才能够让他坚定不移地进入市场，开始他的交易之旅。

马克多年来都紧密注意市场动态，但他却没有受过任何正式的训练。他的朋友，同样成功的交易者帕布罗·梅尔加雷霍把他带入金斯特里，作为他早期的指导者。但是帕布罗不是一个告诉别人如何交易的人。他为马克提供建议和鼓励——就像他对其他交易者一样——但马克大部分的知识是从屏幕上获得的。的确，当我刚到金斯特里指导训练项目时，我很惊惶地发现帕布罗正在鼓励受训者每天在模拟器上进行数百次交易。我认定这种做法是错误的，这只会教交易者进行过度交易。现在，年纪大了经验也丰富了，我看到了帕布罗的建议中蕴涵的智慧。让你在交易中变得机械化的方法就是经常进行交易直到这变成一种机械的方式。踮着脚在水中走路是无法教会一个人如何游泳的。马克以帕布罗为榜样，在训练中频繁地进行交易——并专心致志的研究市场变化——从而发展了来复枪神射手的"肌肉记忆"。当气氛越来越紧张以及他准备将亏损的趋势封死时，他的表现并没有显示出一丝一毫的犹豫。

我认为，专业技能不只是有技巧的进行表现，而且是一次又一次地在面临挑战的环境下重复有技巧的表现的能力。我们记得贝比·鲁斯充满本垒打的职业生涯。那些昙花一现的奇葩是很多，但是又有多少个像莫扎特、莎士比亚或爱因斯坦一样一生有无数成就的人呢？迪恩·基思·西蒙顿在他的书《伟人》中的说法是很正确的：杰出的表演者区别于别人的是他们的创造力。如果让他们有足够的次数对球进行重击，他们会将球击出公园。我很怀疑，成功交易者和失败者的比率就是，马克和很多不太成功的交易者之间不一样的地方吗？他的成功源自他自己何时是正确的，即使是在亏损时也会自动化的进行交易。

> 专业技能就是内化成为一种习惯的技巧。

专业技能的自动性是从何而来的呢？想要回答这个问题，我们必须回到第一章，刻意实践和学习链。

深思实践：专业技能的普遍共同点

贾内尔和希尔曼总结有关运动专家表现的研究，将这个练习称为"普遍共同点。"

埃里克森研究了拥有不同表现专业技能的3组小提琴家，发现他们都在音乐上花了相似数量的时间。然而，最有成就的小提琴家，花了最多的时间进行独自练习。最优秀的音乐家在这样的练习中花了超过10000个小时的时间，而中等音乐家组花了7500个小时，最没有成就的花了5000个小时。同样的模式——高强度练习加上专业技能——在其他表现艺术家，以及经过很多训练的国际象棋手和运动员身上也同样存在。

刻意实践概念的关键是，预演的质量和数量共同产生专业技能。之前，我们发现过少的接触表现现场，不足以产生杰出的表现。表5-1总结了埃里克森的研究，让专业技能培养变得容易的练习和普通的接触表现场地的练习是不一样的。

让我们来比较一下克里斯和彼得，这两个成长中的交易者，以此来描述刻意实践和对场地的重复接触之间的差别。在开盘前，克里斯用几分钟时间来观察追踪市场，在心理上把这个交易当作是对真实交易的准备活动。他喜欢看到自己是对还是错，喜欢看到自己用真实的市场数据来进行练习这样一个事实。这使学习变得有趣，而且与内容相关。如果他在交易中出现错误，在这天交易结束时他将这些错误写到日记里。这种方法，使学习没有耽误他失去交易时间。

表 5-1　刻意实践和对表现场地的普通接触 出自埃里克森，1996

有效率的刻意实践的特点		
	刻意实践	普通接触
任务	定义清楚明了	不系统
难度	适合表演者	无法控制
反馈	及时、详细	不是马上
重复	强调	避免
表演者目标	自我提高	娱乐

然而，彼得是专心致志地在模拟器上进行故意实践。他对指导者为他计划的详细技巧认真加以学习。比如，当他的市场继续交易买进价，而一个相关的、主要的市场开始扩大规模进行卖出价交易时，学习如何确定市场的过渡变化。当他发现这些过渡转变时，预计他可以利用供求情况的改变这个优势来做委托单。偶尔，当发现无法掌握时机时，彼得会暂停模拟，重放市场动态。他一直观察重放录像，直到他确定在观察交易量变动中自己错过了什么没有注意到。在彼得转向新的练习前，这种训练持续了很长一段时间。

克里斯规划的实践侧重于娱乐和活动；而彼得侧重于技巧的训练。随着时间的流逝，与彼得相比，克里斯在对实践体验的反思中，做出的自我调整少之又少。彼得有计划的实践——就是刻意的一面——带来的结果是，没有克里斯的体验那么有趣，但是对学习是非常有效的。

埃里克森的研究表明，表演者的集中精力，在刻意实践中是一个非常重要的因素，也是另一个在表现领域，将刻意实践与娱乐体验区分开的因素。这就意味着有效实践阶段的持续时间必须有所限制，这样注意力和力量才可以得到休息和恢复。杰出的表演者普遍都会小睡和休息，反映了训练中的高强度活动。除了有助恢复的休息外，具体的目标和及时的反馈，都可以帮助表演者在实践过程中集中精力进行学习。好的指导者就如同足球训练和比赛中的教练一样，知道如何让选手在实践中对自己的项目认真锻炼。

贾内尔和希尔曼观察发现，竞争活动本身就可以作为刻意实践的一种方式。这是因为很多运动项目需要指定策略（目标），产生迅速的反馈，然后提供重复的经验。由于这个原因，他们以及埃里克森都注意到刻意实践并不总是需要正式的指导。自学成才的爵士乐音乐家每晚在俱乐部表演，从听众那里收到有关他们即兴技巧的反馈，然后在演奏会之间对这些技巧进行改进。之前我们也注意到，一个国际象棋专家可以与对手进行练习赛，记下对手的棋法，然后不断审视进行学习。这样的练习不仅仅是进行比赛——它是自我指导的学习。

这把我们带回到我们的专业交易者马克·格林斯波身上。考虑一下我在他进行交易时所得到的观察：

☆ 他高度集中，很少将视线离开屏幕。
☆ 他交易时很活跃，紧密追踪市场动态。
☆ 他通常在中午时稍做休息，恢复注意力。
☆ 他会写交易日记，记录他的盈利/亏损情况，写下评论，以及第二天的目标。
☆ 他仔细地观察当日的盈利/亏损情况，对每一次交易的成功非常在意。
☆ 基于市场情况和交易结果，他会尝试新的交易策略。

很明显，即使马克没有正式的与指导者规划学习情况，他也沉浸在刻意实践的过程中。

> 交易的活跃本质就是自己本身是学习的促进器，因为它为马克提供了明显的期望和目标，迅速详细的反馈和不断变化的挑战。

刻意学习以及进入沉浸状态的条件之一是表现目标和学习者技巧的匹配。马克是一个很有技巧的交易者，他的交易结果已经证明了这一点。通过这个定义可以看到必须要有很多的目标，已经可以产生极端自信的极端挑战。举个例子，当我第一次见到马克时，他在早上进行DAX指数交易，在下午进行标准普尔E-mini（ES）期货交易。在早上，如果他发现DAX指数的交易模式发生变化，而在标准普尔上有更大的机会，他会转向全天进行ES交易。在一年中他赚了很大一笔钱。马克知道，除非他能够解决一个全新的挑战，他的表现是不能扩展的。达到专业技能这个高峰意味着我们要求自己的表现要超越自己的能力，超越我们实际上可以获得的成就。

在舒适地带之外表现

埃里克森针对技巧的成长做出了很好的总结。当我们先学会一种技巧时，过程是很费力的，需要大量的注意力和思考。然而，随着不断重复的经验，这种技巧变成自然的、自动的。我们再也不需要在普通情况下集中全部注意力去开车；随着时间的流逝，表现变得越来越舒适。不过，一旦它变成了一种舒适，它就再也不会使学习变得容易了。自动化是有效学习的结果，但它同时也是新的学习的敌人。因此，杰出的表演者不断地进行挑战，将自己一直保持在自动之上，保持在舒适地带之上。这只能通过对自己的不寻常的要求才能做到。

> 当我们感觉到有必须做新的适应努力的负担时，进化就发生了。专家是持续不断地适应不寻常的表现要求的人。

这在优秀的军事训练中最好地体现出来。让别动队员学校中的学员在艰苦条件下训练、重复地演练战斗技巧，以及在众多地形中进行困难的领导训练，但每天最多只能吃一顿饭、睡几个钟头的觉，其中可能的用意是什么呢？这个训练持续61天，让很多培训者都瘦了30磅。在海豹突击队的基础水下爆破/三栖训练中的地狱训练一周中，队员连续132个小时进行高强度的体力工作，勇敢地在潮湿、寒冷和风沙的环境中待了两天半的时间，然后又开始进行一个又一个的艰苦训练：跑步、游泳、搬很重的船、在沙滩上打滚、在冰水中跳跃、搬更重的船……

到最后，你可能是在睡觉中做这些事情了。实际上，被剥夺了睡觉权利的队员经常会出现幻觉，认为他们是在睡梦中进行训练的——这就是训练的重点所在。

> 通过不断反复的训练，即使是最困难的挑战也变成自动的了。

这确保了优秀士兵可以在战场中饥饿、疲劳和不确定，这些常见的条件下，可以有效率地进行运作以及保持原则。这也确保了像马克·格林斯波这样的交易者，可以进行自动化的交易，即使是交易处在非常危险的位置。

任何领域中优秀的杰出人才，通过创造要求，比他们每天想要做的别的任何事都更高的挑战，才能从能力发展到专业技能。我们通过在我们的舒适区外创造和适应挑战才能不断进步。

专业机能和内隐学习

通过对马克和其他专业交易者的观察，我发现专业技能是在具有高度挑战的表现条件下进行内隐学习的结果。表现有很多阶段和准备，就像在一场标准战斗训练中一样，专家的表现不只是对准备步骤进行忠实、有能力的复制。经过战争磨炼的老兵有一种指导何时进攻、何时撤退、何时开炮、何时观察敌军行动的直觉。同样，专业交易者有一种当他们的委托单在毫无准备的情况下遭受市场打击时，怎样控制形式的感觉。他们不只是模仿标准的实施步骤。我曾经问过金斯特里的专业交易者，他们如何知道何时进攻市场、何时改变他们的头寸时，他们的反映是相似的："他们没法搞定，所以我就决定买了，"或"和上周一样，你知道一旦每个人都投入了很多资金，那些人就会把价格压低。"这些交易者已经看过很多市场和市场场景，发展出一种预测的直觉。他们确信一定会有事发生，因为以前已经发生过很多次了。

埃克赛尔·克里诺曼斯和路尔斯·占美尼斯的研究支持这个观点。他们的研究调查了一系列学习：在一系列事物预测下一个项目的能力。这和所有的表现活动都有关系，如运动或交易，在这些领域中预测竞争对手行为的能力是很关键的。他们得出的结论是，内隐学习会导致对事件的数据结构的深入理解。这只是表面的；让我们来找出研究者对专业技能的研究揭示了什么。

最好的描述是调查系列反应时库兰的研究评论：在一系列事物中对事物做出迅速反应的能力。研究中的参与者在一个具有多个角度的屏幕上观察一个游标的移动。他们按下一个位置的按钮来表示他们是在哪个位置看到这个游标的。研究者根据两种条件来衡量参与者的反应时间：何时存在一个确定游标位置的模式，以及何时游标位置是被随意确定的。这个模式并不是一个简单的模式。举个例子，如果这个游标有 4 个可能的位置（用 1、2、3、4 来表示），模式可能会是 4-2-3-1-3-2-4-3-2-1。这个模式会在实验的阶段重复很多次。

从系列反应时研究中可以得出一些结论。首先，反应时在游标的位置，按照一个模式变化的阶段中会缩短。这就是说主体在学习预测游标会在什么地方出现。第二，反应时在随机阶段中不会缩短。这意味着反应时的缩短不仅仅和这项任务的熟悉度有关。第三，尽管主体很明显的是在学习如何预测这个模式，他们不能用言语表达这个模式究竟是怎样的。他们的学习实际上是模糊的。

库兰大体上用一大批的人体进行神经影像研究实验，结果在活跃的脑部区域发现内隐和外显学习的区别。特别是系列反应时看上去依靠大脑的运动皮层：那些控制我们身体的区域。如果研究中的模式认可和对模式的迅速反应之间有紧密的联系，这很有意义。

克里诺曼斯和占美尼斯发现，内隐学习只发生在嘈杂的事物中（就是那些将随机因素混入模式的事物），暗示主体可以从众多数据中找出模式

——看上去好像是与短期交易者活动很相似的一种技巧。作者得出结论，系列反应实验中的主体，对数据中的统计规律很敏感——也就是过了一些时间，某些游标位置更可能在屏幕的某个部分出现。从本质上说，主体就像神经式网络一样工作，用最新的数据来更新对一个事件发生情况的估计。

> 请注意，内隐学习只有在很多次的学习试验后才会出现。

本质上说，系列反应时，实验提供了一种集中注意力的训练。经过无数次的试验，主体将模式内在化，但他们无法仔细地描述这个模式——就像金斯特里的交易者一样。最重要的是，这种学习不是发生在教室里的那种对事实和数据的沉浸。相反，这是一种运动学习——洞察力和反映之间的联系。也许，这就是为什么这么多如此成功的交易者，并不是因为书本学习而引人注目的。当他们说他们对市场有一种"感觉"时，他们是在陈述一种字面上的事实。

> 专业技能不是那些已经知道的东西，而是知识和实践之间的联系。

表现中的内隐和外显学习

泰德·威廉姆斯被认为是棒球史上最伟大的击球员之一。他的书《技巧的科学》是杰出表现的经典纪录。威廉姆斯无论在室内还是室外，都花了很长时间来让他的挥杆动作更完美。他很小心地把两腿分开27英寸，并确定他的球棒重量刚好。他把号球区划分为77个部分——7行11列——并在每个部分都计算自己的击球率。有了这种空间意识，他对投掷是在好球区内还是之外，都有一种敏锐的直觉感。或许比他在一个季度里击400

多次球的能力，更令人印象深刻的是他在 7706 次职业棒球比赛中，只打出 709 次球，但却来回走动了 2000 多次。他关于击球成功的理论很简单：找一个好的投掷位击球。

然而，请注意找到一个好的投掷位击球，并不是单靠外显相反就可以成功的，假如掷球是以每小时 100 英里的速度击向击球员的话。想要了解什么是好的掷球，什么是差的，需要运动预测，这与系列反应时实验中表现的技巧是一样的。从投手手臂开始运动，到球被投出的一瞬间，再到球的旋转这个阶段，像威廉姆斯这样的击球者迅速举起球杆，开始寻找可能的落球点。真是很难想象，这样的专业技能没有上千次的学习训练是怎么拥有的。

如果你观看过穆罕默德·阿里早期拳击的录像，你就会情不自禁地对他的身体控制力和脚下速度印象深刻。当他预测对手挥用拳重击他时，他可以迅速地将上半身拉离对方的挥拳范围。结果，很多对手的连击和重拳都落空了。我以前观察发现，如果有一个交易或大的委托单进入市场，专业交易者做出的反应是，突然将委托单从账簿中撤走。一两秒之后，很清楚地可以看到他们被套牢在一个很差的价格上。这与阿里的技巧区别很大吗？

短期交易者平均每个交易日进行上百次的学习试验。就好像是交易者在不断地进行系列反应时实验。内隐学习在这样的条件下会迅速产生。这帮助解释了一个最初令我很困惑的现象。我在金斯特里遇到的非常成功的交易者，大多数都是 20 多或 30 出头的年轻人，他们只是开始交易了几年，就已经可以通过自己的技能过着十分舒适优雅的生活了。回忆一下第一章中从表现研究得出的一个持久的结论，也就是我们所遇到的 10 年原则。在一个表现领域，如果想获得专业技能，大体上需要花 10 年的时间进行准备和故意实践。令我吃惊的是，我观察的非常成功的交易者中没有一个有 10 年经验的。

我确信，这个谜团的答案是：

> 专业技能的产生并不由时间长短决定的，而是学习训练的数量和质量。

一个短期交易者可以每天都进行 100 多个交易，并在买卖盘记录中观察上千种的交易模式。然而，一个外科医生需要几个月的时间才能完成相当数量的学习试验。一个棒球击球手如果每天挥打同样数量的击球，身体会变得异常酸痛。对他们来说，专业技能的培养要花更长的时间，因为这些学习试验必须用相对延长一些的时间隔开。

因为这个原因，我十分怀疑长期交易者和做投机生意的人，他们的学习曲线是完全不同的。（见表 5-2）一个一天到晚都进行交易的交易者，也许一年只会观察几百个模式——同等数量的模式投机者，可能几天就会遭遇到。同样，内隐学习在长期和短期交易中所起的作用，是否相同也不是十分清楚明了。"计划交易以及按计划交易"这个建议，对一个头寸交易者也许有意义，但和一个投机者却一点关系也没有。投机没有任何清晰的计划；它是依靠我们在系列反应时研究中所看到的运动预测来进行的。一次，有人问优吉·贝拉在他打出本垒打时他的想法是什么，他的回答是在击球的时候他从来不想任何事情——他没有时间来同时进行两种活动。对短期交易者也是如此。

表 5-2　长期和短期交易者专业技能成长的区别

	时限较短的交易者	时限较长的交易者
思维过程	内隐	外显
学习过程	重复的试验	市场研究
交易方式	直觉，凭感觉	分析，依照原则
交易优势来源	经验	知识
学习曲线的期限	加速	延伸

然而，有较长时限的交易者，很有可能依靠清晰的模式来进行分录和退出。这些可能是呈现几分钟或几个小时的图表模式，或者可能是统计分

析的模式。这些模式成为交易计划和体系的基础。这种交易者的行为是由规则控制的，而且他们大部分的成功，都有依据原则行事的成分在内。例如，伟大的投球手诺兰·莱恩是一个依照原则行事的人。他研究他将要面对的每个击球手的移动倾向，了解他们是不是击打快球的好手，他们喜欢击打高球还是低球，靠近打者身体的球还是相反的。每次比赛前他都在心里预演这些信息，利用这些信息来帮助他，在特定的环境中选择投球的种类。在莱恩的《投手圣经》一书中描述道，他知道杨基队的斯蒂夫·萨克斯是一个高快球击球手。这让莱恩主要向萨克斯投出低的破坏球。这与一个计算市场，可能会有暴涨或暴跌的可能性的交易者相似，然后这个交易者利用这个信息要么跳到更高的价位上、要么放弃。

当表现大体上是依靠外显的推理和学习时，就像国际象棋或医药专业领域的例子一样，我们可以预计到一个过长的学习曲线。的确，系统交易的一个优点是他可以很快地从多年的市场数据中监测出交易模式，将众多的经验压缩在一个较短的时间内。通过自动的买卖盘输入来消除学习曲线以及执行技巧的成长。较长期限的随意交易者面临的现实是，如果没有模拟器，想要完全体验牛市、熊市和牛皮市场的盛大场面，需要花上很多年的时间。

> 模拟对较长时间交易者的价值就在于比，起真实的交易，它可以提供更多的学习试验。

事实上，大多数表现专业技能是外显和内隐学习的混合体。莱恩尽管遵守他的原则，他还是很快地承认，当你在选手休息处等待第一个打球时，你不可以事先就决定在比赛中投什么样的球。击球手和你自己投球的感觉，在那天的比赛中起着重要作用。同样，当莱恩用清晰的信息知道他的投球选择时，他实际的投球技巧在训练和内隐学习的过程中得到了磨炼。在书中，他解释道，他到美国职业棒球大联盟时，主要是打快球但控制力很差。对传球和准确性上专心训练使他随着年龄的增长快球速度渐渐变慢，然而效率却一直保持。相似地，一个外科医生的专业技能，是通过对身体的清晰了解和对设备的亲密内隐的感觉而发展出来的。一个像朗斯·阿姆斯特朗这样的自行车手,从有一个清晰的赛程计划和对这项运动相当多的了解开始的,但是却依靠对赛程状况的内隐感觉才能知道何时进行加速冲刺。

也许传统交易者教育最大的弊病是教育严重倾向于外显学习。研讨会、网上文章、书籍、杂志在本质上都是外显的。这些使人们有了对市场和交易的了解,但却不能产生专业交易者身上所有的,那种对市场的感觉。对于内隐学习的训练是大多数交易者成长过程中所缺失的因素。

是什么使专家与众不同:洞察力

表5-3总结了对杰出表演者的成长和他们依据故意实践和内隐学习做出改变的方式的研究。我们看到的是,高强度的学习从认知上和行为上改变了一个表演者。这的确就是实时的进化。杰出的表演者观察的角度、思维和行为,都与没有他们专业的同辈不一样。从重要的意义上来讲,当交易者发展专业技能时,他们看到的市场和其他人看到的市场,是截然不同的。

我们从国际象棋和蔡斯与西蒙的经典研究开始。在他们的研究中,我们有两组接受实验者:专业国际象棋手和非专业国际象棋手。然后我们简单地向每一组表现——下一局棋下了一半的国际象棋棋盘。我们的目标是看看其中一组,对棋盘上棋子的位置的记忆是否比另一组强。当然,就像你所猜想的那样,国际象棋国手比普通棋手能记得更多的棋子位置。你也许可以得出结论,这暗示了专家比那些不是专家的人,对表现事件都有超强的记忆。

尽管如此,蔡斯和西蒙聪明地为这个研究加上了第二种情况。他们给每一组实验者简短地看了一下棋盘上棋子随机摆放的位置,然后测验他们的记忆力。在这种情况下,没有一组表现得很好。的确,专家组没有胜过非专家组。

研究人员得出结论,专家不比非专家的人记忆力好。但是,他们有比非专家的人获取更多与表现相关的知识的超强能力。举个例子,我们在棋盘的某个位置上是国王。这就暗示了车、国王和兵之间的一种构造好的关系。专家把这个看作是一部分或一组信息。非专家不能把这些部分用这么一种有意义的方式组合在一起，相反，他们试图将每个棋子的位置分开进行记忆。这种将信息分成部分的能力，是基于有意义的定则的，这样在观察真实的棋子位置时，国际象棋专家才能比非专家记得更多的棋子位置。当他们看到的是一盘随机摆放的棋局时，没有有意义的组成部分，专家也就无法表现任何记忆优势了。

请注意这个信息组块——以及它带来的洞察力和记忆力的有效性——对专家来说不是一个有意识的过程。专家没有看到单独的王、车和兵。专家看到的是有城堡的国王。同样，当一个委托人来到我这里，抱怨失眠、情绪不好以及注意力不集中时，我看到的不是3个分开的问题并开始进行综合询问。确切地说，我观察了沮丧的潜在病症，然后问问题将沮丧从这些病症的其他可能起因（如毒瘾、悲伤等）区分开。一个准备投掷橄榄球的四分卫，看到的不是分散的后卫球员、前锋和安全球。他看到的是一个防守区，和他可以在这个区投球的一个缝隙。"防守区"和"沮丧"对四分卫和临床医学家来说，就如同"有城堡的国王"对国际象棋国手的意义一样：就是与表现相关的信息群。

表5-3 区别专家和新手的方法

成长中专家是如何改变自己的	
洞察力改变	有效地将信息分成小的部分
逻辑改变	在不断进步的过程中不断灵活地更新知识
知识改变	形成更复杂的意境地图
行为改变	迅速做出反应和决定

专业交易家也同样将信息划分为很多有意义的组群，来帮助他们的记忆以及加速对市场事件的反映。现在，在一张图表上我们有连续的3个柱状物。第一个大额交易的下跌。第二个开始时交易量比第一个稍低，但收盘时比第一个有所上涨。第三个柱状物表示交易量一直比较低，但它的最低点比前两个的最低点要高。一个有经验的交易者，不会把这个结构图看

作是3个分开的柱状物，而是把它们看作一个独立的整体代表"空头力量枯竭。"如果柱状物的最低点与这一天稍早时的最低点一样，这种结构可以看作是"支持性的空头力量枯竭"。这可以被看成是一个有意义的事件，可以转化成一个潜在的交易概念。如果柱状物被分开看待——也和这天早些时候的柱状物分开看待——它们就传达不了任何意义，也就无法成为一个交易的基础。

调查显示杰出的表演者没有比一般表演者更好的"硬件设施"——他们的眼光、记忆力和反思都不是特别的出众。然而，专家积累了很多的内隐学习，所以他们比同辈处理时间要更有效。他们的训练让他们可以通过洞察力组群，用新的方法来看待这个世界。

> 深思实践和内隐学习生产新的、更有效的洞察力，从而获得迅速的、有独创性的反映。

是什么使专家与众不同：推理

专家不只看世界的方式与非专家不同，他们的想法也不同。这是他们观察力不同的自然结果。

派特和格伦针对内科医生进行的一个极好的研究指出，专家诊断者和非专家拥有相似数量的知识。作者发现，区别他们能力，让他们做出准确的诊断的是专业技能，而不是记忆力。内科医生专家利用作者称为"正向推理"的方法来得出诊断结果。而非专家采用的是反向推理。对于这些思维方式的观察可以形象地描述，他们是如何应用到交易中的。

设想一下，现在有两个人一起在玩拼图游戏。第一个找出那些边缘光滑的，还有属于中间的碎片，并把他们分开。然后她通过颜色的不同，再将这些碎片进一步分类。她开始寻找平坦的碎片，和颜色相似的碎片之间的联系，并且，时不时地回头看一下图画，猜测图画的意思。不久，她就猜出这是一个风景画，然后开始按照自己对树、天空和山的观察将更多的碎片组合到一起。这就是一个正向推理的过程：从有意义的信息群来推断整体，再反过来靠推测的整体来找出更多的信息群。

第二个人用不同的方法来拼拼图。他先猜测这个图的景象是一个热带丛林。然后他开始寻找那些看上去像丛林动物、热带植物和热带丛林土生的植物或动物的碎片。他并不是把碎片分成不同的有意义的种类（平坦的碎片、颜色相同的碎片），而是用一种反向推理的方式来推测棕色的一定是树，绿色的一定是植物。当他发现对一个热带丛林来说，有过多棕色的树以及蓝色天空的碎片时，他的逻辑进程又重新回到第一个步骤上。因为这个原因，他的效率很低。

一个有经验的内科医生，从一个病人的疼痛和恶心这些病症中收集信息，将测量病人温度作为不同诊断中的第一步。收集完数据后，内科医生就会提出问题，收集进一步的信息来排除其他可能的病症，然后勾画出对病症的假设，来指导数据的收集。经过提出很多问题，做过很多测试，最终的诊断就会最终浮出水面。

然而，一个学习医药的学生就不能将疼痛、恶心和体温看作是需要进行不断深入提问的众多诊断可能性中的一部分。相反，这个学生会倾向于得出这个病人得了流行感冒的结论，然后只照着这个方向进行检查。用结论来进行反向推理，这个学生在搜寻信息的过程中，视野就变得很狭隘。当搜寻的信息显示病人得的不是感冒时，这个学生就必须回到起始点来重新收集信息，再试图做出一个新的评估。

> 交易新手使用的是反向推理的方式：他们寻找信息用来支持他们的观点，而不是通过对市场的理解，去组织他们的交易想法。

交易专家经常说"让市场来找我"——也就是说，正确的交易就像是正确的诊断一样，是通过收集正确的数据而形成的。然而，只有当交易者像内科医生一样，已经内化了一种决策树来指导信息收集的循环过程，才有可能产生正确的交易。

派特和格伦的报告结果和蔡斯与西蒙的很相像。当一个病例的征兆像通常被收集的方法排列的话，内科医生专家比非专家更经常获得正确的诊断。然而，当征兆被随机排列的话，两组的表现都很差。

> 收集信息的排列方式不会影响非专家的诊断，但是对专家来说却至关重要。

这是因为有优秀的内科医生用可以反映正向推理过程的方式来收集信息。这个过程促进了观察力和行动之间的联系，让专业外科医生和急救室里的内科医生，在几秒钟的时间内做出生死攸关的决定。

> 决定性的行为是从有效的观察和有组织的信息开始的。

蔡斯发现了一系列表现，揭示了专家是如何获得信息来帮助他们的推理，从而产生优秀的表现的。她将相对抽象的概念描绘（MACRS）看作是专业技能的基石。我们可以把MACRS看作是一幅组构专家洞察力的公路线地图，就像内科医生的决策树一样。国际象棋高手用某些策略将棋子的位置译成自己明白的密码；基于一种诊断体系，内科医生将征兆整理成很多小的组群。当我写到这时，在纽约股市闭市以及日本调查人员宣称发现一个有名的国际公司的失误，导致接下来的业绩收益很差，进而引起的恐慌反映后，欧洲和亚洲的股票市场急剧下跌。世界上的债券表现一直很稳定，油价上涨，普尔500期货急剧下跌。一个有经验的交易者，拥有可以将所有市场连接在一起的相对抽象的概念描绘，将所有城市的不同信用工具当作是一个模式中的一部分：财产从冒险区域转移到相对安全的地方。交易新手由于没有内在的公路线地图，只将目光集中在他们自己的市场，从而误解了市场的强势或弱势。

请注意，这些精神地图让专家在推理过程中比非专家更为灵活。例如，一张区别财政惊惶日和普通日子的地图让一个交易者寻找到从其他方向无法找到的市场内部的关系。交易新手缺少这种灵活性，在当一个安全的市场（德国政府债券）转变成一个不同的有风险的市场（纽约股市）时就无法保持有效的交易了。一个交易新手认定利息率下降对股票有利，就算有不好的经济消息使得债券上涨、股票下跌时，也不肯把股票抛售。

> 新手的思维固化，而专家则是根据上下文进行推理。

与认为 A 总是得出 B 的结论这种想法相反，专家编织了一个网，其中，在 X 和 Y 这两个条件下 A 会得出 B 的结论，但是在其他条件下会得出 C 的结论。

保罗·费尔托维什和同事强调道，发展弹性的一个重要方法是用尽可能多的程度或数量上的变化来训练技巧。这让表演者发展了可以在几乎所有条件下指导表现的丰富的精神地图。回忆一下麦肯兰勃的观察，二战部队中实际只有15%的士兵开过火。因为他们在训练中，没有遭遇过相似的战斗情形，他们缺乏能够在这种危险条件下指导他们的精神地图。这对于交易者同样有深远的意义。交易者在固定的市场条件下赚钱，当市场发生变化时他们赚的钱就又输回去了，这样的情况不是不常见的。很快我们就会发现，用历史数据预演交易情况可以让交易者遇到更多的交易场景和情况。对于培养的地图和弹性，让交易者在风险和回报都很高的情况中做出迅速准确的决定来说，这是一种很有效的策略。

是什么使专家与众不同：行动和反应

设想一个每年赚 100 万美元，并在 E-mini 期货市场中很活跃的专业交易者。我们中大多数人会得出这样的结论：这样的一个交易者在市场中有很大的优势。然而，我们也要考虑到这个交易者也许每天接 50 笔生意，平均规模也就是 200 个合约。每天进行 10000 个合约的交易，也就是每年大约进行 2500000 个合约的交易，这个交易者每天每一笔合约，只用赚不到 1/10 TICK 就可以积累这么大一笔的利润。与热门媒体所写的不同，这样的一种优势，不是源自找到了一个极简单的图表模式、一个更好的冲力振荡器，或是一个计算买卖点的高级命理学。

> 相反，更好的实施方式——买进和卖出——让专业交易者在进入和离开交易时，获得了更好的价格。

这种实施优势的一部分是拥有正确的交易平台和各个交易间的迅速联系。专业交易者很快地了解到何时买进或卖出走势变弱，然后迅速地将这个洞察力转化到行动模式中，抢在其他较慢的同事一个TICK前，进入或离开市场。实施中的多余的这个TICK，在很多次的交易中日积月累，足以形成很占优势的交易结果。

在坚持故意实践的过程中，交易专家获得了知觉上的优势，就如在蔡斯和西蒙研究中，我们所注意到的国际象棋手那样。用有意义的信息群来观察交易画面，杰出的交易者构造一幅幅精神地图，将这些信息群和可以容易使用的模式联合在一起。急救室里的内科医生观察一系列的伤势和脉搏，然后迅速地做出不同的决定：这个病人要进手术室；这个马上要做心肺复苏术；这个应该服用止痛药并留院观察。在医生的脑子里有一个方案，有一般、急迫、紧急这些种类。由不同病例中的众多观察所支持的迅速估计，决定了一个病人是应该稍后、马上还是立刻接受治疗。

回顾威廉姆斯和斯达克斯负责的运动员研究，可以发现在多种运动项目中，有技能的表演者比新手更早开始利用事先的知觉提示。在一个实验室环境中，观看一个实际运动比赛的简短的录像片段，有技能的运动员可以比刚入门的运动员，更快地确定一个选手的下一步动作是什么。举个例子，优秀的网球选手依靠对手肩膀和球拍位置所给的提示，可以更快的察觉到对手击出球的方位。这让有技能的选手可以比新手更快地移动到位，确保了更多的成功击回球次数。相似地，优秀的棒球击球手，可以更快地击回投球手所发出的球；有技能的四分卫，可以迅速地看出对方球队防守阵型的改变。每一种洞察力都和一个相应的模式联系在一起，使得表演者可以迅速地对这种形势进行充分利用。

请注意，研究者得出的结论和我们较早遇到的内隐学习的特征有重复的地方。克里瑞曼斯和他的同事发现，内隐学习实际上是获得有关事件统计结构的知识。而威廉姆斯和斯达克斯在一个完全不同的领域发现，专家拥有指导他们行动的位置概率方面的知识。举例来说，这个网球选手可以通过对手的移动来对击出的球的落球点做出一个合理的概率估计。这刚好证明了研究中的一个有趣的发现：优秀的运动员不只是对落球点有更准确的估计，而且，比起普通的运动员来说，他们也对自己的估计更有自信。

让我们来看一看这是如何应用到交易上的。之前我曾经介绍过一个来自金斯特里的交易专家，他是斯科特·普希尼。作为标准普尔 E-mini 期货市场的一个短期交易商，斯科特迅速地进入和离开头寸，每天做上百笔交易和进行上千个合约的交易。近些年，如果在一个交易十分频繁的市场里，他自己没有赚到交易量的百分之几的话，就是很不正常的了。为了在几秒钟的时间内决定进入还是退出交易，他需要既迅速又准确地获得大量的信息。他很慷慨地让我在他大声讨论他的思维过程时观察他的交易，这对我了解一个专家的心理提供了很有价值的参考。

斯科特大声交谈市场的进程正好印证了威廉姆斯和斯达克斯的发现。他拥有一个有关自己特定市场的详细的知识库。他知道市场的主要交易者和交易模式，然后利用这些信息来找出别人会认为是随机的规律（本地企业是市场中唯一的交易者，他们一直在抛售）。斯科特还能够分析进入市场的买卖指令和交易，找出有关他们交易规模和价格的细微的暗示，来预测接下来是该买还是卖。当我在风险屏幕上追踪斯科特时，最常见的事情是他将要进入一个持仓，然后我就会浏览我的图表，看看当时市场中发生了什么事。在我看来，这不是一个好的分录，所以我又返回我的屏幕——却发现斯科特已经改变了他的持仓，并已经赚了好几个 TICK 了。在我处理他的持仓，依照我对市场的理解进行检查，然后又重新看看他的持仓时，他已经退出了交易，并且又准备在即时的市场信息的基础上进行新的交易。

威廉姆斯和斯达克斯注意到，在他的速度背后的一个重要因素是，他大部分的行为模式都是自动的。他已经学会当看到 X 时，他就应该做 Y。这种 X-Y 联系，在众多情况下经过无数次的重复，已经变成他直觉的一部分了。我的外显进程不可能有希望赶上这种自动的、内隐的思维。

当然，很多交易专家不会像斯科特·普希尼一样，这么迅速地进入和退出市场。但是，他们仍然表现出威廉姆斯和斯达克斯研究的棒球手具有的主要特征。他们表现出专业的知识库，以及迅速积累了大量即时的信息以便得出迅速准确的评估。他们对事件反映的能力是源于高度提炼的洞察力和认知能力，这让他们可以在不断重复的、接触不同的市场条件中不断进步。

> 实践要持之以恒：重复的、有挑战的实践经验让我们观察、思维和行动的方式有了根本性的改变。

指导在专业技能成长中的角色

回忆一下布鲁姆和他同事的研究，他们发现专业技能是在经过一系列阶段之后才会产生的。在最早期的阶段，指导者扮演的是支持性的角色，教授基本技能并维持学生的动力。当学生的天赋明显显露出来后，指导就进入了第二个阶段。训练变得更有计划和规律了，而重点则是放在能力的成长上。例如，早期阶段中的指导者，也许是一个少年棒球联盟的教练；而在中级阶段中的指导者可以是一个高中教练。

在能力成长中，一些表演者表现出非凡的天赋。他们很迅速地学会了技巧，并可以很快地把这些技巧应用到不同的情势中。他们经常被教练挑选出来，被认为是将来会有无限发展的希望。到这一点时第三阶段就产生了，主要致力于专业技能的培养。这时表演者就开始与像篮球中的迪恩·史密斯，网球中的尼克·伯里泰尼，摔跤中的丹·盖博，或一个奥林匹克训练者这样的人一起工作了。在一个训练专家的指导下，学生面临着全新并不断提高的要求。每天要训练数个小时，在非常有挑战的训练中进行高强度工作。能力已经不再是重点。他们以成为世界一流为他们的期望。

我知道的每一个成功的交易者都有一个共同点：成功来自更高的期望。十分优秀的交易者很有竞争意识，他们不能心满意足的闲适很久。与我一起工作的交易者，一天赚五位甚至六位数的钱，却告诉我他们的交易很差劲，这种事一点也不稀奇。这并不是完美主义者的谦虚之词。这是对期望达到表现的杰出阶段的映射。

劳伦·索斯尼克是布鲁姆芝加哥大学团队的一个研究员，得出的结论是从能力转向专业技能的最重要一步是和一个指导专家一起工作。这样的指导者常常对他们的表演者抱有很高期望，并时不时提出对他们的学生来说，可能做到的要求而与众不同。记得埃里克森曾经说过，专业表演者的表现永远都超过了自己的技能水平，而他们的全部技能都已变得自动化——这也是他们可以进一步成长的唯一方法。这就是为什么一个美国海豹特种部队培训项目不会仅仅是让新兵学会如何组装武器，他们坚持这一定要在一个给定的时间期限内在水下完成。专业指导者是战前采证者：他们给学生制定不同阶段的要求，以便引出非比寻常的适应性。指导者是个人进化中的催化剂。

正如我们看到的，这些适应包括洞察力、认知能力和行为的急剧转变。经过在最艰苦的环境的测验，专家发展出可以自动地对不同情形做出应对的能力，这对大多数人来说是不可置信地。《交易员月刊》这本杂志出版了一个有关活跃的对冲基金经理鲍勃·柴普曼的故事。一次在柬埔寨丛林的远足中，他遭遇了一群野生的有攻击性的类人猿。看到这些类人猿呲着牙齿准备扑向他时，柴普曼奋力扑向这些类人猿，大声嚎叫并呲着牙齿。毋庸置疑，这些类人猿被这种不寻常的景象所吓住，然后逃跑了。我怀疑我不是唯一有下面这种反应的人：只有一个伟大的交易者会想到这样做。柴普曼稍后在文章中强调到，由于一个脾气暴躁的指导者经常敲打他的头，他早已训练出这些反应。柴普曼解释道："正因为如此，我成为一个更优秀的交易者。"

在专业技能阶段，指导者不光要对表现领域的基本技能很熟悉，还要对一些细微差别很了解。正如布鲁姆的研究团队所发现的，这意味着要在详细技巧的一个高水平上训练表现内容。朗斯·阿姆斯特朗的自行车教练，克里斯·卡迈克尔，通过把冲刺分成4部分来帮助朗斯：加速，高速的顶端速度，很好的脚蹬节奏和超速（以高于平时的速度骑车，如在下坡时）。冲刺的每一个阶段都有特定的技巧，卡迈克尔和其他教练都仔细观察，并对技巧做出相应的调节。

尼克·伯里泰尼通过仔细观察详细的比赛统计，与专业网球选手一起工作。例如，他也许会发现一个有很高的概率击回第一个球，但却很容易在对方发球时丢分。这暗示了伯里泰尼，这个选手是把球击回场地的中央，对手很容易就可以控制比赛。因此，他让选手针对特定的练习进行训练，预演击回球的落球点。

当有技巧的表演者开始和一个指导者一起，在发展专业技能上工作时，他们想要变得优秀的动力就建立起来了。正如布鲁姆团队发现的一样，大多数杰出的教练，不会开始训练一个学生，除非他有这样的一种动力。就像是鲍勃·奈特所强调的，这不仅是一种想要获胜的意愿，而是准备要赢的意愿。但是，就像我们所看到的，这不是完全和意愿有关。杰出的表演者利用极大的努力来进入沉浸状态，将普通的努力看作是一点也不用功。

> 一旦这种内在的动力展现出来，指导者所扮演的角色，就从激发表演者的动力转变为表演者的表现调节师。

如果你是像丹·盖博一样在指导一个摔跤者时，你不需要让他保持注意力集中或坚持原则。然而，你也许可以帮助他侦察他要面临的对手，发现对手上身力量不足，然后想出一个计划和一套策略来充分利用这个优势。相似地，我也不需要鼓励交易专家要努力赚钱。然而，我却会帮助他们认识到，在指导相关市场，如石油的发展过程中，交易形势不断发生变化，从而策略也需要随着转变。这种转变既不容易，也不是自然而然的；它很难改变那些已经帮助你赚钱的事情。然而，指导者的角色则是，帮助交易专家避免自动化所带来的舒适，维持在不断精通过程中获得更多回报的满足感。

指导者如何才能帮助表现专家呢？一种方法是当作处理和对高水平的知识进行推理的一个典范。马特·福特是北肯塔基大学的教学人员和Minyanville网上教育培训交易者的大学的学院院长，他发现，"很难进行整理的知识,无法通过传统的课堂上课来传递给学生。反而,在间接的学习过程中,学习者可以观察专家示范的行为……这证明是一种传递默示知识的有效方式。"他和学校的目标就是让交易者可以"在真实环境中观察专家的思维过程",并借此让技巧成长更上一层楼。

如果成功的话,Minyanville 的努力就会获得被研究者提摩西·索特豪斯称为"规避人类处理加工限制"的收获。与大众媒体中普通的广告不同,交易的专业技能的作用,不是拥有一个很好的指数、心理定式或图表模式。交易专家与非专家处理信息的方式不同,他们培养出复杂的精神地图,让他们可以清除不相干的信息和暗中拥有夹杂在市场噪音中的模式。拥有这样的地图,交易专家可以比非专家更迅速、更有自信以及更准确地对市场事件做出反应。在接下来的几章中,我们会进一步探索交易者是如何通过系统的观察和改变他们交易和情绪模式的方法来规避他们的处理限制的。

第六章 技能、战术、战略

攀登表现的金字塔

> 人们来看你的表现,你把自己最好的表现给他们看。大多数人的生命都是东拼西凑而成的。或者,最多提供满满一衣柜和一洗衣袋的不相关的积累。一生的训练只是为了短短的十秒钟。
>
> ——杰西·欧文斯

这是 10 校联盟比赛,看上去俄亥俄州立大学的明星无缘表现。因为在比赛前一周从一段很长的楼梯上摔了下去,杰西·欧文斯接受了治疗但后背还是持续隐隐作痛。他让教练允许他参加 100 码短跑,令人惊奇的是,同时以 9.4 秒打破了世界纪录。15 分钟后,他参加了跳远。拥有像贝比·露斯一样的勇敢和信心,欧文斯将一块手帕放在世界纪录线上,结果超过世界纪录差不多 6 英里。之后不久他又参加了 220 码短跑和 220 米跨栏。他不仅仅是赢得了这些比赛,他还创造了新的世界纪录。杰西·欧文斯一共创造了 3 个新的世界纪录,并在 45 分钟后试图打破第四个——在身体很疼痛的时候。下一年他参加 1936 年奥林匹克比赛,并成为在一年中获得 4 块金牌的第一个美国人。

杰西·欧文斯有非常的天赋,并用一生的训练来为 100 码短跑的那十秒钟做准备。不过他也有心理优势:一种可以让他在疼痛中继续比赛的恢复力和对自己技能毫不动摇的自信。他在情绪上展现出一种不屈不挠的精神,这和他的身体训练一样让人印象深刻。直觉上,我们认为像穆罕默德·阿里、迈克尔·乔丹、朗斯·阿姆斯特朗或丹·盖博这样的人,拥有的惊人自信心和竞争力，才使得这些表演者与他们的竞争者有所不同，他们拥有的身体也许是平等的，但心却不是。表现专家是如何发展出一种杰出的心理的呢？这样一种精神构造是如何获得的呢？现在我们就来研究这些问题。

表现的成功和技巧

一个表现专家的机械性能良好。我的意思是，这个表演者坚持不懈地用正确的方法实施正确的行动。一个机械性能良好的汽车制造工厂，每天都用相同的方法制造非常值得信赖的汽车。易变性就是敌人；目标是坚持不懈的贯彻执行。像麦当劳这样的专营餐厅，拥有培训项目和营运步骤手册的原因是他们坚持各个餐馆营运都要一致。这种做法确保了每一个顾客都可以在米苏拉、蒙大拿和在莫贝尔和亚拉巴马享受到一样的巨无霸和用餐体验。好的外科医生对待所有的病人，都可以用一样干净利落的方式开刀；好的父母不仅要有爱心和关心，还要坚持不懈地做下去。

杰出的表演者表现出卓越的机械性能。当纽约市芭蕾舞团优秀的芭蕾舞演员罗氏·惠兰被她的未婚夫拍照时，他发现了令人震惊的事。每张照片上她跳跃的姿势看上去都是一样的。她头部的扭动，脚的角度——每次所有的都是一模一样的。泰格·伍兹的传记者，比尔·贾特曼报道到泰格挥棒的测验，显示出他用球棒的中央接触球的连续性令人吃惊。他每一次挥出的球都是科学家所认为的理想角度：9度。诺兰·莱恩报道说他在休斯敦当投球手时，仔细研究自己投球的录像，用电脑分析来修正，可以完全改变一次投球方向的小失误，如当抬起左腿时身体向前倾，以及太快扭动臀部。他的投球动作被分解成数个关卡：他可以投出一样球的表现因素。例如，一个关卡是在开始投球板的任何动作时，要把腿抬高到肩膀；第二个要检查的是直到左腿落地才能把球投出去。这些动作的结合确保了他在挥臂准备投球的动作中身体可以紧密地收拢在一起——尽可能长的隐藏他的投球——以及释放的球有最大的向前冲量。

像泰格和诺兰一样，泰德·威廉姆斯通过适当技巧的贯彻应用来主导他的运动项目。他站立时，两脚分开27英尺，将他的球棒垂直紧挨着地面，迈步向前走的时候翘起臀部。他的球棒要有精确的重量——要一盎司不多一盎司不少。在他的书《技巧的科学》中他讲了一个故事。有一次路易斯威尔公司给了他6个棒球棒，其中有一个比其他的重了半盎司。威廉姆斯闭着眼睛就可以把这个稍重一点的球棒挑出来。他不断地调整以求精确。

给予一个有优势的体制，当这种体制发生时，一个差劲的交易者每次都会进行不一样的交易。有时，这个交易者可以理解这种体制，有时却不行。有时，交易者有较大规模的交易，其他时候却没有。分录（entry）有时会晚，有时会早。例如，在 ES 合约中每 TICK 是 12.5 美元，看上去付的费用会很高。每天交易的合约数量不断增加，一年有 250 天要进行交易，你可以了解到不能始终如一进行交易会损失多少金钱。对一个每天进行 2 次 2 手交易的人来说一笔交易损失 1 个 TICK 一年就等于损失 12500 美元，或投资者持有的 100000 有价证券的 8%。

有些交易者通过指导原则来创造一致性，就像诺兰创造他的投球观关卡一样。原则可以是宽泛简单的——在当天价格走势的指引下进行交易——或者它们也可以是更具体的：你停损价格设置在当前 5 分钟的交易量，超过前 5 分钟成交的交易量时退出这个头寸。原则的优势在于，它们让你审视自己的表现——就像莱恩观察自己的录像一样——看看你的交易是不是机械性能不够好。原则就像麦当劳的餐馆指导方针一样，创造出可以评判表现的理想标准。

当交易是主观随意时就更难评估技巧的合理性，但不是不可能。当与交易者一起工作的时候，我观察他们是如何开始和退出头寸的，他们交易的频率是怎样的，以及他们倾向于将交易放在哪个位置上。我在脑海里想象出，当一个交易者在赚钱，他们是如何进行交易的一个示范模型。对我来说，这个模式就像是一个原则体系：它提供了一个，让我评估一个交易者表现的衡量标准。

回忆一下金斯特里的交易专家马克·格林斯波。他的很多成功交易，是暴涨或暴跌的交易，在这种情况下，牛皮市场会突然进入或高或低的价位上。马克最好的分录都在临近暴涨点或暴跌点上——而且经常是在变故最初发生不久之后。当他在暴涨或暴跌点之前，很早就进入市场的话，他预测市场动态,而不是确定动态的话,他就不太有可能会成功。经常,我所需要帮助马克的就是简单地用比喻的镜子来反射他的技巧。当观察他时我建立的模型变成了一个理想体系,而他可以利用这个来评估自己的表现。

然而,斯科特·普西尼拥有完全不同的专业技能。他迅速地买入和卖出头寸,很少有指导性的偏向。当他理智地进行交易时,他会迅速地从盈利和亏损的交易中抽身而出。他寻找的是稳健、重复的小盈利,而不是暴涨或暴跌移动中的极大利润。当斯科特不能像从盈利交易中一样,从亏损交易中及时抽身的话,他可以比亏损者有更多盈利的交易,但却还是赚不了钱。然后,他的技巧,就像诺兰·莱恩的一样,就需要进行调整——或许就是在开始交易时,将退出标准制定的更严厉一点这么简单。很多次,交易者需要进行的技巧纠正只是很小的改变,在重复很多次后会积累成更大的表现效应。泰德·威廉姆斯表现了作为一个平均技巧 250 击球员和一个名人之间的区别是怎么样的。400 击球员拥有将投出的低球打回到好球区去的能力。优秀的交易者也知道,何时退出某些特定的市场,以及何时参与到其他市场中,何时下买卖指令以及何时进入市场。

> 好的结果来源于坚持不懈地贯彻细微的改进。

当你指导自己进行交易时,你的责任就是对指导你自己的技巧负责。这并不容易。从一个中立的、客观的有利位置去观察自己是很困难的。在写作这本书的片段后,我需要把手稿放到一边一阵子,然后再作为一个读者来阅读自己的作品。这让我可以判断出那些写的不够清楚,不够好或者不够专心。当我在写作时是不能看出那些不足的,而如果我试图这样做时,就会陷入严重的文思枯竭的情况中。相似地,交易者在专心进行需要自动化的行为时,他们是无法指导自己表现的技巧的。像我一样,他们需要把他们的交易放到一边,再从一个不同的中立的角度来进行检查。感激的是,有很多特别的工具可以提供这种角度。

第六章 技能、战术、战略

提高交易技巧：交易健身房

　　录像、日记和收集交易参数是我发现的对交易技巧提高很有帮助的战略。我把这些方式再加上使用历史和现实交易的方式，称之为交易健身房。当然，一个健身房是运动员进行各方面训练的地方。一个举重房里有各种各样的设备和器械，让使用者可以针对特定的肌肉群进行训练。相似地，跑步机非常有弹性，可以让使用者保持一个理想的稳定不变的心跳速率，从而可以发挥最佳的有氧效果，也让跑步者可以改变惯常的程序，保持兴趣。

　　每一个表现领域都有自己的健身房，让表演者可以训练自己的技巧。对一个专业舞蹈演员来说，健身房就是有一个教练、镜子、栏杆和舞伴的练习房。一个国际象棋冠军也许会把一个复杂的电脑程序当作一个健身房测验战略、记录结果以及对它们进行审查调整。爵士乐手的演奏会通常并不只是为了娱乐和赚钱，也是对节奏、时机掌握和技巧的训练。

　　健身房通过磨炼技巧来培养表现能力。跑道是为云斯顿汽车大赛团队工作的后勤维修人员的健身房。这些团队都是技巧一致性的典范：在赛车竞争的压力下，和工作带来的很大的危险中，他们要换 4 个轮胎，并要在 13 秒内重新启动汽车。团队中的每一成员都需要有不同的技巧。布瑞恩·克劳普是 PIT 表现项目的发展部主任，他注意到推车胎的人需要有很好的手眼协调能力；打杂人员动作迅速，上身有很强的力量来获得杠杆作用。用秒表来进行团队练习可以提高他们的协调能力和为他们的时间缩小宝贵的几秒。因为后勤维修工作既要维修也要保养，团队成员必须在车发生问题时，迅速地估计问题所在并马上修理。这意味着在任何给定的时间内，一旦车开进维修站，就会有很大一堆专业人员围过来。好的工作人员的技巧不仅包括有效准确地表现一个人的技巧，还包括要用一种最不影响别的组员的方法来表现你的技巧。像一个打杂工的站姿如何，以及一个推轮胎的人如何放轮胎这样的简单问题，在任何多加的一秒，都可能导致汽车表现失败的情况下就显得至关重要了。在团队负责人仔细观察下的赛道上的团队预演提供了可以让组员掌握表现技巧，并将表现变得非常自动化的健身房。

交易新手倾向于将交易看作是简单的买卖行为。他们没有认识到，技巧在成功中所扮演的至关重要的作用。把交易简化为买卖过程，就好像把全国运动汽车竞赛协会描述成是停和走一样。在我们进入一个交易健身房的细节之前，我们先来看一下一些交易技巧和他们在盈利过程中所起的不同作用。很明显，其中一些技巧比起其他的和一些交易者更有关联，这取决于交易位置的不同（见例表6-1）。很明显，交易不是一种技巧，而是一系列复杂又互相关联的技巧，这与运动员训练和医生实习是相同的。

一个没有经验的交易者会看着一张图标，然后说："我认为我们价格正在上涨。"然后他会在市场中用所有的头寸数量来买进，看看交易是否会和他想的一样发展。一旦市场按照他想的方式发展，他也许会盈利，也许不会。但一旦不按照他的方式发展，他就会在很不舒服的情况下离开市场。这种交易者实施交易时既没有计划，也不系统。这种表现和有这样一种想法和一位"我认为我现在应该移动我的女王"的国际象棋手没有多大区别。

交易专家将赚钱和很好地进行交易区分开来看待。这种区别反射出技巧的一种意识。当像斯科特和马克这样的交易者，说他们的交易很好时，他们不是说他们赚了很大一笔钱。他们的意思是他们基本上很理智。技巧并不是很有魅力，不过他们对盈利有很大的作用。我观察过活跃的交易专家很耐心地观察书中的买卖指令，以便可以找到一个理想价位上的头寸。在进入市场前，这个头寸要低于市场价一个TICK，而不能再高了。相似地，我曾经见过优秀的交易者，当他们对自己交易想法的信心增强时他们就进入市场，在充分利用机遇的同时，降低他们显露的初期风险。在任何一天，这些技巧也许会让交易者避开不好的交易或为好的交易再增加几个TICK。不过，随着时间的流逝，它们渐渐区分出利润和亏损的不同，就像是后勤维修人员的几秒一样——在赛车过程中——可以决定领先的位置，并为它们的主人开辟一条清理好的道路。技巧是表现中乘数效应的积木。

表6-1 构成交易技巧的详细技巧

交易技巧
思想发展。将对市场的观察变成详细的交易思想；用正确的方法收集信息，得出有用的结论。
对市场情势的评估。估计市场是倾向于反弹、变化还是缓慢发展；确保这个交易想法对现在市场的发展是适当的。
买卖指令的增资配股。用对市场形势适当的买卖指令种类，将得到合理价格的可能性最大化。
买卖指令位置。选择与供求转折点相关的指令价格，因而，将损失降到最低，将机会变到最大。
买卖指令分割。进入头寸，降低最初显露的风险，获得最好的平均入市；退出头寸以确保从有利的市场运动中得到利润和益处。
头寸规模。为了在不利的环境下避免被风险摧毁自己的财产，要在交易上冒足够的风险，对确保收益率做出有意义的贡献。
头寸多样化。将风险分散在各个不相关的交易中，以便从市场参与中获利并控制风险的增加；选择最有可能从交易中获利的交易工具。
退出决定。当你的交易想法出错时，要确立明确的标准；在适当的时候中止交易，来管理每一笔交易显露出的风险。
弹性退出。在保留盈利潜力时，移动止损点来保护利润。
实施速度。迅速地做出和实施决定。
实施准确性。将买卖指令增资配股中出的差错降到最低。
信息处理的效率。在真实情况下监视相关的变量，以便合理的管理交易。

健身房开始的地方：观察

如果你没有能够区分好的技能和坏的技能的慧眼的话，你就不要打算开始表现自己了。你在健身房里使用器材前，一定要弄明白你在做什么，这一点是很重要的。

卡尔是一个不知道怎样工作的交易者。由于对市场还不是很熟悉，他在模拟交易阶段后进行一手、两手和三手交易。我走进他的办公室，观察他在一个非常慢的中午时段进行纳斯达克指数期货的交易。我认为，这个市场不会发生变化。市场好几分钟内都在一个很窄的范围内来回摇摆，并没有任何明显的倾向。NQ 合约高涨，而卡尔突然在市场中买了三手。

用一种很中立的口吻，我问道："你这里是怎么想的?"

卡尔抬起头，以非常肯定的口吻说："看起来我们的价格不会下降了。"

交易在那里停留了几分钟，然后市场开始返回到早先的价位上，使得卡尔亏空了 2 个 TICK。他继续坚持交易，但明显表现出很不舒服的态度。当交易又向下跌时，他就抛空了他的 3 手交易。让我惊奇的是，他期望我为他是一个可以迅速离开亏损交易并遵守交易原则的交易者鼓掌。

卡尔可以作为一个没什么技巧的例子来看。现在让我们来做观察者，审视一下他的缺点：

☆ 他没有真正的交易理念。"我们的价格不会向下跌了。"这并不是交易者进行交易的合理的保证原则。现实是，只要市场平均每分钟都能交易几十口合约的交易的话，那么我们哪儿也不会去（就在这里交易）。没有一个有效的交易理念，那么他在市场中就没有任何优势可言。

☆ 他毫无必要的放弃了优势。在变化缓慢的市场中，没有必要马上进入。如果他有一个确凿的理由要进入市场的话，他可以先获得一个买入价，然后只要有耐心的话就可以赚一个 TICK 了。相反，他在市场已经上涨的情况下，接过卖出价，将他自己暴露在那些已经获得买入价，并要准备收回所获利润的交易者面前。

第六章 技能、战术、战略

☆ 他下赌注太冲动了。一个好的有倾向性的市场，会为参与者提供无数机遇，即使你在交易形成向上突破点或向下暴跌点时，铁定要进场交易（有钱赚）的情况，你也要从容不迫地分批进场交易。用最大限度的头寸进入市场，将卡尔在还没有机会看清楚他的头寸会不会照他所预想的方向发展之前，就遇到最大的风险。

☆ 他的退出太感情用事了。与在交易没有按照他所预期的方向发展前退出相反，他在市场向反方向发展时退出。如果交易确实于他所预测的那样，会向一个上涨突破点或暴涨起爆点运行，那么交易就应该马上朝他所想的方向发展了。然而相反的是，他一直等到下跌到他开始心痛的底价时才退出。

☆ 他没有有效地处理信息。在卡尔进场交易时，根本没有证据显示，收购者正在填写买单，或有大规模的高价竞卖单。在市场朝他所想的反方向发展前，他没有能够看到收购者已经撤销了他们的指令，所以他不能迅速地退出。

卡尔是一个交易新手，技巧问题会出现在新手身上也是可以预料到的。不过，有趣的是，我发现有些经验丰富的交易者，也有相同的关于交易技巧的问题。有时，像待会我们会在书中看到的一样，技巧中的缺点与感情因素有关。例如，一个交易者也许在一个很苦难的月底，感到很难赚到钱，这种压力让交易者很冲动，因而无法明确地判断出一个套期保值操作，或等待一个好的价位。其他时候，有缺点的技巧是用在交易生涯中所学的坏习惯来展现的。例如，交易者会在不注意观察当前市场易变性之前，盲目地把停留点定在离市场好几个 TICK 远的价位上。在很多移动不错的市场中，3 个 TICK 代表着随机的移动；一个团体参与者的一份大的指令单，就会引起一次移动停滞。这并不能说明基本的交易想法是不正确的。

我与像卡尔这样的交易者一起工作的目标是，让他们能够成为对自己技巧进行密切观察的人。这意味着要将交易执行放到和整体盈利一样重要的位置上，也意味着要把重点放在包括从头寸规模到退出市场在内的交易管理上。大多数交易者希望把交易当作某种事物：要么盈利，要么不盈利。然而，表现中的技巧将交易视为过程。这个过程不只包括你所做的，也包括对于一个技巧方面的指导者来说，你是如何做的。

> 收益率是好的交易方法的作用，并不只是一个好的交易的作用。

一个观察清单

当你在观察自己的交易技巧时，你会怎么去做呢？借着卡尔的经验，这里有如下几点可供参考：

☆ 我有一个完全成形的交易构想吗？在我交易的时间周期内或者高于这个周期，我的想法适合当时市场的情况吗？它符合当时其他相关市场的运动情况吗？它与我在市场中注意到的供求关系符合吗？我的想法和我所有的交易战略，以及那个交易日的战略一致吗？

☆ 我是在一个好的价位上开仓头寸的吗？如果我马上交易，我能在该头寸上承受多大的打击？如果我进入市场的话，头寸会马上朝我所预期的方向发展吗，或者我可以通过下一个买卖指令来获得一个更好的价位吗？如果我下一个指令，我会完全成交吗？如果不能，我可以借助紧急融资来维持我的交易底线，维持交易中风险和回报的一个良好的比例关系吗？我能进入到一个能最大限度地利用我的交易想法的价格吗？

☆ 我的头寸规模对我的风险管理来说合适吗？我是在一个一天/一周/一月内，不会过度损失自己利润/亏损的交易数额中冒险吗？或者，如果交易照我想的反方向发展的话，我会是在冒着自掘坟墓的风险进行交易吗？我是最初以最小的风险进入交易，观察头寸会不会向我所想的方向发展的呢？还是我在看清楚市场如何对待我的指令前，就已经将自己暴露在最大的风险中了呢？

☆ 我是在用正确的工具，使自己交易想法最大化以及使风险最小化的吗？在众多交易想法、工具和时间区间中，我的风险有没有变多？我能确保自己的交易不相关，或者我是不是真的，将所有的资本都赌在一个方法或工具上了呢？我有没有对最有可能使我从我的交易想法中获益的特定的市场和工具进行评估和深入研究呢？我的交易想法都是各自独立的，还是我已经对市场形成了一种根深蒂固的观点呢？

☆ 当发现我的交易想法不对时，我有明确规定退出标准了吗？我是提早已经知道交易会带来的后果了呢？还是在损失很大、非常心痛的情况下退出的呢？我是在我亏损前已经发现，交易不是按照我的想法发展的呢？还是我是用亏损告诉自己，交易没有按照我的想法发展的呢？我会移动自己的停损点来保护交易中的利润，还是我会让赢家变成输家呢？我是会退出交易来保护自己的利润，还是我干脆回家，将纸面交易过度地暴露在风险中呢？

☆ 我是不是会通过在交易中紧密监测市场来确保让我进入市场的供求状况依然有效呢？当我在交易时，我是积极的监测市场，还是被动地观察呢？我是基于市场状况来寻找进入或退出市场的机会呢？还是置之不理交易呢？我是积极地一次又一次评估交易的风险/回报，还是一直停留在最初的评估中呢？

这些技巧对交易来说，就像是步法和姿势对拳击的重要性；掩护、灌篮和传球对篮球的重要性一样。它们和战术不同。战术会告诉你该做什么，以及何时去做。战术是来自于更宽泛的战略中的行动。技巧是你不管战术而实施行动的基础。战术指导一个篮球队是进行区域防守，还是人盯人防守方式，是将球直接推过前场，还是建立详细的作战计划。技巧是基础：当防守运球员的时候要站在球前面，不要带球移动，等等。战略和战术确保我们所做的事是正确的；技巧确保我们是用正确的方式在做事。

当陆军别动队执行模拟任务和训练基本技能，直到他们的技巧变成自动化之前，战场就是他们的健身房。除了模拟任务外，还有行动后审视，指导者会回顾团队——还有他们个人——哪些做对了，哪些做错了。上面的清单是对交易者的一种行动后审视：你可以用来检查自己表现的一系列准则。

> 你的目标是，把每一个清单中的行为，通过将其重新一遍又一遍执行的方法，把它们转换为一种习惯模式。

好的交易基础所起的作用不是原则，而是习惯。你要做到把进入和退出交易看作是每天早上都进行的洗脸刷牙一样，而不是试图把尽可能多的素食放在规定的饮食里。

风险管理的技能

注意上面列举出的技能中，有多少归根结底是为了进行适当的风险管理。让我很吃惊的是，和我接触过的大多数交易者并不理解他们遭遇到的风险，以及这些风险与丰厚的回报之间有什么关系。我发现，越来越多的交易者会失败，更多的是因为他们在一小部分场合中没有理解并及时掌握市场的下降趋势，而不是因为他们一直亏损。那些赢多输少的交易者，只有在月底或年底时才会缺钱，我发现这种情况并不是完全不常见。这只有在亏损交易的平均规模超过盈利的交易时才会发生。

学术研究告诉我们，从大多数交易回报来看，工具的使用量并不是很正常。换句话说，它们拥有"边缘分布"：如果回报是遵循通常的模式的话，更多无法预料的极端情况就会出现。这就意味着3、4次，甚至是5次标准误差的极端大起大落就会有可能发生，而与时间区间无关。1987年10月和1997年10月，我们看到这种极端回报的下跌性例子。1982年8月和2003年3月开始的牛市是描述极端上涨回报的例子。让这些情形有危险性的是它们倾向于聚成群。这被称为序列相关：易变性紧随着易变性发生。在一个有倾向的市场中，你可以在一系列日子里，经历好几次的极端大起大落。没有适合的风险管理，这些市场运动肯定会摧毁一个交易者。

在《交易风险管理》一书中，肯尼斯·格兰特建议交易者，将他们的风险限制在他们全部资产的一个特定比率内。回忆一下早前提到的一个例子：如果你的交易方式有60%的时间是正确的，你会在40%的交易中遭遇失败，不计佣金和其他花费。你遭遇4次连续亏损交易的可能性是第四次的40%，也就是差不多2.5%。如果你频繁地进行交易，这种情况一年会发生不止一次。如果你在这些场合中任何一个场合，亏损接近10%的话，你的财产会损失得很厉害，强迫你只能收回剩余资本的60%，仅仅可以回到收支平衡点。

在市场风险中存活下来的另一重要方面是一个人全部资产的规模。如果这些赌注只是一个人全部资产的一小部分，那他就更能够在适当赌注的连翻亏损中存活下来。事实上，维克多·尼德霍夫在《投机客养成教育》一书中观察到，如果开始有一个交易者想将1美元变成10美元，他将要失败的可能性是66.1%，即使是获胜的可能性也只有60%。一个人需要多于4美元的钱去追求10美元——即使顺利，也是60/40的机会。不难看出，如果没有适当的风险管理和一小笔财产的话，大多数交易新手就注定要失败了。

当然，这个分析跟交易者心理并没有多大关系。面对2到3个连续亏损惨重的人，很多交易者会适当地改变交易技巧。他们预测交易方式，加大投资规模以希望将亏损的钱赚回来，或者更加频繁地进行交易来补偿亏蚀的钱。结果是一个开始有合理风险参数的60比40的交易，现在变成了有很大风险的随机硬币投掷。在这些情况下，我看到交易者在一天的时间内，就输掉了几个月的利润。要想在财政上和情感上从这样巨大的创伤中恢复过来是很困难的事情。

如果一个人基本按照格兰特的好建议行事，将每日最大的损失限制在总资产的一小部分内，然后当损失在盈利期间发生并增大时立即将交易规模缩小。这有一个天然的优势，即让交易者在行情不好时进行较小规模的交易，在行情好的时候进行较大规模的交易——这是一种趋势跟踪交易法，这使得交易者能够很好追随趋势。不过，现实情况是风险是始终存在的。你是用一定比例的资产组合，在行情良好和不好的时间内，进行一个60/40的交易赌博。

一部分交易情感问题，可以追溯至不适当的风险管理。

在我的交易中，我制定出相对完整的原则，我想在连续 8 天市场保持最大限度下跌的情况下生存下来。如果我将下跌额定为全部资产的 3%，那么在亏损的最后，我仍然有全部资产的四分之三。如果我将每日最大的亏损额定为 5%，在这些连续的亏损后我的账户余额就会减少三分之一了。我需要一个 50% 的盈利才能保证不亏本——也就是需要不少于原先资产的 30%。为了我自己的精神健康，如果我有一个风险容忍度，我不会希望亏损 50%。永远不会。也就是说，如果我没有对冲的话，我希望我的下跌底限是 3% 而不是 5%。（显然，一个有对冲的全部资产可以比没有对冲的在市场风险中支撑得更久一些。）

> 在风险管理中运用适当的技巧，意味着可以了解每笔生意的风险，每天的风险以及被允许的最大限度的风险。

这些会暗示买卖指令的增资配股，指令的规模以及亏损停止点的设置。这也是为什么这么多机构投资者进行避险投资组合的交易的原因。有适当的避险投资组合，你就可以从无法预测的市场或无法预知的新闻事件中，将你的投资风险降到最低。投资经理也是多元化的，这意味着他们将风险散布在不相关的交易中。大多数个体交易者是根据市场头寸来思考的，而不是根据市场投资组合来思考的。结果，他们就比机构投资对手暴露在风险中的概率更大。通常情况下，他们试图通过限制持股时间来控制风险承受程度。然而，这种方法也可以带有欺骗性。如果你将持股时间控制在几分钟之内，你就会任由那些在平淡市场将市场推的更高或降到更低的大交易客户摆布。带有严格止损的频繁交易，可能比持有头寸而不设止损一样危险。一个在数千个随机的亏损中将你领向死亡；而另一个会让你在市场简单的逆向移动中马上死亡。

在套期基金中，为交易者专业管理风险的格兰特总结到，在交易的职业生涯中，99.9% 的交易者会经历大幅度的下跌。我个人的战略是，假定我在某个点上会亏损的话，那么用这种方法进行交易，我就可以一直留在游戏中。这也许没有大规模的波段交易那么有吸引力，不过它可以对交易者心理和投资账户很有效果。和其他技巧一样，关键是把风险管理的要素——头寸规模、阻挡等等——变得尽可能自动化。向泰格·伍兹或泰德·威廉姆斯一样，你要让你的挥杆动作每次都一模一样，大概要一遍又一遍的进行操练才能做到。

精神分析学家的建议：明确在情感上会激怒你的亏损的程度（每一笔交易、每一天、每一周，等等），将你的风险参数很好的限制在这个程度里。如果你在情感上不能贯彻如一，那么你就不能持之以恒的进行交易。

将支持战术决定的技巧自动化

如果交易者的战术有问题，那么最好的技巧也无法让他们获利。一个在卖压强悍的市场，只是在配置和管理订单上都做得很好的人，会比一个本质上不理智的沽空交易者亏损的钱要少，但他或她仍然还会亏损。蹩脚的技巧会破坏好的交易构想，而好的技巧自己本身不会提供机会。如果一个交易构想不能在特定的时间区间内充分利用供求不平衡的优势，那么不论这个构想实施得有多么好，也不能赚到更多的钱。

交易者越来越发现，适当的战术需要在技巧上的投资。当周·马克曼在股票选择和财政新闻工作开始他的职业生涯时，他首先开始的其中一步是将矛头指向 MSN 股票评分系统 Money StockScouter，这是一个审查市场中各种各样的达标技术、基础和机构所有权标准的股票系统。没有复杂的审查工具，他就不可能对市场进行深入挖掘，找到埋在踩出来的道路下的高度表现股票。相似地，为交易构想审查软件进行模式管理的大卫·阿菲里亚特近来对我强调到，"好的技术会帮助一个交易者，专注要参与的投资领域"来对抗更有经验的，以及资金更强大的市场参与者。他把在真实环境中创造不断更新的多层审查的交易构想项目比作是一个深海航海者。如果觉得深海生活在一个特定深度的市场上没有趣，技术会让交易者转移到一个不同的深度，并揭开之前没有看到的生活。就像军事上利用卫星照片和电子智能来收集支持决策的信息一样，交易者可以在这种审查工具的辅助下，扩展他们的认知能力。

最优秀的表演者也会研究他们的敌人，并用他们的观察制定战术。

丹·盖博对录像里的对手情况做出笔记，用此来学习他们的优势和弱势。他还鼓励研究统计学来评估对手。诺兰·莱恩同样也在研究击球员的倾向性，就像泰德·威廉姆斯知道如何预测投球员的投球方向一样。国际象棋大师研究比赛对手的棋局；篮球教练花大量的时间来观察对手的比赛录像，希望找到可以利用的弱点，以及可以防范的优势。就像陆军别动队队员进行侦察，并用信息来指导一次袭击一样，交易专家将他们的战术适应到当前的市场形势中去。

在《交易心理学》一书中，我用穆罕默德·阿里打败乔治·福尔曼的案例来作为技巧迅速转变的一个例子。当在扎伊尔室外运动场那炎热潮湿的环境中面对福尔曼的挑战时，阿里开始"丛林之战"中利用他较大的手劲和脚上速度采取进攻的战术。然而，在第一回合结束时，他意识到他不可能在整场战斗中都保持这个速度。他也不可能远离更为强大的福尔曼。他改变了战术，采取了以后被称之为"倚绳战术"的防守性姿态，让福尔曼采取进攻，偶尔逗弄一下他的对手，以展现他不会受伤。最终，福尔曼在扎伊尔炎热的天气下精疲力竭，为阿里精彩的一击提供了机会。阿里的迅速处理和交易者依据检测到的暴涨或暴跌移动所做出的转变实际上是一样的。一旦他们发现让变化范围内的套期交易方法慢慢变弱直至不可行，而进入市场的成交量正将市场推到这些极端之外时，他们就改变战术并跳出了持续的市场变化。

在我自己的交易中有一个简单的例子。我在交易日中最重要的战术决定之一是要不要进行交易，如果我要交易，是应该谨慎的交易，还是应该大胆的交易。为了做这些决定，我依靠有预测能力的模型来预测下个交易日的易变性。模型中的一些输入信息包括前一天的易变性、夜间交易范围的交易量和易变性、纽约股市开盘前的欧洲市场行为的平均数以及在市场开盘期间的交易量。如果模型显示是一个易变性低的一天，我就不会跟随走势的模式来交易——易变性低的市场倾向于变成窄幅市场——而我也不太可能会采取积极交易的方式。我的战术将会是确定市场幅度中套期附近的地点，在这里买或卖都无法承担一次暴涨或暴跌，然后进入一个可以让我从返回到交易区间的移动中获利的价位上。如果模型暗示第二天可能是一个易变性高的一天的话，我就会用短期走势模式来操作，并充分利用上升市场中的拉回或弱市中的反弹效应。

我的大部分市场侦察是通过对市场行为的历史性研究来进行的。这些分析一直按照我每天练习的模式进行（见表6-2）。这个模式的作用是，找到现在市场的几个显著的特点，然后调查当这些特点出现时，以前的市场中发生过哪些典型的事情。因为我知道我的数据系统中，哪些变量可以定义最有意义的表现模式，我就可以很有效率的进行这些测验，将发生困境的可能降到最小。整个过程通常不到一个小时的时间。一旦完成了，结果就会符合下面3种概括的其中一种：

☆ 没有优势。测验结果不一致或没有表现出有特点的一系列期望。我要么就不进行交易，要么就进行小额并谨慎的交易，依靠我在交易日所发现的交易模式来进行。

☆ 优势一般。综合的测验结果表明有一个指向性的趋势，但要么测验中出现不一致的现象，要么结果不是非常重要。这样的话我会有选择地进行这种模式的交易，只要我可以得到很好的价位并仔细的处理下跌情况。

☆ 优势很强。综合的测验结果表明这天有一个有特点的趋势、一个很明显的优势会进入。这时我就会变得更大胆，得到机会的可能性也是最大的。

表6-2 分析中的战术信息收集技巧

用历史市场信息来确定交易中的优势
确定目前市场中的特点。这些经常会是某些极端，例如在一定时间内的大额价格运动，或对一个指数的不明朗的预期。这个极端也许是以一天为基础，但经常是会持续好几天。
确定一个与现在市场相似的历史回顾时期。如果我们处于牛市，我就只会选择牛市的数据，或最近与牛市相似的市场的数据。如果我们处于一个活跃性低的市场，我只有阅读这个市场的数据，以及有相似活跃性的市场的数据。你想要知道以前在出现你现在面对的问题时，市场出现了哪些历史变化。

确定以前当典型事件发生时市场是如何变化的。我大概会用两种方式在实例中寻找误差：(1) 平均来看，在这些典型事件后，市场是显著的上涨还是下跌，以及 (2) 这些典型事件发生后，上涨和下跌之间的比例是否有一个明显的差别？我还会看看在这些有选择性的市场事件发生后，市场的某个部分（例如，低市值公司股）是否比其他部分表现出更强的指导性偏向。这也会帮助我做出如何进行交易的决定。

依据时间，将回顾的实例分成两半。我想看看我在整个实例中注意到的模式，是否在这个实例的两半中都适用。如果最近的例子和早先在实例中发生的不同的话，我需要考虑市场在改变，它的行为这种可能性存不存在。总体上来讲，我会把最近的例子看得比更早期的例子更重要一些。

进行新鲜的、独立的测试。我会回到第一步上，确定现在市场中其他独立和典型的特点，通常是在不同的时间区间中。然后进行一系列的测验，来看看这些新的模型中的指导性偏向和以前发现的一样不一样。当有准确无误的分析指明道路时，最优秀的交易就会出现了。

这个程序的好处在于，它为我提供了一张表现今天期望的寻宝线路图。这既是一个心理优势，也是一个逻辑优势。

请注意，我的最重要的战术决定之一就是何时不参与游戏。如果我在市场中看不到足够的交易量和易变性，我就会知道在我的时间区间内，单一方向性移动的可能性很小。与扩大我的时间区间然后再离开游戏相比，我更倾向于选择不参加游戏。这与一个扑克牌手开始有不配套的一张2和7，然后决定放弃的做法是很相似的。为什么在机遇不站在你这边的时候，还要继续进行游戏呢？与我一同工作过的很多最优秀的交易者，在交易缓慢下跌的时候，会在中午时离开交易场所一会。这样做的用意有以下几个：

☆ 让他们可以清醒头脑重新集中注意力。

☆ 让他们可以在机会小的时候暂时离开对交易的追逐。

☆ 为机会最大的阶段节省他们的子弹。

对交易量和易变性的监测是将市场中的运动是怎样的这一点看作最重要的一种方式。历史测验是一种方式，用来确定预期的运动中是否有指示性的趋势，以及在这个运动中使用什么样的工具最合适。《股票交易者年鉴》一书的出版，商杰夫雷·何希观察发现，"那些研究市场历史的人，肯定会从中获益。"交易中的最佳地点，如同泰德·威廉姆斯击球时的最佳地点一样，是那些我们可以用明确的代表性趋势来有效地预测市场运动的点位。避免投出的球被接到的方法是在几乎没有动作可以被预测到的情况下进行投球，没有任何可以被识别出的指示性优势存在。我发现只要离开那些不能提供有特点的优势的市场和市场阶段，获得收益的可能性就会很高。总而言之，就像年鉴的创始人耶鲁·何希所强调的，"如果你没有从你的投资失误中获利，别人就会。"

> 如何进行交易和进行什么样的交易，是受到何时进行交易的支配的。

最近我询问德尔塔市场项目的开发者特雷弗·哈奈特觉得交易者表现中最重要的是什么时，他指着所有最重要的战术考虑当中之一说：对交易环境的意识。他说"我说的'环境'，举个例子就是有方向性的，或向一边倾的市场。很多交易者不能辨认出他们处在怎么样的市场中……这种情况经常出现，是因为交易者没有退回一步，没有试图去理解在这一天的过程中市场是如何发展的。"他创造处的德尔塔市场就是这些因素——引起环境改变的买方和卖方的活动——的一个看得见的表现，是让交易者可以提高，他们对变化的市场的阅读能力的一种资源。这样一种工具，如果运用适当的话就是学习战术以及何时应用这些战术的一种设备。

你的详细的战术也许和我的以及特雷弗的区别很大，这是由于信息收集方式不同。不过，从某种程度来说，你可以把收集的信息分解成诺兰·莱恩所说的各种各样的关卡，这样你就可以把选择战术的大部分过程变成技巧中的一种。对于任何类别的交易来说，关键是对于收集信息和从数据中做出决定来说有理智和不理智的方法。当用于交易决定的信息是来自可复制的过程中时，那么接下来就会很自然，并且很迅速地将焦点集中在重要的交易方面：如何交易（长或短）、进行什么交易（哪种股票、板块或市场）以及何时进行交易上，就像阿里一样。一个真正的交易专家的一个特点是迅速将交易战术应用到改变的交易条件中的能力。当你思考的时候，这也要有急救室中专业内科医生、战场上的指挥官和教练所具有的一个特点。

当战略失败时：金字塔顶端的难题

就像在不适当战术的面前可靠的技巧无法产生利润一样，如果中心战略出现错误的话，正确的战术也不会使你获得成功。战术可以打赢战斗，但战略却可以打赢战争。好的战术可以把一件产品卖给一个顾客，但如果这是商业买卖里的一件错误产品或次品的话，这个公司就要倒闭了。有战略才有机会，这并不仅仅是找到假定天数里的优势，而是在商业买卖中建立自己的全部优势来源。理想状态中，通过战术实施战略就像是通过技巧来实施战术一样，这可以概念化为一个金字塔。（见表6-3）

交易者的难题可以在这个金字塔的任何一层上发生。新手倾向于将技巧和战术失误简单地看作是没有经验的结果：他们不能找到好的价位，没有清晰的退出概念，并将他们暴露在很大的风险中。他们不能认清当前的市场状况，因而，不能适应市场的变化。当有经验的成功交易者出现技巧和战术上的失误（即像新手一样进行交易）时，那就经常是一个情绪上的问题，因而需要亲自动手进行干涉，来重新建立对交易的掌控。

然而，有时当非常成功的交易者——那些在一段相当长的时间内可以赚6位甚至7位数钱的人——会在一段相当长的时间内马上变得很害怕。几乎是一定的，这是战略失败的时候。

马库斯就是这类交易者的一个很好的例子。他通过进行个人自有资本的交易过着非常舒适的生活，并成为交易委员会中一个颇为出名的人物。他非常熟悉市场技巧，并拥有一种跟随走势的可以被描述为很松散的交易方式。他所做的就是每天观察那些展现出上升势头的股票。然后当他发现整个市场呈现稳定状态时,他就会在交易的第一个小时里进入这些股票的头寸。这个战略看来很好,而他的战术——找到与交易相关的好的力量股,在每日最活跃的时候进行交易——看上去也很合理。无意识地,他会很小心的不去追逐着购买股票,并聪明地利用杠杆作用利益,将交易分散到各个交易构想中。当购买强势股时,他也会购买一些弱势股,进一步地创造交易的多样化。总之,他是一个收益稳定的交易者。

而现在唯一能确定的事情是,他不能赚到钱了。

表 6-3　表现的金字塔

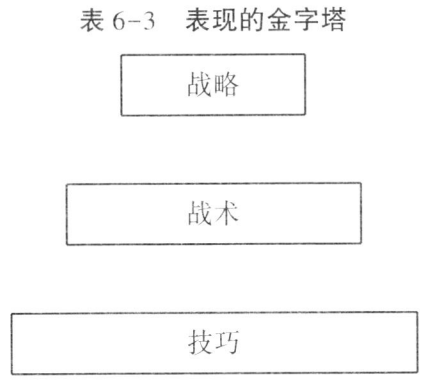

一个接一个地,他的交易都亏损了。他绞尽脑汁,想找到哪里做错了,以至在进程中产生了这么多的挫败。这反而加速了他的衰败,同时也使他相信他有必要找我谈话。

一个指导者面临的最困难的挑战之一是决定到底是一个基本上的情感问题干扰了表现呢,还是一个表现问题导致了情感出现很大的波动。这两者之间有着紧密的联系,因此在情感和表现之间有一种静态的互相影响。但是,解释鸡和蛋(即因和果)这个问题还是很重要的。当最终显示这是一个交易技巧、战术或战略上的问题时,大量的时间和精力也许已经浪费在进行心理战略的工作上了。

我在马库斯的战略上做了一点研究,下面是我所发现的。随着时间的流逝,他进行交易的股票领域的平均日交易量一直在增加。很多都是属于 Russell 2000 中的小股票范围;还有很多是有高市场回报的纳斯达克股票。

从一方面来说，他们在交易量上的增加，反映了这些板块的不断增加的受欢迎程度。我注意到，当这些板块的交易量不断增加时，他们与大型股票指数相关的短期价格也随之增加。中小型股票开始和道琼斯平均指数，以及标准普尔期货 500 平均指数的交易方式越来越相似。我最准确的猜测是，部分是由于不断增加的套汇交易，让市场指数和板块相互之间保持一致。

自从 2003 年到 2005 年易变性离开了大型资本指数后，这个运动的缺失也影响了纳斯达克和较小的股票指数。很明显，大型股的力量在短期内倾向于翻转而不是继续，在时间区间里创造出窄幅交易。我的研究指出，当较小型的股票与较大型的相应股票获得相互联系时，他们也开始在相反走势的方式下进行交易了。强势再也不能引起强势了。

马库斯的问题不是心理上的问题，这是战略上的问题。他所观察到的是市场已经改变了。这就好像是灯泡已经熄灭了一样——以前起作用的现在已经不行了，这并不是夸张的直觉。这个战略确实曾经起过作用，而现在，由于在商业买卖中的参与不同了，它就不能提供一种优势了。致力于提高他的心理素质并不能帮助他的利润/亏损，也不能让他的技巧或战术变得更厉害。这种调整如同在铁达尼号上广为人知的轻便折叠躺椅的移动一样，只会预兆着一个悲惨的结果。

马库斯的问题有两个解决办法：要么他改变战略，要么他需要找到适合他现有战略的不一样的交易工具。他不能再依靠跟随动量走势的模式来作为他在组成主要指数的股票中的谋生之道了。当 IBM 发现世界朝着文字处理方向发展时，它没有一直按照销售 Selectric 型电动打字机的战略行事。它将资源转向了个人电脑市场。当这个市场已经普及化的时候，公司又转向了强调针对电脑使用者的高水平服务上了。由于商业市场的改变促使公司进行进化，财政市场经历剧烈的转变，这些都需要交易者改变他们的战略。

总之，马库斯表现了他在交易中的一阶能力，但是正在努力想要拥有二阶能力。他可以用一种方式成功地进行交易，但现在需要学习如何适应变化了的市场条件。就像一个大学篮球队培养明星一样，他的任务是重塑自我。为了找到一种新的战略并将它应用到交易中，它需要重新进入一个学习曲线。

> 当市场发生变化时,交易专家很容易迷失方向,失去他们的优势。

能最好预测能力返回的唯一事件

马库斯现在恢复得很好。他转变了战略,强调将不能和大体的市场一起上涨的股票卖空,买进那些可以在市场下跌时保持很好的上涨趋势的股票。这让他从宽泛的市场在倾向于翻转的短期运动中获利,同时也充分利用他选择股票的能力。当实施新的战略时,他会缩小自己的交易规模,并明确规定为进入市场而准备的新战术。例如,他正在利用一些自己对市场股票的新观察,发现在收益新闻发布的时间左右交易十分活跃,并追踪这些股票相对力量的改变。这让他在股票运动时进入交易,从投资者和交易者的过度反应中受益。

但是马库斯正在恢复过程中,并不仅仅是因为他找到了一种新的战略。大多数有经验的成功交易者,只要有足够的时间都可以找到一种有希望的战略变量来进行交易。问题是他们时间不够。

原因很简单。在交易辉煌的岁月里——即他们的战略十分奏效的日子里——他们没有节省自己的金钱。他们买很贵的房子、进行奢侈的旅行并生活得很舒适。因为已经得到了成功,他们想要夸耀自己的成功,想要享受成功带来的舒适安逸。他们从来没有想到过辉煌的日子,就像斯普林斯汀的歌声一样,很快就被抛在他们身后了。

> 让我来明确地解释一下。我看到过很多成功的交易者,因为对个人财政的不善管理而出轨,而不是因为别的原因。

曾经有一个交易者因为需要过着挥霍无度,以及成功的生活而被毁灭了，要想在情感上再返回学习曲线上的一角也是很困难的。缩小一个人的交易规模，并学习找到新的窍门是很困难的，想要找寻重新回到模拟器，并测试新的战略时的谦虚态度是很困难的。因为处于自大傲慢的状态，交易者即使是在他们的战略彻底失败后，依然坚持交易很长一段时间。他们负债太多，已经没有机会再重整旗鼓了。

最近，我在金斯特里与帕布罗·梅尔加雷霍一起走向电梯。这位交易专家指出新的交易者应该尽可能多的通过在模拟器上交易的方式来学习如何交易，这种做法曾经一度让我震惊——但然后又启发了我。我们在一起讨论市场交易的变化，然后帕布罗指出，有很长一段交易生涯的交易者是那些在困难时刻坚持生存下来，然后当他们的战略发挥作用时获得成功的人。也就是说当优势薄弱时，接受较小的交易规模和赚取较少的利润，当有好的时机时就大胆勇敢的追逐机会。那些从来没失败过的交易者进入了好的时期。但当他们能够看到牛眼已经为时晚矣；他们已经没有子弹了。

自从2000年金斯特里开创以来，帕布罗就一直待在那，已经经历过好几个变化的市场。这些改变让他可以在众多市场中寻找成功的机会：美国和国际股票指数，德国政府债券，债券和钞票，以及一系列商品市场。"一些人已经被困在一个市场中了，"帕布罗解释道。"不要害怕尝试新事物。你需要变得谦虚，把它当作一种事业打交道，而不是当作一个工作。"的确，帕布罗将他的成功归功于"美元的高价值。我的风险/回报就是我生命中最好的部分。就算我有一段时间对交易没什么兴趣了，我以后还是会回来的。"

这种谦虚的匮乏让交易者为自己自掘坟墓，无法逃避。他们假定，好的时期马上就会到来，而他们将来一定会把钱全赢回来的。由于有这种过分的自信，交易者在对美元价值的追求中失去了理智。"交易最差劲的一点，"帕布罗告诉我，"就是它把人改变了。"很有讽刺意味地，这种成功造就的改变同时也是源于失败的改变。一旦一个交易者变得对交易带来的收入以及生活方式着迷了之后，在心理上交易者就很难再重新进入学习曲线了。

有句谚语是这么说的，凡人皆有得意时，对于交易战略也是如此。没有一个战略是永远管用的——当你开发出自动的交易体系，然后在真实环境中进行交易时，你就会很明显的发现这是一个真理。如果你用一个战略变得成功了，很有可能其他人也会被这个战略吸引，千方百计地利用它，最终这个战略的优势就被降低了。走势来了又走，易变性有涨有落。二阶能力是让人在定义新的战略，或对于已有战略的新的应用中坚持生存下来的能力。

> 对一个交易者，是否具有适应新市场的能力的最好的预测是依据交易者的流畅性而定的。

在好的时期，储备金提供了在获利少的市场中存活下来的机会。专业技能的成长更准确地说是一个环形的过程，而不是一个直线过程。一个人重塑自己需要的是准则，而不是例外。

如果你从这本书里没有学到更多的东西，那就这样吧。对于交易者来说，无论在好的交易时期还是差的，最好的态度就是智慧；这同样也是会随着时间而消逝的。

发展成功战略的最大障碍

成功的交易开始在市场具有优势，以及可以充分利用这个优势的适当的技能和战术。交易者的战略是他们优势的来源，这是他们有能力洞悉市场供求关系的运行模式，并依此做出交易决策。这样的战略是经过很长的时间积累后才可以形成的，要么是基于长时间对荧屏录像阅读的技巧之上，要么就是基于彻底研究后形成的结构完善的交易体系之上。

> 优秀的战略是天赋、技巧和机遇三者结合才能构成的。

不幸的是，很多交易者不让自己有机会去培养这种优秀的战略。为了寻找迅速的利润回报，他们很快地从一种交易方式转到另一种。他们了解很多交易技巧，但却没有一种精通的。

当我们对自己的能力失去信心时，这种事情就经常会发生。被一系列的失败所动摇，我们会放弃那些以前曾获取过胜利的方式，然后开始用一种既不适合我们的个性，也不适合我们技巧的方式进行交易。系统交易者也许开始会用随意的判断来改变他们的体系；短线交易者会预测他们的头寸的目标价位，然后更长期的持有头寸。两件事需要做：一件就是调节我们的交易方式来适应变化了的市场条件；另一件则是完全放弃我们的头寸，从一种交易方式转变到另一种。

《掌控交易》一书的作者，以及交易市场监控服务的开发者约翰·卡特已经看到，有很多的交易者试图寻找传说中的圣杯。他最近跟我强调道："一旦业余交易爱好者停止寻找'下个重要的技术性指数'，并开始在每一次的交易中，可以控制他们的风险时，他们就成为专业交易者。"

"寻找那种几乎在任何时候都管用的安全指数，会将一个交易者带往一条充满尸体、破碎的梦想和结巴的笨蛋的道路上，"卡特解释道。"很多交易者将一生剩余的时间都用在这种寻找上。很有讽刺性的是，中国现阶段的人们都将自己当作是成长中的交易者，而实际上他们的成长已经溺死水中了。"卡特认为这种类型的交易者是那些当市场交易走势已经明显一边倒时，仍追逐那种在75%的情况中都会失败的曲线匹配的交易体系，和跟随趋势方法的人；以及那些在暴涨或暴跌走势下，仍坚持使用一成不变的基本工具而继续赚钱的战略投资者，这样做的最终结果是完全改变了指数的表现。

很明显，完美主义在阻止我们培养优秀的战略过程中起了一定的作用。从一种很重要的意义上讲，交易中的完美主义者所追求的并不是赚钱。他们试图不要亏钱。他们对亏损的容忍，让他们不断地从一种交易方式跳到另一种，为的是寻求一种市场不能提供的确定性。

> 成功的交易者勇敢地面对风险和不确定因素，而失败的交易者则是寻找避免它们的方法。

"主要是因为交易专家寻求的不是下一个最好的东西，"卡特强调道。"交易专家把重点放在限制风险和保护资本上。业余交易爱好者将重点放在他们在每一次交易中可以赚到多少钱上。永远是专家把钱从业余爱好者那里拿走。"

> 成功的战略将机会最大化；他们不会消除不确定性。

自我观察和录像

没有比在沉浸于表现中仍然思考有关表现方面的问题更能干扰一项表现的了。我们大多数人都对会影响说话者和做测验的人所表现出的焦虑很熟悉；对自己表现的担心将一个人从沉浸状态中拉了出来。因为这个原因，你对自己技巧、战术和战略的观察和评估需要在交易之外进行。进行交易的时候，你就是一个交易者其他时候，你是这个交易者的指导者。

让一个活跃的交易者对他们交易的详细情况都记忆深刻是不可能的。即使他们可以记得进入和退出的价格，他们也不能完全想起进入交易中所用的全部技巧——对供求关系的理解、进入和退出的规模。他们也不会记得让交易富有生机的战术：在那时，市场如何进行交易，与它那天的变化幅度和其他市场都有所关联。认知心理学家发现，记忆是一种变化无常的现象。我们倾向于对最生动逼真的东西，以及一系列事件中发生的第一件事和最后一件事记忆深刻。回忆也会被我们的情绪和发生在事件和我们最终回忆之间的经历所影响。

由于这个原因，录像在交易健身房中就是一件很有用的器具。它让我们可以重新体验每一个交易日，以及重新审视每一个交易的过程。录像对于追踪市场动态和学习市场交易模式特别有帮助。你可以一遍又一遍的回放市场中的交易转折点和各种交易体制，详细观察它们在真实的情况中是如何演化的。这比审视静止的图标有更强大的效力。不过，当致力于交易技巧的研究时，录像是用来表现市场是如何交易的，以及你是如何进行交易的。它是审视表现的一种工具。

有两种录像解决方法交易很有用。第一种是简单地用一个手提摄录机将一天的交易情况都拍下来。因为影碟不能将一整天交易的所有数据都记录下来，所以用一个直接与硬盘连接的手提摄录机很方便，经过压缩和储存后就变成档案文件了。第二种解决办法是利用像 Camtasia （www.techsmith.com）这样的台式电脑程序，它与录像中的频繁屏幕捕捉很相似。这种方法也很方便，它可以消除对独立设备的需求，但是同时也将你锁定在只能记录一个屏幕上发生的事。同时，如果你试图记录很长一段时间内大屏幕上所发生的情况时，它也会让你的电脑反应变慢。理想的体系是尽可能忠实地重新捕捉市场和交易情况，让你可以看到你做了什么，什么时候做的，以及让你再次经历为什么要这么做。

我最喜欢的录像应用是，大声地交谈交易内容，这样录像就可以捕捉到隐藏在交易背后的思维过程，以及交易实施方法。这又为审查增添了很多范围。首先，让你决定这项交易到底在哪个地方出现了问题。录像会揭示交易背后的思考有哪些缺点（不适当的战术）以及在哪些好的构想无法得到很好的实施（不适当的技巧）。录像还可以捕捉到那些，当金字塔上的所有因素都按照直线排列的场合：战术自然而然的尾随基本的战略，而技巧则有效地将战术付诸实施。

> 审视成功的交易和不成功的交易是同样重要的。

就如我在《交易心理学》所强调的，这些审视创造出成功的模型，从而可以让我们逐步地将其内化。

录像在捕捉那些情绪影响交易者的场合上特别有效果。当你看到自己在录像中交易得很成功或交易得很差劲时，你对区分两者的身体、精神以及认知上的提示都会非常敏感。我最成功的交易是伴随着进入市场后立刻就会出现的活跃的风险管理而产生的：我大声地讨论会让我退出交易的标准，并且不断地更新证据，来看看这个交易构想能否奏效。在整个交易过程中，我很积极地投入、监测已经有多少交易量在交易中，交易量是在哪里进行的，以及交易量在买方与卖方间是如何分配的。其他时候，交易会马上按照我的方式进行，然后我就坐在那，感觉自己像个胜利者。当这种事情是最近发生的时，一个胜利在望的交易是无法让我积极地投入的，除非它出现了问题。一个简单地审视会告诉我，我可以很轻易地放弃这个交易。相反，过度自信会让我有轻微的，但却是不必要的损失。

在研究所的日子里，我将与客户之间的治疗阶段录下来（在征求他们的同意后），这样我的监督人就可以与我一起审视这些录像。我从这些审视中学到了很多战略和战术方面的经验。不过，这种录像的一个非预期的后果是，我知道我的表现会被我的指导者审视。这让我要谨慎地留意自己的行为。如果我知道要向监督人解释我的行为的话，我就不太可能会改变我的治疗计划。同样的，交易录像会使我们在交易中保持循规蹈矩的行为。特别是当你把录像交给指导者观看的时候更是如此。只要知道你在录像中将一种自我观察的成分介绍到交易中时，就一定会让你对自己的战术和技巧更加了如指掌。

> 在交易中你要观察市场。录像让你可以观察你自己。

表现金字塔上的录像和自我评估

我发现了一个表现金字塔的概念，对审视录像特别有帮助（见表6-4）。这个想法是在交易结束时进行一种有效的行为后审视，突出展现了在这一天当中，你做得对的地方和哪些你需要改进的地方。在我的审视中，我特别注意寻找主题：与交易者所犯错误相关的普遍因素。有时是由于情感上的问题好比一个交易者努力试图从急剧下跌的环境中摆脱处理。在这些情况下，录像也许会展现交易者大规模地进入市场，并且停留在交易中的时间远远超过了平常。从交易者的声音中，很明显地听到挫败的感觉，特别是当交易不起作用时。其他时候，录像会揭示出单纯的对市场理解的相关主题，如果交易者没有认清市场会下跌这一形势，还继续之前的交易。就像没有认清比赛的整体形势的四分位一样,他们变得视野狭隘,并错过了在他们眼前的东西。

表6-4 行为之后审视的表现金字塔

> 我在交易中充分使用我的基本战略了吗
> (即我在市场中的优势)?

> 我在交易战术上充分利用那时
> 存在的市场条件了吗?

> 我用一种技巧上合理的方式实施我的交易理念,
> 从而将机会和风险管理最大化了吗?

当我自己进行交易时,我倾向于用一种从上到下的方式进行审视。我先问问我自己,这个交易是否与我的战略一致。在我看来,战略是由两部分组成:结构上的优势以及信息上的。我早先已经暗示过,结构优势是基于股票证券指数市场中的参与者的学识之上的。他们大多数是当日有时间区间的参与者,而且很多都很有影响力。这也具体表现出一种交易者都表现的像猛兽一样的形势,不论探测到市场会有如何的动态,他们都往里跳。也会出现这种情形,同样这些交易者迅速地清理了头寸来作为风险管理的一部分。正因如此,ES市场中大部分的当日交易行为,包括像野兽一样的行为买卖曲线,以及大量地清理要下跌的头寸。明确大众往同一个方向涌的地点,如果他们的参与被证明是错误的,就需要马上抛出他们的持仓头寸,这样就提供了一个结构优势。

信息优势来源于我的历史研究,例如我在TraderFeed网页上面所贴出的。当我正在写作这部分的时候,ES市场的前一天是一个变化幅度不大的缓慢交易日——用专业用语说就是内部交易日。在浏览了数据库中这三年来的信息后，我发现相似的内部交易日接下来倾向于会出现弱市。这让我猜测今天会比昨日的最低点还要低。然后，我的核心战略就是将结构优势和信息优势结合起来：当我看到买家进入市场，但无法将价格推向新高时，我进入沽空头寸，将价格定在比昨日最低点还要低的价位上。如果我今日买入头寸的话，我就违反了我的战略，因为我没有按照信息优势进行交易。如果我在急剧下跌中沽空头寸的话，我同样违反了战略，因为我没有充分利用结构优势。将这两者结合起来让我的交易变得有选择性，减少了这些情况下在市场中暴露的风险，并观察对我很有利的机会。

如果我的战略适合我的交易的话，我在金字塔的下一层中该做的就是审视我的战术。例如，我的战术之一是找到最能够利用我的战略的市场，然后在这个市场中进行交易。例如，我会发现在一个我预测会下跌的市场（利用历史研究）中，交易者被套牢在 ES 上，但也注意到 NQ 比 ES 的交易还要薄弱。因此，我会试图利用这个相对的弱势。另一个战术是，我会按照我的方法进入市场，但只是在一天的某些特定时候，当大多数市场参与者将交易量提升在开始的价位之上时。我的研究告诉我，在这样的情况下移动很可能会扩展。这意味着在市场相对缓慢的时候，我的战术让我找到退出交易的方法——而不是加大交易量。

注意，一个盈利的交易，它的战术并不需要很管用。如果我是在中午进行交易，并要加大一个头寸，在最初的头寸上赚钱但是要损失一些钱去填补上涨的价位，我的战术并不好，因为我没有考虑盈利/亏损。我喜欢的战术是只要交易量向着我头寸的方向增大，我就一直待在这个交易中。这明确了一点，要么是方向错误的交易者都在急着退出，要么就是新的市场参与者，正在加入这趟浑水当中。无论是哪种形势，扩大的交易量通常是和易变性的扩大有所关联，这鼓励我继续留在一个头寸中，不要过早的收取利润。如果我在一个显示交易量扩大的头寸中获取一分利润，它随后就会为我带来两分甚至三分利润，这样尽管我在交易中赚到钱，可是我的战术还是很糟糕。如果我不使用正确的措施，这些战术缺点迟早有一天会返回来纠缠住我的账户结算表。

> 总之，一个盈利的交易和一个好的交易之间，一个不盈利的交易和一个差劲的交易之间，都可以有着天壤之别。

好的交易表现的是在金字塔的所有层次上都实施的很恰当；差劲的交易却不是。你不能控制一个个体交易是否会按照你的方式前进；你所能做的就是好好地把握好的构想和合理的实施过程中带来的机遇。

> 当你有一个合理的优势并实施的很适当时，利润会自己照顾自己。

只有在审视一个交易的战略和战术方面后，我才会检查技巧。我喜欢用的一种措施是在开始一项交易后我所承受的压力有多大——以及一个交易在退出之后不久会照我的方向走多远。这些告诉我是否是在合理的价位上进入或退出一个交易。我还喜欢在每个交易中追踪我的持有时间。我对大多数的交易都有一个明确的时间区间。这让我在市场没有按照我的方向发展之后的很长一段时间还可以保持不被踢出局。因为我的战略是在一大堆交易要退出他们的头寸这种紧急情况中预测的，我的交易就应该会马上让我损失很多钱。如果时间慢慢流逝，而我还没有赚到钱的话，这就告诉我紧急情况不在那里。所以我要在到达能允许的最大限度损失之前退出这个头寸。

录像通常会很快地揭示出一个交易者的战略和战术使用的是否恰当。所以在观看录像时出现非常错愕的场面是很正常的，你会想："我怎么会是这样一个白痴呢？"这是因为对于有经验的成功交易者来说，战略和战术中的大多数失误都来源于心理。他们反映出的要么是突然的情感问题干扰了信息处理过程——就像在一个急剧的下跌中所产生的挫败感——要么就是由于疲劳以及注意力不集中。

然而，技巧就需要深入细致的审视。录像会让你重新恢复对交易过程的记忆，并让你感觉到那时市场呈现出什么局面，但通常情况下，它会让你更深入地观察,在哪里风险管理的比较好,或者在哪里更有效地使用了停损。在模拟状态中重新播放市场日的内容可以像对图标和指数的审视那样非常有帮助。我发现,这无疑是自我指导中最耗时的方面,但却是最有帮助的。例如,我的一个战术是调整对交易的时机把握去适应市场的状况。有一些市场——那些易变性不高,但是日交易量却很高的市场——其实暗藏波涛。他们也许会在一个较长的时间区间内显示出变动的走势,也许不会,但却突然翻转短期的市场动向。在这样一种市场中,我的交易战术是淡出纽约证券交易所 TICK 中的反倾向极端状况(和相似的措施),并利用我的战略在这个方向上进行迅速地买卖交易然后离开。实施这些战术的技巧包括在市场中进入头寸,但要做出出局的买卖指令。对这些出局的适当增值配股是我一直不断审视和进行改进的。将出局时得到填补的可能性最大化和将交易者的潜在利润最大化之间,有一个微妙的平衡。适当的出局增值配股中有很多信息,包括市场的交易量和当时的易变性,明显支撑和阻力阶段的出现,市场的深度,以及市场最近表现出的对在那个价位上做交易的意愿。我作为一个交易者的谨慎的本质,让我在确信已经满仓的地方退出交易,通常所得的利润比我想象中的要多。因为这个原因,我会花大量的时间来审视,例如我满仓退出价位花的时间的百分比,这样的战略来监测我的技巧。我还会对我可以在一个更好的价位上满仓所花的时间百分比做出评估。就像不断改进一个高尔夫球的挥杆动作一样,我怀疑我对技巧的调整,永远都是正在进行的一项工作。

或许最重要的是,这样的审视和调整迫使我们看清楚市场的动态。我对于短期市场中的买卖指令,增值配股所产生的影响非常敏感,这是每天审视的一个结果。这可以帮助加速对市场的内隐学习。如果你对市场的观察很充分的话,你就会开始将它们的模式内在化,并开始预测它们的模式。

> 如果你对自己的观察足够的话,你就开始确定并预测自己的交易模式了。

观察在自我指导中是第一步，也是最重要的一步。很幸运的是，在交易健身房中有很多有用的工具，会帮助我们把观察转化成具体的成长计划。现在我们就转向这些方面。

第七章 表现动力学

从诊断法到提高

兴趣就是一切。它就像一根吉他琴弦那样紧绷并颤动着。
——埃德森·阿兰蒂斯·多·纳西门托（"贝利"）

没有人可以指责伟大的足球球员贝利缺乏兴趣。从他16岁的初次专业登台并射入一球，到他建立起的明星地位——在这期间他成为其他球队攻击的对象——贝利仍然对他称为"最美丽的运动项目"保持着热爱之情。他的表现就好像超人一样：在1360场比赛中，他射入了1280个球。观察者认为这与一个在美国职业棒球大联盟季后赛的每场比赛中全垒打的平均击球总共为162个，并且每年都有这样的成绩的棒球运动员的情况很相似。人们对他的表演十分着迷，以至于尼日利亚和巴伐利亚这两个敌对的国家宣布暂时休战就是为了看贝利的比赛。欧洲球队出了很高的价钱想把贝利从他的家乡队中挖走，但是巴西宣布他是一个国家宝藏，试图挽留这个天才。他在体能上没有任何优势，实际上，他比其他球员都要瘦弱——以前从没有人像贝利一样对速度、洞察力和准确性的综合掌握是如此之好。他成功的公式是什么？"练习就是一切。"

表现和准备

我们现在从足球球场跳转到全国运动汽车竞赛协会修理厂。我们发现表现逐渐变成了一种科学，就像艺术一样。最近，半导体的领导者英特公司的工作人员穿上了工作服,在修理厂争分夺秒地换轮胎,并实施常规的赛车保养。尽管英特公司员工对有效操作的原则和练习都已经很有经验了,但是他们花费的最短时间仍然还是超过了半分钟。专业的修理厂员工往返所需的时间大概是接近13秒。

布瑞恩·克劳普是PIT修理指导和培训公司的发展部主任,他解释说表现不是看速度的,而是看过程的。"完全学会和掌握了过程,速度才会变快。如果你注重速度,你最后发现出现了很多失误。"这就是为什么PIT的指导者建议有抱负的学员,"要想迅速,先学习如何慢下来。"目标是连贯的精简的操作——而不是匆忙的行动。

精简的过程对交易也同样适用。如果我没有在开盘前做完全部的市场作业——如果我的战术没有被研究和完全仔细地思考过,以很多"如果……会怎么样"的情景为结束语的话——我可以向你保证,我早期的交易阶段就会感觉像一个非常混乱的赛车场加油修理处一样。对时间的主观体验很大程度上取决于我们对事件熟悉和掌握的洞察力。比起从一件事匆忙地移动到下一件事上这种做法,当我们已经做好准备时,时间就会过的相对慢一些,对市场也是如此。当我们准备充分知道该在市场中寻找什么时,市场看上去移动地更缓慢一些。如果我在市场开始移动时,才开始疯狂地搜寻交易构想,那么不管我们当时在着手进行多少事务也会觉得市场移动的很快。

> 很多表现的成败都在准备时期。

因为这个原因,像在PIT修理指导和培训公司里一样,修理厂培训者把重点放在聪明地进行工作上,而不是迅速地工作。一个小组由七个人组成,每个人都有明确的分工。没有任何事情是凭运气的。团队部署好,看车开进了哪里,每个人都要站在什么地方,以及每个人都要拿什么东西。任务都是同时开始的,而没有先后次序之分,所以就算是出现小的失误,也不会干扰整个团队。他们在练习中不停重复的训练已经接近自动化了,就算出现危险和嘈杂的赛车情况也没有关系。而英特的员工虽然很有经验，但却缺乏这种对赛车保养的详细培训。当他们匆忙冲上前，他们就会撞到对方，弄掉了轮胎，并无法正确地将螺丝钉拧紧。每一个小的失误都会浪费驾驶员几秒钟时间——以及赛车的用时长度。

观看录像和你做的糟糕的交易相比起来就相对简单得多了。因为你滞后于市场，所以你没有做好的交易看起来就不那么明显了。这里是失去一次交易，那里是在一个更糟的价位上买入或出局。交易花费或失败的投资比率就会累积。这就是一个英特员工在33秒内换车胎和给车加油，而同一个维修厂的员工可以在14秒里完成同样任务的表现的区别所在。区别就是赢得或输掉赛车比赛。PIT的布瑞恩·劳普对我强调道，"练习是永无止境的；好的或糟的。"他的观点是，我们每天是如何表现的成为我们的习惯性表现——更好或更糟。我们惯常做的事情成为我们的自然常规。

为市场的突袭做准备

当《激发战斗力》一书的作者理查德·麦克维兹，离开海豹突击队后，他开始教授有兴趣的学生进行自我防卫的方式。他发现，大多数学生尽管有技巧并进行过练习，在真实的模拟攻击中，还是会感到战栗和害怕。对要做什么或什么时候进行反击，事前没有一个计划好的概念，他们遭受着被称为优柔寡断的折磨。不过，他发现当他们将注意力集中在潜在的目标上——眼、喉、腹股时——他们相对就有能力选择他们的武器——例如，一记拳头或踢一腿——并且可以实施需要的动作了。

因为恐惧会干扰通常的思维过程，麦克维兹就用真实的锁喉法或其他类似的攻击来训练他的学生。他注意到，任何成功攻击的因素都是出其不意的、快速的和暴力性的。所有这些都在对手的意料之外，使得平常的判断和计划一点也派不上用场。如果目标在经过体验后已经被事先计划好了，被攻击的人就可以迅速地还击从而挽救自己的生命。如果没有这种计划，就像在二战中那些从来没有开过火的士兵一样，我们会变得害怕战栗，因为我们无法在意料之外还可以洞悉事件。

> 对于那些我们没有预想过的，我们就无法为此做准备。

全国运动汽车竞赛协会的成员不会仅仅预料到常规的保养维修，他们还会为那些未知的事件做准备：如技巧上的失误或是事故引起的损坏。当特警队员破门而入时，他们会为犯罪分子可能出现的任何形式的抵抗做好准备。出其不意是最大的敌人。如果我们在行动时大吃一惊的话，所有的训练都是白费，我们也无法有深入的体验。

交易者通常会用看图表的方法来审视市场。这些静止的景象是无法描绘出隐藏在很多市场运动背后的出乎预料的、迅速的和猛烈的行动。一个五分钟的K线图也许可以表现交易的8000个合约中的5个TICK的高低走势。这看上去像是很温和的市场行为。但图表没能显示出来的是当买入时的强劲拉升和反转时的价格突然下跌，5个TICK当中的4个是在几秒钟的时间内先后出现——接着价格又开始上涨。一个没有对这种市场的剧烈动荡做好准备的短期交易者，很容易就会被骗线而退出一个好的头寸或进入一个在价格上没有任何盈利的新头寸当中。

在任何时间区间，你都会注意到市场巩固的阶段——通常是很慢的——在突然上涨和下跌的更繁忙的期间有所改变。大部分这样的移动都不是由于重要的新闻或事件而引起的。他们都是被那些有着大规模的资金又精于突袭的那些像猛兽一样进行交易的市场参与者所引发的。

> 如果你唯一的市场预演和训练是用静止的图表进行的话，你就像是通过阅读战斗计划，而为战斗做准备的战士一样。

在一次突袭的压力中，敌人很可能会打乱所有的那些计划。市场会移动——或不会移动——在参与者所能进行的预测水平之上。这是突袭者可以从被袭击的人那里赚到钱的唯一方法。为可以预测到的市场事件做准备是很重要的，就像对常规的汽车保养维修做准备是每一个维修厂队员的生存之道一样。不过，随着时间的流逝，为预料不到的事情做准备才是能够赢得云斯顿汽车大赛冠军的人。

战斗机飞行员上校约翰·R. 布莱德被称为"四十秒布莱德",因为他面临挑战可以赢得任何空战——可以在四十秒内轻而易举地战胜任何挑战者。他的能力是可以操控对手的内在心理定式:他把这叫作OODA(即观察、方向、决定、行动)循环周期。布赖德认为,行动是从决定中产生的,而决定又取决于我们的观察和方向。当你可以预测一场空战时,你就在其他飞行员的OODA循环周期内了。获胜的飞行员是停留在对手的循环周期之外的人。这就是为什么麦克维兹提到的、出人意料的、快速和猛烈的行动是如此有效的原因。一个可以预测的攻击就像当英国军队士兵穿着红色的制服站队,并以国旗在天空飘扬和响起音乐为结束标志的情况,就是在精明上校的OODA循环周期之内。游击队员灵活、难以预测和猛烈的进攻可以让一个比它更强大的对手失去信心。

> 从图表模式到新闻故事,最为人所知和出版印刷最多的代表了平均市场参与者的OODA循环周期。

如果你依靠的优势是任何一个具有不错实际图表或市场深度应用的交易者都可以轻易获得的信息的话,你就是在对手的OODA循环周期之内,而不是之外。当市场中的约翰·布莱德挑战你的头寸时,他们不会敲锣打鼓、穿着鲜红的外套宣布他们的到来的。他们也不会为你提供40秒的随意处置钱财的机会。他们会尽快地用大幅度移动市场的动作来创造奇迹,他们也会用暴力这么做。他们的优势是具有在他们对手的心理上制造混乱的能力。我们的任务是对待交易就像别动队员对待巡逻小队一样:警惕突袭,把注意力放在我们的任务、敌人、地形、部队(资源)和设备以及时间上。你要知道那些在你的特定职位上对敌人进行操控,这一点是非常重要的;他们是那些可以把你从理智的构想中拉出来,并干扰你敏锐的反应能力的人。不同的市场塑造出不同的敌人:外汇交易市场不像股票市场,它不像糖一样。谁比你更强大,谁比你更快?他们是可以伤害你的人。知道谁在游戏里以及他们的典型行为,标志着风险管理的开始。

> 当你在市场的循环周期之外时，市场的变化就会显得更慢了。

表现：从艺术到科学

在观察各种各样的表现领域时，一个人不能不对表现的艺术性向科学性发展的程度印象深刻。运动员现在被专家利用复杂的饮食、有氧和力量塑造制度所培训。朗斯·阿姆斯特朗骑一辆特别制造出来的符合他理想的骑车姿势的自行车可以把风的阻力降到最低。他的训练包括对脚蹬速度的训练，对腿的上下运动的强迫练习，以及氧气的消耗程度——所有的这些都把他的优势扩大到最大化。全国运动汽车竞赛协会修理厂利用特别制造的工具和零件，让每一个任务都进行的更顺利。螺丝钉要比一般的大，这样便于上紧；防滑钉是专门按照螺丝钉的大小设计的。油箱是经过特别设计的，可以最快地把油放完；千斤顶已经经过测验，并完美地打一次气就可以把车顶起来。从很大的程度上来说，人类表现——那种不断发展的威胁——是操控出来的，而不是靠自己的努力获得的。

这种操纵的关键是数据的收集。对账户结算单中追踪利润和损失的微小追踪让位给了可以精确衡量交易绩效层面的数据的更广泛的收集。随着交易的电脑化，评估一个人的战略、战术和技巧变得比以往要容易得多。这让交易者可以大大的让绩效变得迅速，就像一个赛车队可以节省下好几秒时间一样。

我对交易者数据收集的第一次体验来自对交易技巧平台上的"交易分析"单元这个部分的使用，然后是通过对 TraderDNA 程序的使用。稍后，我了解到 Ninja Trader 的模拟单元中有交易数据的收集。我很有信心，这项功能在不久的将来会成为大多数交易平台的主要功能。这是一个交易者可以提供交易绩效水平的最有影响力的步骤之一，用科学来实施交易的艺术性。

让我们看一个数据收集以及它是如何被应用的简单的例子。玛瑞莎是一个原油市场中的短期交易者。她在一个单一的时期进入和退出头寸,寻找从原油的供求变化和政治上易变的石油生产国散布出的新闻所造成的价格走向趋势。现在让我们追踪她每天的盈利和亏损,不过要把她的盈利/亏损分解成几个部分来看。例如,我们也许会返回过去的 3 个月,把每一天根据上涨趋势天、下跌趋势天、逆转天以及窄幅升降天来分类。上涨趋势天以石油的低价开盘,收盘是最高价;下降趋势天则是相反的。逆转天是指在开盘时很好地卖掉接近它们的开盘价,或是在相反的极端。窄幅升降天是指在变化幅度的中间收盘,与开盘价接近。然后我们可以绘制出玛瑞莎的盈利/亏损图表,其作用是作为她在市场中遭遇到的交易日的分析总结。(见表 7-1)

出于这个最初的描绘目的,我已经将数据坐标大大地简化了。例如,我通常会把退出的交易和盈利的分开,并且我还会把有关盈利与没有盈利的交易日数目对比的数据(稍后我们会仔细讨论),以及代表交易合约数目的利润率的一些表现也包括在内。追踪除去佣金和其他费用之后的表现也是很重要的,在这里我就省去了。这个只是一个最初的,关于在各种市场条件中最近的交易表现的一个大致概况。

大多数向我询问建议的交易者,只知道在右下角的例表 7-1 中的数字。很多人甚至都不能把那些数字细化一些。如果我们只是把注意力集中在那些数字上,我们就会说玛瑞莎是一个比较成功的交易者。她把一些东西带出了市场,但却可能在除去花费后——特别是和她交易的频繁性以及交易规模相关的佣金——可能赚不了多少钱。

仔细观察一下例表 7-1,你就会发现她为什么没有很高的利润。她在这些有趋势的交易日中的总利润是 65000 美元。她在没有趋势的交易日中的毛利润是根本没有利润;亏损 25000 美元。的确,她在窄幅升降日中损失的和她在整个 3 个月的时间里损失的一样多。这很明显削弱了她的表现。

这是仅有的干扰她总利润的因素吗?仔细检查一下这个图表,看看你能否找到其他的交易问题。如果你目光敏锐的话,你就会注意到玛瑞莎每笔交易的利润和亏损——用第三栏除以第一栏,第四栏除以第二栏——都不太正常。现在让我们制作一个新的表格,来描述一下这个发现(见表 7-2)。

表 7-1　追踪盈利/亏损，作为交易日类型的参考

	盈利或轻微受损的交易数目	亏损的交易数目	总利润	总亏损	损益合计
上涨趋势日	50	35	55000 美元	35000 美元	20000 美元
下降趋势日	45	30	75000 美元	30000 美元	45000 美元
逆转日	35	30	45000 美元	30000 美元	15000 美元
窄幅升降日	30	45	25000 美元	65000 美元	-40000 美元
总计	160	140	200000 美元	160000 美元	40000 美元

啊！看看现在我们得到了什么。玛瑞莎每一笔交易的平均利润并不比她总的平均亏损多多少。这限制了她的利润率：当我们观察这些数据时，我们可以看到她的表现很不平稳。她不仅在窄幅升降市场中亏损的交易比赢得多，而且她在那些市场中亏损的交易的规模远远大于她盈利的规模。两者的结合——更多的亏损和更大的亏损——整合出了过大的亏损。

表面上看，玛瑞莎对窄幅升降市场的观察并不是很好，但是她也可以在这些市场中持有亏损交易的时间多于持有盈利交易时间。如果这在她身上是一个普遍的趋势，我们会发现，它在所有的市场状况下都会发生。它只在窄幅升降市场中发生的这个事实告诉我这些市场中的某些事情正在将她拖出她的策略之外。也许问题的一部分原因是，一个交易事件的情况一方面需要确定窄幅升降市场，另一方面还有一部分心理原因——阻止窄幅市场引发沮丧心理以及干扰风险管理。

表 7-2　追踪盈利/亏损，作为每笔交易的平均盈利/亏损的参考

	盈利或轻微受损的交易数目	亏损的交易数目	每笔交易的平均利润	每笔交易的平均亏损	损益合计
上涨趋势日	50	35	1100 美元	1000 美元	20000 美元
下降趋势日	45	30	1667 美元	667 美元	45000 美元
逆转日	35	30	1286 美元	1000 美元	15000 美元
窄幅升降日	30	45	833 美元	1444 美元	-40000 美元
总计	160	140	1250 美元	1143 美元	40000 美元

不过，请注意这些数据突出强调了强势和弱势。玛瑞莎在下降趋势交易日里是一个非常成功的交易者。她不但在盈利的交易上获得很大的利润，而且她的亏损交易的规模都相对小得多。这是一个不寻常的发现。为什么？下降趋势交易日比起其他的交易日来说更加易变，所以很容易产生大规模的盈利，但同样也会有大规模的亏损。有时玛瑞莎在下降趋势日中所做的是保持小额的亏损，同时又让她可以获得大额的盈利。这很明显是她最优秀的交易。一个关注寻找解决方法的教练会想研究她是如何进入交易，并在下降趋势中管理这些交易的，这样才可以让她把这些技巧，应用到其他的市场状况中——特别是窄幅升降日中。

> 数据揭示了交易的解决方法，同时也揭示出问题所在。

我们还可以从玛瑞莎的表现数据中诊断出其他的问题吗？现在让我们假设在对这 3 个月数据的研究中，有一个相对平稳的交易日数字进入到这 4 个类别中。那么这种情况告诉我们的是玛瑞莎在这 4 种类型的交易日中的交易是同样活跃的。她每天进行交易的数目并没有因为市场环境的不同而发生改变。这是一个问题，因为在例如下降趋势这样的某些市场阶段中她有真正的优势。但是在其他时候，她不仅缺乏优势，而且还亏损钱。假

设在所有其他条件都相同的情况下,她应该在有倾向趋势的市场中最积极地进行交易,而在其他时候应该少进行交易。

作为玛瑞莎的指导者,我会根据她具体的需要而对她进行培训。我会为她提供指导方针和工具,尝试评估出市场是有倾向趋势的可能性呢,还是有窄幅升降的可能性。这些工具应该会利用交易量,以及最近和将要到来的易变性之间连续的相互影响关系来辅助她评估市场状况。如果她可以明确什么时候市场有可能会是窄幅升降的,她就可以相对应的调节自己的交易,并且——至少——按照外科医生的座右铭"最重要的是不要造成伤害"行事。只要在窄幅升降市场中不要很活跃地进行交易,并且实行措施提供对损失的控制,会很大程度地提高她的总利润率。

注意,在我们收集有关交易的系统数据的情况下是如何稳固地从表现诊断步入到表现计划中的。就像 TraderDNA 的创立者大卫·诺曼所强调的一样,这会使我们在研究自己的过程中变得很科学。想想在我们从来没想过要收集数据的交易中蕴含着多少信息,这个问题值得我们沉思。我从大卫和他的交易者心理测试学观点中受益匪浅。

风险管理上的侧面注释

如果我要从到目前为止所呈现的表现轮廓中对玛瑞莎做出一个总结的话,我会说她在易变的市场环境中交易得非常好,但是在相对平稳的条件下交易的很糟糕。当市场逆转并显示出合理的动态时,她会坚持己见。这也许可以帮助解释,为什么她在下降趋势中赚的钱以及在每笔生意上获得的利润要比上涨趋势中得多。也可以帮助解释,为什么窄幅升降的市场是她的死穴。很明显,我需要收集更多的数据来支持这个猜想,并且要在一个更长时间阶段中对她进行观察。如果我是在她的公司工作的话,我会在各种市场状况下都站在她身边,观察她成功和失败交易的模式。

不过,如果我的猜想是正确的话,那玛瑞莎就有麻烦了。她所在的公司的管理阶层不会认为她有麻烦,并且她也许不会感觉到她正处在麻烦当中,尽管如此,她还是处在危险当中。她的大部分利润来自市场正在这样做的情况下,而不是由于她对不同市场的熟练掌握。她表现出一阶能力,但是却没有二阶能力。或者，我们可以说她表现出的是能力，而不是专业技能。

如果原油市场进入一个很长的窄幅升降时期会怎么样？如果中东长期和平共处，外交占据首位，并且结构进入一个非常稳定的阶段的话该怎么办？就不会有相对同等的倾向趋势交易日和无倾向趋势交易日了。突然，市场将更频繁地按照玛瑞莎最不擅长的方式进行交易。她开始亏损，并且最终失去了自信。她在交易冷淡而且窄幅的市场中已经很差的风险管理将会进一步地恶化。在几周时间内，就算是一个一直盈利的交易者也会负债累累的。

在这种情况下，有能力指导的预防性功能就得到了最明显的体现。数据显示出了成功因素中会出现的问题。通过帮助玛瑞莎学习如何确定窄幅升降市场，以及如何更有效的在这种市场中进行交易——以及通过帮助她将下跌趋势交易中的技巧延伸到其他的市场状况下——一个指导者可以将一阶能力转变过渡成为真正的专业技能。

> 以数据为基础的指导提供了主动的风险管理功能。

通常我们是在亏损阶段后才想到风险管理，要么我们对风险管理的思考很狭隘，特别是如果在个人交易中停止亏损的情况下。不过，好的风险管理也会暗示我们确定在哪些情况下交易中的利润是主要集中在相对很少的交易或市场条件下的。对交易者的优势限制越多，交易者陷入资金萎缩的风险就越大。把表现看作一种科学的意思是，我们尽全力的观察一个交易者的优势到底是来源于什么地方，并利用这些信息来扩展强势，控制弱势，并要适应不同的市场环境。

心理模式和表现模式

玛瑞莎交易的例子为我们提供了一个非常好的机会，将我称为交易者成长中的心理模式和表现模式进行一个比较。我们这样来说，玛瑞莎来我这里的时候处于一种沮丧的状态。一直以来，她每个月都可以赚取相对不错的利润，但是最近却一直处于亏损状态。她其中的一些日亏损量已经无法控制并引起了公司的注意，并花费了她账户中的一大笔钱。她对市场的形势感到很沮丧——她说市场的动态不像以前一样移动的迅速——并且对自己也感到没有信心。为了阻止她的亏损继续累计下去，她最近减小了交易的规模，但这只是加大了她的沮丧之情，她只能在一个紧接着原油开发成员发布的消息后下跌的市场中进行小幅度的交易。

如果我是在进行心理模式的操作的话，我会假设玛瑞莎的交易问题是来自她对情绪的处理上。我会评估她的态度和信心，观察她的行为，以及向她表现一些可以改变她的思维、感觉和行动的技巧。或者，我也许会挖掘她的过去，看看她在交易之外，首次经历的矛盾冲突现在是不是在干扰她的决定和行动。例如，我也许会和她一起策划出一个交易计划，将注意力集中在沮丧阶段如何避免交易，并用写日记这种取而代之的方法洞察市场情况。

然而，如果我采用的是表现模式，我会依靠交易数据来诊断玛瑞莎出现的问题。这些让我相信她缺乏基本的交易技巧：认清改变了的市场状况的能力，比如当有倾向性的市场变成了窄幅升降市场的情况。我提供给她的辅助是收集信息和培养技巧。也许我会帮助她学会如何应用空白表格程序，这种程序可以在真实的环境中监测市场状况，当市场出现倾向性时会显出绿色的数字，而当市场变得更倾向于窄幅升降时会显示出红色。或者，我可以教她如何通过将盈利目标调整到适合目前市场动态的方法，在易变或不易变的市场中分别用不同的方法处理对头寸的持有时间问题。与集中对她的脑部进行努力相反，我会和她一起为改进她的战略、战术和技巧而努力。

心理模式强调的利润率问题是出自情绪的干扰。表现模式则强调利润是由两套变量的适当组合而产生的：(1) 天赋、技巧和市场以及 (2) 战略、战术和技巧。如果你出现了交易问题的话，表现模式表明，你要么是在错误的市场进行交易，要么是在正确的市场用错误的方式进行交易。

当然，现实永远不会向我们整齐的类别一样简单。

第七章 表现动力学

> 大多数交易困难产生的原因都是混杂着表现和情绪两者成分在内的。

我们的行为和情绪模式阻挡了我们的天赋和技巧，而我们糟糕的训练则产生出痛苦的情绪。有时，我会发现自己主要需要从心理模式入手，但是有时我也会认为表现模式最重要。对我这样一个心理学家来说，这和知道例如沮丧这样一个心理上的问题有时通过谈话交谈可以得到最有效的治疗，而有时却需要药物的辅助很相似。通常，这两种方式的结合会出现最好的效果——在交易中通常也是如此。

玛瑞莎是一个极为切题的例子。在我们收集的早期数据的基础上，我会和她一起在表现和心理这两者模式中进行工作。我可能会以对玛瑞莎的市场的调查作为表现模式的开始。我会调查历史数据，以此来决定哪些数据可以最好地预测近期市场的状态。例如，我也许会发现易变性和原油的开盘变化幅度，可以准确地对这个交易日的动态进行预测。我会和玛瑞莎一起分享这个发现，并描绘出应该运用哪些方式捕捉和利用这些当日早期交易中的信息。我也许会在她进行交易时观察市场，不断为她提供与市场状况相关的最新信息，并描绘出她应该如何自己独立完成。我会观察她对市场状况评估所做的努力，并为她提供反馈意见，以便她可以在交易中做出适当的调整。

不过，因为数据显示玛瑞莎在窄幅升降市场中的风险管理，比在其他市场中的要差得多，我也会用心理模式与她一起工作。我会观察她的交易，并对沮丧或其他情绪干扰的迹象非常留心观察。我特别会把注意力放在引发沮丧心理的因素上：在她控制亏损和合理技巧中的失误之前发生的市场和交易事件。然后我们会针对详细的简单治疗技巧进行工作，让她可以避免这些因素的毒化作用，并从认知和身体上控制沮丧情绪（见第八章）。我会向玛瑞莎解释这些技巧，描绘它们的用法，并观察她是如何试图使用这些技巧的。例如，我也许会在一个特别的窄幅升降时期来到她的办公室，向她指出她的沮丧情绪有不断增长的迹象，并鼓励她在进入任何交易前先使用自我行为控制方式稳定情绪。这也许会让她离开显示屏，稍做休息，集中注意力并用光幻音响将她的思维转移一段时间，然后在精神上对于不易变市场的交易计划进行预演之后再回到交易中去。

注意，无论我是用表现模式还是用心理模式和玛瑞莎一起进行工作，我通常都是在市场开始进行交易，而她又在交易岗位上时对她进行辅助指导的。在市场开盘前会面并进行计划是很有价值的，而在交易日的结束时进行审视也是非常有助益的。然而，最终，当人们最接近表现的状态时，他们学到的东西最多。他们学会当对一项交易很焦虑时，如何处理这种焦虑不安；他们通过进入交易中，并处于急于想退出的这种状态来学习如何很好的退出一项交易。观察一个交易者如何进行交易可以帮助指导者将一个问题的表现方面同心理方面区别开，并且让指导者可以探测到数据中可能漏掉的模式。例如，数据不会显示一个交易者是在沮丧的情况下，对他最大的交易进行增值配股的，也无法对亏损之后有效的交易构想起作用。与交易者面对面一起工作将表现模式和心理模式合到一起，让老师和交易者可以不知不觉地从技巧移到心理定式上，然后再移回来。和交易者谈论他们的交易，比起当他们进行交易时和他们一起进行交易要糟糕得多。成功的指导——想一想约翰·伍顿，丹·盖博或者尼克·伯里泰尼——他们永远都准备实时亲自动手进行操作。

> 当指导发生在表现背景中时，应该把心理模式和表现模式结合起来使用。

每日表现数据

每天都会对玛瑞莎的数据进行一次统计。我们依据市场动态将交易天数进行分类，并对她每天的交易和盈利/亏损情况进行审视，从此来观察市场的状况。每日的数据为表现提供了一个宽泛的总结，特别是几个星期或者几个月阶段中的数据。让我们来审视一下几个基本的衡量方式以及它们的意义：

☆ 交易的数额和每日进行交易的份额（合约）数目。在这里，我们可以看出一个交易者是多么的活跃，这也可以用来提供确定市场动态的机会。在理想状态中，当市场更活跃并且提供更多的交易体系时，我们应该会看到更多的交易和合约在交易进行中。每天相对不变的交易或合约数目暗示了辨认市场机会中可能存在着问题。当交易者在机会少的市场中很活跃时，进入脑海的第一个猜想时他们很有压力，试图自己创造机会。

☆ 按顺序排列的盈利和亏损日。这个数据仅仅是从盈利和亏损日中寻找交易模式。他们的分布是相对平均的吗，或者存在着连续的盈利和亏损日吗？如果我们看到不寻常的冷热阶段，就值得深入追查，并确定这些是否是由于市场状况或交易者的心情变化而引起的。举个例子，2005年10月，很多交易者通过电子邮件和我联系，告诉我他们被一连串的大幅度亏损日所打垮了。如果芝加哥白袜队在世界系列比赛中的英勇表现成为让本地交易者分心的一个原因时，那么连续失败的真正原因就是市场在那个月获得了易变性以及一个下跌趋势。习惯稍微缓慢、窄幅升降的市场的交易者没有为不同的交易环境做准备。

☆ 获利、亏损和放弃的交易数目以及获利、亏损和放弃的交易中份额/合约数目。大多数交易者都有一个有代表性的交易方式。有一些人的亏损交易与盈利交易之间的比例很大，但是却可以在获利的交易中赚取很大的利润。其他的交易者具有很高的平均成功率，盈利的交易比亏损的交易要多得多，但是不能总是在本垒打中坚持交易。持续追踪你获利、亏损和放弃的交易，可以帮助你看清你是否在用你的方式进行操作，并帮助你真正发现自己的优势所在。放弃交易的数目对于短期交易者很重要，因为它明确表现了在哪些情况下，交易者应该在要变得亏损之前迅速地离开交易。如果获利交易和亏损交易的比率与盈利交易和亏损交易中交易的份额或合约的比率不同，头寸的规模通常就是问题所在。在一个人最大的交易中发生亏损的趋势，也许会揭示出对于处理头寸规模和风险所带来的情绪压力的困难。

☆ 长期交易和短期交易以及份额/合约的数目。这暗示了你在一个交易阶段中是否带着偏向进行交易。如果你的短期头寸多过长期的，但是市场是倾向于一边倒走势，或要上涨的话，你的偏向就与市场的状况不符。如果你在一个有倾向性的市场中，但长期交易和短期的数目相对均等的话，你可能已经错过了最大的机会。有时交易者会注意到，在一段日子内市场会持续向长期或短期一边倾斜，这暗示了目前市场存在着较长期进行交易的偏向。如果这些偏向不能稳固地成为交易者战略和战术的基础的话，它们就会有问题。偶尔，你会发现长期交易和短期交易的比率与交易时间长和短的合约或份额的比率不同。这是因为头寸的规模：相对较大的头寸也许会被带向一边或另一边。这种差异也许是由于心理问题，例如陷入沮丧期或在紧张的状态下极大地缩小规模。

☆ 盈利和未盈利的交易数目——以及交易的份额/合约的比率——作为查看长期和短期头寸的依据。现在我们来看看你在长期或短期交易方面是否更为成功。有时由于市场状况的改变，会出现差异：市场处于上涨状态，所以长期的交易者比短期的有更好的表现。其他时候，有一个表现问题：一个交易者善于观察演变中的弱势或强势。当一个交易者的成长不平衡时，这就好比是一个健身者的左半边比右半边锻炼得要好。答案是通过系统的训练来加强一个人的弱势方面。用模拟器来训练对交易者来说属于弱势的市场是非常有用的。如果我们发现有很多长期的盈利交易但是在长期的盈利交易中交易的合约数却不多的话，那么就又一次暗示了这与头寸规模有关。

☆ 持有头寸的平均时间。我们现在回到特有的交易方式这个问题上：很多交易者在交易中都有一个特殊的持有时间。通过检查平均持有时间，我们可以找寻一致性——如果这个交易者是坚持自己通常的交易方式的话。注意，较长的持有时间可以理解为猜测风险的不断增强——如果在市场易变性增大时，交易规模不变或甚至加大的话，这可能会是一个有潜在忧虑的交易模式。持有时间会对一个交易者的心理状态产生很敏感的影响：面对愤怒所产生的焦虑或固执，会很大程度地改变持有时间，使表现发生偏移。

☆ 将盈利交易、亏损交易和放弃交易的头寸的平均持有时间区分开来看，这或许是所有措施中最基本的一条原则。如果你持有的亏损交易时间长过盈利的，那么就很难能赚到钱。有时，这个措施会被持有头寸很长时间的一些交易者扭曲，所得的结果就是变成亏损很多的输家。当一个交易者在短期头寸出现亏损时，将这个短期头寸合理化地转变为一个长期的持有头寸时，这样的结果就会发生了。获利者的短期持有时间，经常是焦虑和缺乏信心的结果，因为交易者变得害怕会失去预期利润。当这种想法可能会产生短期的利润率时，在长时间的辛苦交易中，它很可能会变成交易者的不利因素，因为高额的亏损会超过盈利的交易。

第七章 表现动力学

像 TraderDNA 或 Ninja Trader 这样的程序的魅力在于它们可以为你计算这些统计数据，并简洁地用表格和图表的形式将结果呈现出来。这种方式使得对表现的审视变得很简单，并且可以很好地突出强调不协调的表现措施，这对自我指导非常重要。更有帮助的是，这些程序可以让活跃的交易者，在交易日当天审视他们的表现，以便他们可以在交易中途对错误进行修正。很吃惊的是，很多交易者在中午看过他们的统计数据后会说："我都没有意识到自己进行了那么多的交易。"或"我简直不能相信，我的短期交易比长期的还要多。"对于在公司工作的交易者，指导者会实时地使用 TraderDNA 措施，追踪交易者是如何进行交易的。这可以将风险管理带到一个新的、主动的层次上。

很明显，你收集的措施和你是如何进行收集的将取决于你的交易位置。一个买卖差价的交易者必须要将每一个差价头寸作为一个单独的整体来计算利润率；一个长期交易者不会每天都进行表现数据的收集。对于那些每天不进行很大数目交易的交易者来说——特别是那些不是每天都进行交易的交易者——一个精密的数据程序并不是很必需的。这样的交易者可以自己制造自己的空白表格程序并人工地进入相关的数据中。Excel 中的统计和制表功能使得这种工作方式成为一种可行的选择。对于那些每天都进行很多笔交易的交易者来说，这种人工进入就是一种负担，并且对于中午的审视来说缺乏实时的更新优势。对于一个活跃的交易者来说，一个精密的数据程序是不可或缺的。我发现对于在模拟状态中进行的交易来说，这是一种很有用的收集数据的方式。让新的交易者可以追踪他们的学习曲线，并且可以为想要尝试新战术的有经验的交易者固定特有的交易健身房。

最基本的情况是我们不能对我们没有观察的方面进行提高。大多数交易者对于应该在什么地方应用这些多种多样的数据没有一点概念，他们同样也没有意识到市场状况的改变是如何影响他们的数据的。我们用了更多的时间去研究市场，而不是研究我们自身，所以我们就要自己承担风险。而数据可以在交易问题转变成财政问题之前检测到这些。它们可以让你在遭遇毁灭性的亏损前，让你对潜在的爆发性危险提高警惕。数据为学习链划上一个完美的句号，就像自我观察对自我提高一样。

> 数据将注意力集中在交易的过程上，如果你稳固地进行表现提高，利润会自然而然地到来。

更深入的挖掘研究数据

像你收集的大部分数据将以每日为基准重新进行组织一样，它也很值得活跃的交易者进行更加深入的挖掘研究。这种深入挖掘大部分的作用是试图评估和修正详细的交易技巧。例如，对于表现统计数据每天进行一次总结不会告诉你，你的交易暂停是否合适，或者你对于何时进入市场进行交易和何时发出买卖指令的决定是否正确。它需要的是在交易日中进行仔细的观察，其中一些或许只能通过审视录像，或让一个指导者观察你交易的方法来进行。

通常，我会在一天之内为了我在这些天里想要得到的结果，这个原因观察一系列交易。交易者偶然会有可能有一连串的盈利交易或亏损交易，但是有时这一连串的交易会有很深远的影响力。一个早上有倾向走势的市场，到中午时会变成窄幅升降的市场，这是经常发生的事。交易者会看到这种倾向，并迅速地做成几项很成功的交易。不过，然后交易者会继续试图在窄幅升降阶段仍然进行有倾向的交易，结果在过程中由于接二连三地进行交易而损失惨重。一连串的亏损交易意味着，要么你是没有正确的观察市场，要么是所想出的交易构想是向着错误方向构思的，要么就是两者都有。我们这样来看：

> 如果你的交易确实有优势，一连串的亏损交易肯定是异常数据统计所产生的结果。

如果这样的一连串亏损经常发生，要么就是你的优势根本不是你所想的那样，要么就是你没有正确的对那个优势进行充分利用。至少，一连串的亏损交易会是要你暂停交易的警钟，给你一个重新评估自己和市场的机会。

在检查一天交易记录的同时，我也会注意寻找那些异常交易。有时当我们没有管理好一个交易者的风险时，这些异常交易会是那些损失惨重的交易。其他时候这些异常交易是以它们的规模之大和持有时间之长为主要特点的。我认识一个交易者，他会在一个交易日中90%的时间内进行小额及谨慎的交易，不过紧接着会将之前最大规模10倍大的头寸全部押在一个单独的交易上。毋庸置疑，他是在拿他一整天，有时甚至是他一周的交易在一项单独的交易上冒险。这为他的表现结果创造了很大的易变性。最有帮助的数据是把他的盈利/亏损，按照头寸的规模分开来看。我们会一点也不惊奇地发现，他在规模庞大的交易中没有比在小的交易规模中更大的优势。的确，总的来说，大额的交易会浪费他的钱，因为它们经常会通过总的利润率来反射出交易者的沮丧之情。用除去这种异常交易之外的表现统计数据计算来确定你的主要效率是很有益处的。如果你交易得很好，并且在大部分时间中都是盈利的，那么不断增加你的交易规模是有道理的，而同时，也要注意努力消除可能会创造异常交易的条件。

当独自检查交易时，计算利润和亏损就变得很棘手了。特别是当交易者进入和退出头寸的时候更是如此。紧接着一个亏损交易之后的，两个看起来像是盈利的交易，实际上与前者属于同一个独立的交易构想，在这种情况下，一个交易者的核心头寸就增加了一倍。我喜欢把这样的交易构想当作单独的交易来处理，然后分别检查核心头寸的规模和盈利/亏损，以及与此相对的附加成分。这可以告诉你这个核心构想是否正确，并告诉你进入这个交易获得成功的机会有多大。在很多情况下，核心的头寸——最基础的交易构想——将会是很明智的（暗示了合适的战术）。一个真正的投机商会在买卖指令完全成交时进入和退出长期和短期的头寸，再一次把记账变得复杂起来。在这种情况下，随意地定义独立的交易是很必需的，这样可以在投机商盈利的每一个点上划分出一个界限。

最重要的深入挖掘之一是一天中的交易时间对盈利/亏损的影响。因为一个交易日中可以发生很大的变化，通过交易者的表现来反映这些市场状况的变化也不是很罕见的。我会仔细观察早上、中午和下午的盈利/

亏损，并将它们与在那些时候的市场状态做对比，从而得到一个有关交易者强势和弱势所在的大致情况。我们还会发现一个普遍现象，交易者的表现会在一天的某一时刻急剧下降，而这通常是与交易量和易变性的下降相一致。这些对于交易者来说都是非常有用的信息，鼓励他们缩小交易规模，并在这些时段频繁地进行交易。的确，这些时候也是用来在交易中稍做休息的良好时段，让交易者可以重新集中注意力和市场洞察力。对多日的观察发现，一天中盈利/亏损的次数的差异揭示了交易者特殊的强势和弱势所在。我在早上的表现要比在下午时好得多，因此这个时段看上去可以最充分地利用我对市场模式的历史分析能力。这也是我注意力最集中和警惕性最强的时段。有趣的是，当我把交易限制在早上，并利用一天中剩余的时间在追逐其他个人价值时，我的总利润率和我的精神状态都得到了很大程度的提高。

很多很多的深入挖掘都是可以的——一些是在更宽泛的时限中，其他的是在较局促的时限中。追踪一周内的天数对盈利/亏损的影响——例如，星期一的表现和星期五的表现之间有差异——以及新闻大事对盈利/亏损的影响（预定的经济报告日）都是很好的例子。我喜欢用质量方式进行检查的一种措施是一旦一个交易者出现亏损时，他或她的表现会如何。这只是对交易者在亏损时进行操作并走出困境的能力的一个粗糙衡量。有时，当交易者亏损时，他们会改进他们的交易，例如这种困境会让他们把注意力集中在对明智技巧的需求上。其他时候，亏损会对情绪产生深远的影响，从而变得越来越严重。使交易从亏损中走出来的能力是对恢复力的一种衡量，而这也是一个优秀交易者的标志。一个相关的措施——"走出交易困境"这个硬币的反面——是当一个交易者盈利时，如何保持或增大这个获利。偶尔，当交易者赚钱的时候，他们会改变将要如何进行交易的方式。这就好比是他们现在感觉自己在用公司的钱进行交易，所以也不用太在意风险。收集最近的利润率对盈利/亏损的影响的信息，对于决定交易者是如何处理风险和交易回报是非常有帮助的。

表 7-3　自我观察和表现提高的战略

	录像	数据收集	指导者的直接观察
这种方式的优势	可以对一个人技巧和心理定式进行重放和检查；最适合追踪技巧	指明那些很可能无法被检测到的模式；追踪交易者的进程	在区分心理问题和交易问题上很有用；是可以信赖的反馈来源
这种方式的局限	不能显示交易的时间进程的详细的放大图像	不能很好地捕捉只能在录像上观察到的技巧的细节	不是永远都存在；不能重放；不像数据一样可以统计
最佳使用	审视和改进技巧	决定战略和战术是否有效	诊断表现毛病

最有用的控制情绪的措施是保持结果的一致性，而不要去管最后几个交易的利润率。

我们的发现是，你可以收集到很多有关你交易的信息，并且也有很多种方法可以帮助你获得这些信息（见表7-3）。你的表现计划——你创造自己的学习链和培养专业技能的方式——会反映出最适合你的交易市场和方式的组合。关键是自我观察：永远了解并想要了解哪些方法有用，哪些没有。你真正了解自己作为一个交易者的优势所在吗？你注意到自己战略、战术或技巧上的弱点了吗？如果没有，你怎么可能真正地使它们得到提高？我们作为交易者，就如我们进行交易的市场一样是有模式可循的。充分利用我们的模式是在市场交易中获利的很重要组成部分之一。

表现日志：自我观察的另一件工具

或许交易者在自我指导中最经常使用的工具就是交易日志了。日志内蕴含着各种各样的信息，但通常都由以下几点构成：

☆ 一个交易计划。一个人进行交易的意图是怎样的。
☆ 目标。努力进行交易的动力。
☆ 观察。个人和市场。

大多数的日志都是以日记的形式书写的。它们是对发生的事情和一个人对未来计划的语言上的总结。保持这样一本日志对于增强一个人的谨慎是一个很好的方式。在市场动态的压力下，想要在交易者的头脑中，时刻保持详细的计划和目标是非常困难的。我们需要承认，当我们在交易中最需要留心的时候，书写对于增大我们可以记住这些计划和目标的机会具有优先权。

当我向《交易的精髓》一书的作者约翰·福尔曼询问关于交易者最需要做什么来提高他们的表现这一问题时，他将要点指向"永远贯彻交易者自己好的想法，并坚持制作交易计划。"

作为Trade2Win论坛网页的最新内容主编，福尔曼已经观察过很多在交易者身上容易产生的问题。他注意到，对于大多数交易者来说最大的挑战是"在做一些他们知道他们应该要做的事情——100%的按照他们的交易计划行事。交易计划是指导交易者完成自己目标的地图，但是它们经常指错路，最终使交易者在进行交易的市场荒野丛林中迷失方向。"简单地说，交易者失去了他们的谨慎心理：在市场动态的压力下，他们不是变得更有计划，而是变得没有计划了。

如果我们把日志想象成是包含你所有想要提高交易水平的努力的多媒体文件夹，而不是书面日记的话，我们就可以通过日志完成更困难的事情。这样的表现文件夹包含你的录像、打印出的数据资料，指导者总结的观察——以及你基于这些所写的日记。我喜欢把日记想作是一种成绩报告单：它可以捕捉到你试图要完成的事情以及你每天做事的情况如何。日记将从录像、数据和观察中得到的资料提炼成为可行的计划——然后根据这些计划来评估你的进程。从理想状态来说，这个日记会既包含长期表现计划，也会包含有关提高的每日计划。

当然，完全受录像和数据中信息影响的风险是永远存在的。如果不将数据结合起来并按照主次顺序排列的话，我们同样也可以获得很多的事实和数字，但是却没有任何具体的东西可以让我们依它们行事。当教练观察对手的录像以及他们自己队的表现时，他们把从队员和团队表现上得到的数据综合起来制定出一个比赛计划，每一个队员都有自己特定的目标和主次顺序。这个交易日记的作用也是如此。它把表现文件夹中全部的信息提取出来，自己指导并制定出一个比赛计划。它将观察转换为行动。

注意，教练的比赛计划不能代替长时间的观看录像和收集数据。计划必须从对一个人自身以及对手的强势和弱势的详细评估中才能产生。仅仅依靠一本日记来提高交易水平同样是不可行的。制定出没有数据的计划，其结果是这个计划太过宽泛并且一点也不详细，因此它不可能对战术或是技巧有任何有意义或是持久地提高。内科医生在他们进行治疗前收集信息并做出诊断；交易者用一个综合的文件夹也可以这样做。录像、数据和观察提高了数据，就像是验血和意象疗法的作用一样。从这些信息中我们诊断出交易病症，并制定出详细具体的计划来解决这些问题。

将模拟交易看作是练习以及把真实的交易当作真正的表现是人为的区别。

> 当表现发生在为自我发展而制定的具体计划这个框架中时，所有的表现都是练习。

不断进步的表演者会问：我今天要进行什么练习？我如何进行练习？我怎么知道我会不会成功？今天我学到了什么可以在明天使用的东西了吗？一本日记所起的作用就是组织对这些问题的回应，并在精神上对这些问题保持警惕性。这让我们可以把注意力集中在达到进程中的目标上，而不是盈利上。从一种很重要的意义上来讲，我们能否赚到钱——在任何一个交易或交易日中——并不在我们的掌握之内。虽然我们可以把握机会向对我们有利的方向发展，但是不确定性和不可预见的市场发展仍然存在。一天的交易可以控制我们能否赚到钱，但是，是否亏损以及亏损多少是由我们来决定的。如果战略合理，优势就会出现。随着时间的进展，好的交易就会变成盈利的交易。

> 只要把注意力放在交易上，交易专家就完成了自己的目标，而不是市场的。

利用交易日记来促进交易者的成长

正如我在《交易心理学》一书中所描绘的，一本书面日记对于如何应付交易中的情绪挑战很有帮助。如果日记记录的是交易能力发展的过程，而不是事后推理的话，这本日记就会特别有作用。如果你没有使用录像这个方式，那么日记的作用就尤为重要了。在获取信息和做出决定的过程中有很多情绪因素的干扰源泉，最常见的困难来源之一是我们具有在碰巧所在的任何环境中都想进入沉浸状态的倾向。我们不再观察自身，就好像我们是通过三棱镜来观察世界，但却忘记了在那里的其实是镜头而不是世界。我们把主观的经验当作了现实。

我们的精神和身体状态的确是作为我们用来观察这个世界的镜头的。阿隆·贝克是认知疗法的先驱之一，他曾提到过三合一负面思想：沮丧的人都用一种悲观的偏向去处理与他们自己、其他人和将来有关的信息。相似地，焦虑的个体在环境中只会察觉到威胁，而不是希望。当我们把镜头当作是现实时，我们对自己的思维和行为再也不能进行完全地掌控了。我们依据我们扭曲的事实来行事，而不是依据我们最好的判断。

实时日记的价值在于它将我们推到自己身外去，将三棱镜移走。要简单地回答"我现在的状态是怎样的？"以及"我的状态是如何影响我的洞察力和行为的？"这几个问题需要我们远离我们的固有心态。日记为我们所有的人都培养了自我观察者，培养我们可以故意转移自己状态的能力。的确，整个治疗方法的过程，如我们在第8章中探讨的，就是来源于这种日志的用法。

《柯克报告》的编辑查尔斯·柯克对于市场信息和交易构想有一个很

强的总结能力,他最近和我分享了有关日记对交易者成长的价值问题的想法。

> "我发现优秀交易者和伟大的交易者之间的区别是,伟大的交易者总是对他们需要进行改进的地方非常警觉,并努力工作,想要消灭这些薄弱环节……在我看来,你所学到的东西的来源,没有任何东西能比一本好的交易日记更优秀的工具。当我阅读自己几年前的交易日记时,我总是很吃惊地发现原来我已经忘记了那么多事情。"

柯克比较有价值的观点是日记不只是一种教育设备;他们还有继续教育的功能。在市场中学到的最重要的课程中有很多——就像在生活中一样——需要被学习和反复学习的。日记同时拥有这两样功能。

还记得我们在第5章中碰到的交易专家马克·格林斯波吗?尽管去年他赚了好几百万美元,他仍然继续虔诚地保持着对自己的表现记日记的习惯。在我们的谈话中他经常提及自己的日记,并用它来追踪自己在以前什么地方做对了,什么地方做错了。几个月前日记上记载的见解帮助马克在交易中做出了一个重要的转变。这就是把日记用作继续交易的功能——也是为什么马克作为一个交易专家可以坚持成功的原因。

保持日记并不能替代刻意实践或者是录像和数据的反馈作用,但是它让我们将反馈意见凝聚提炼成为行动计划,并将这些计划同精神状态盲目的转变区分开。当我们写关于自己的东西时,我们只需要站在我们自己之外就可以了。在这些时候,我们要和指导者一起来确定自己的情况,而不是和有困难的交易者一起。

> 交易日记是作为指导者的我们和作为交易者的我们进行交流的一种方式。

制定目标：将自我观察转换成表现计划

当你在检查表现指导领域时，不论是在交易上、运动上或其他领域上，有两个干扰因素：制定目标和想象。的确，有些作家会让你相信，有比制定目标更能够帮助提高表现水平的方法，就是相信他们，并想象他们获得的成就。当然，这种做法很傻。制定一个目标并想象已经达到这个目标，不能代替天赋、技巧，以及通过系统的训练和反馈对这些因素进行培养。想象达到一个目标，却对达到这个目标没有一个计划性的追寻方案是自欺欺人的做法，而不是积极的思考方法。

不过，证据证明制定目标对表现还是有帮助的。在商业世界里，洛克和拉撒姆观察了数百个制定目标带来影响的例子，发现制定目标在各种活动中总是可以帮助提高表现水平。笔者认为，目标可以从以下几个方面提高表现水平：

☆ 集中表演者的注意力。
☆ 引导表演者的努力。
☆ 鼓励坚持。
☆ 养成新的解决问题的方法。

波顿研究小组的一个全面审视也证明了制定目标在提高运动员表现上面起了支持性的作用。不过，有趣的是有证据证明，在运动项目上制定目标产生的效果，远没有在商业领域中强烈。研究也发现运动员也认为制定目标的效果一般。

仔细观察一下这个研究，你会发现目标是如何实施的，对于产生的效果具有很重要的决定性因素。不幸的是，很多指导者和交易者并没有重视这个研究，所以也不能从这个研究的成果中受益。

对这些发现进行总结，拉瓦莱研究小组注意到，"结果目标"和"表现目标"之间有所不同，并观察到后者比前者更有效果。例如，一个结果目标也许是一个交易者想要每天赚2500美元的意图。一个表现目标则是指,在交易者控制范围内直接实行的行动,例如确保交易者的最大亏损交易不会比他最大盈利得多。结果目标不是同样有效的原因是他们可以影响干扰表演者的思维,鼓励他们在试图进入沉浸状态时还要评估自己的表现。当作家想要评论自己写的散文时,他们会经历思路堵塞的情况。同样分解注意力的方法会使公众演讲员和参加大赛的运动员产生表现焦虑。当表现的结果是外部表现注意力的客体时,表现的大部分依靠的是出轨的内隐步骤。

而表现(步骤)目标则让表演者将注意力放在他们需要表现好的详细行动上。对于训练中的全国运动汽车竞赛协会修理员工来说,他们的表现目标会是站在精确的指定位置上,以便在一次修理中可以将人为的干扰降到最小。短期交易者的表现目标也许会是只要交易处在盈利状态中就把暂停点提高到收支平衡点上。像这样的表现目标可以反映技巧:对结果有所帮助的,为把绩效表现好而进行的具体行动。它们将交易者保持在沉浸状态,而不是争取交易者的集中注意力。

尽管步骤目标看上去有优势,波顿和他的同事在审视中发现,步骤目标和结果目标的综合比单个更有效果。他们建议,正在发展技巧的表演者,可以从将他们的注意力集中在适当的技巧上的步骤目标中受益最多,而有经验的表演者可以从保持他们动力的结果目标中获益更多。这样就有了一种可能性,即目标在专业技能成长的各个阶段中所起的作用各不相同。目标有没有作用取决于在表演者特定的成长阶段中,它们有没有充分满足表演者的需求。

这些含义对交易非常重要。刚入门的交易者很可能从可以反映适当技巧和表现的目标制定中获益良多,例如风险管理目标。在观看录像和收集数据中,他们的注意力应该集中在交易基础和达到自己的目标上。然而,交易专家也许会从激发动力的结果目标中得到优势。在我写这本书时,与我一起工作的一个交易者在一大早由于在一个买卖指令增值配股出现失误而亏损了钱。我建议我们应该把这天交易的注意力放在盈利上。他知道他需要做的是达到这个目标,我的屏幕也显示出他已经达到了这个目标。结果目标让他把注意力放在交易中应该做的正确的事情上。

研究发现并不是所有的目标产生的效果都是一样的。拉瓦莱和他的同事注意到SMART这个首字母缩写词可以总结出有效表现目标的一些共有特点。这样的目标应当是详细的、可预见的、以行动为导向的、现实的和及时的。

拥有SMART的目标让交易者可以优先考虑一些问题。他们把在录像和数据中观察到的表现病症转换成可以改进表现结果的实时行动。

如果制定的目标没有效果的话，经常都是因为这些目标不具备SMART。目标中常见的缺陷有：

☆ 不详细。这些目标制定得太过宽泛，例如"我在进行交易时要更有原则"或"我要盈利"这类，所以它们不能指导详细的行动，也无法生产积极的习惯模式。

☆ 无预见性。目标可以表达精神的状态——"我交易时要更有信心"——或是没有任何数据显示的结果，如"我要交易得很好"，不能对表现过程进行评估。

☆ 没有以行动为导向。制定的目标是最终结果，而不是表现过程中的具体活动，如"我今天要赚钱"。

☆ 不现实。目标是远在天边，无法实现的，如"我这个月每天都要盈利"，或数目太多，无法一次有效地完成。

☆ 不及时。目标定的太远，因此无法指导近期的表现，如"我希望今年是我交易最好的一年"。

理想状态是交易者可以清晰地将战术和技巧依主次顺序排列，基于指导者、录像中的观察和数据统计结果的反馈来得到提高。每一个要优先考虑的事情，随后就可以变成接下来的一天或一周内的具体目标，并在表现日志中详细记载表现进程。按照这种方式进行规划，目标就可以指导交易者集中努力并提高动力。

当目标为表现带来坏处时

波顿和他的同事进行详细的审视后得出了几个很有趣的结论。依据洛克研究组的研究，其中一个是目标的详细程度和它们的难度极大地影响了它们在表现提高上的效果。SMART标准的第一个暗示了详细的目标比不详细的目标更可以帮助交易者。这是真的，但是在很多表现领域详细性的受益都有限制。当表演者试图保持表现的高度一致性层次时，详细的目标就很有用了。

在每一次芭蕾中，都坚持学习用一种跳跃姿势的芭蕾舞演员罗氏·惠兰，或者在挥杆时保持高度一致性的泰格·伍兹都是很好的例子。当交易者需要一致性时，他们需要的不只是通过表现环境反复的训练技巧。因为市场和市场状况经常发生变化，要一个交易者每天都用一种方式进行头寸交易是不可能的。因此，非常详细的目标对一个成长中的交易者来说，没有对一个专业板球投球手的帮助大。目标需要非常的宽泛才可以让交易者能适应不断变化的市场环境。依据市场易变性和最近的支撑/阻力位，来制定停止亏损点和在一个人记录中固定的距离制定停损点相比，就是更为宽泛而且灵活的目标。

看上去比目标的详细度更重要的是它们的难度。在商业领域中，困难的目标比简单的更有效，因为它们会带给表演者更大的动力，以及让表演者花费更多的努力。不过，在运动圈里就不是这样的了。奥林匹克运动员更倾向于选择适度的目标，而不是很高很困难的目标，他们的理由是：目标的困难程度和运动员的表现之间的关系是一个反向的U。很简单的目标不能激励表演者，或是让他们精力充沛的付出努力，但是很困难的目标似乎也有减弱的效果。难度适度的目标让表演者可以重新安排他们的努力，同时还可以对完成目标保持乐观的态度。和研究相一致的是，我们较早的进入任务和能力水平匹配的沉浸状态对于保持沉浸状态非常重要。

这个研究的重要性在于，如果制定的目标是处于不适合的难度状态时，它们最终会妨碍表现的成长。追求完美的交易者会长期的制定不能达到的目标，结果产生了沮丧和失败的经历。同样重要的是，不够困难的目标看上去对动力有抑止的作用，减轻了掌控的愤怒。表现文件夹中最有价值的一面是它们可以追踪长时间以来交易者的技巧水平。这就让交易者可以制定一个相对，而不是绝对的目标。一个相对的目标是对前一项表现的提高改进，而不是绝对的完成。例如，如果一个交易者正在有利的价位上要进入交易，我或许会在一周的时间内计算交易的平均资金调动情况，并鼓励交易者制定一个目标，在这个数字上进行提高。相对目标避免了完美主义，并且比绝对的目标更有可能与交易者的能力相匹配。

> 相对目标确保了学习是一种挑战，而同时也不会太有压迫性。

如果目标不是被当作前进过程中的一部分来实施的话，它们就会妨碍表现。一个没有与及时的计划和反馈相连续的目标，会让交易者找不到可以达到目标的那条清晰可见的道路。波顿和他的同事有一个非常好的见解，就是信心和效率都不高的表演者特别会从获得成功和控制能力经验的目标中受益。当交易者制定了不能具体和计划、评估、反馈和正确的努力相联系的模糊目标时，他们就没有办法扩展对能力的认识。这样的目标既不能让成长中的交易者集中注意力，也不能给他们动力。当目标成为培养技巧和对能力的认识这个广泛学习链中的一部分时，它们就是有效的。重要的是，交易者和指导者要把目标当作是学习过程的组合部分，而不是要达到而后又会忘记的固定目标。

形象化描述：让目标变得真实

如我们在第8章中所看到的，形象化描述是认知行为疗法中的主要组成部分，也是其他表现领域中的运动心理学家和指导者的主要支柱。由于大部分的形象化描述都把着重点放在形象化上，它就有可能唤醒其他的意识。形象化描述的基本用法有以下两点：

☆ 唤醒特定的情绪状态。人们对形象化描述做出的反应就是把它们当作是真实的事件。想象一下可怕的环境会让我们处于更加紧张的状态；而想象与性有关的场景会产生刺激感。形象化描述拥有的这种可以复制真实的能力，在创造令人满意的状态上特别有用。例如，当我们处于紧张阶段时，我们可以用安慰的形象化描述来放松自己，或者我们可以用达到一个目标的这种想象来加强我们的动力。

☆ 行为预演。在这里，形象化描述的作用是充当训练中的一种技巧。例如，一个交易者也许会在美国联邦储备系统会议发布前的几分钟，想象各种各样"如果……怎么办"这样的场景以及她在这些不同的场景中应该如何进行交易。形象化描述练习的目的是让一个满意的行为如何最有可能在实时的表现中发生。

像制定目标一样，形象化描述可以是一样很有价值的表现辅助工具，但是它是如何被使用的会在产生的效果上出现很大的差异。研究有一次证明了其最有启发性的能力。

豪尔进行的研究暗示了形象化描述的确在代替真实的经验上很有效果。例如，想象一下脑部研究，会发现我们也会对想象的，而不是真实经历过的事件做成形似的回应。可以利用形象化描述的行为治疗法，例如我们在下面几章中会涉及的暴露技巧和认知重构方式在结论研究中都是最有效果的。运动员汇报说他们在训练和比赛环境中，经常用到形象化描述。因为形象化描述在功能上和真实的经验是相同的，所以表演者可以通过形象化描述从培养技巧上受益，作为故意实践的一个补充。

这并不是说形象化描述可以完全取代真实的经验。大多数研究证明较薄弱的表现可以单独地从形象化描述中受益，而不是从实际的训练中。此外，形象化描述并不是对所有的表演者都同样有效。拉瓦莱和他的同事从其研究资料中对形象化描述总结出了5个重要的结论：

☆ 精神上的训练可以提高表现。
☆ 精神训练加上身体训练，比起其中任何单独的一种更可以提高表现效果。
☆ 比起机动的技巧，精神训练更能提高认知技巧。
☆ 比起新手来说，精神训练更可以让专业表演者受益。
☆ 精神训练的好处会随着时间的推移而下降。

另外的一个有趣发现是基于形象化描述的训练，在其很形象很积极的时候最有效果。人们创造形象鲜活的形象化描述的能力各不相同，而看上去最鲜活的意象最适合作为表现的预演来使用。精神训练可能没有实际的故意实践更有效果的一个原因是在想象表现环境时，它很难能具备高度的真实感。此外，还有几项研究发现积极的形象化描述——想象成功的表现——比想象不成功的表现更有效果。尽管这看上去像是表演者一意孤行要使用消极的形象化描述，但是实际上，这种情况经常会在担忧和产生表现焦虑的环境下出现。有经验的交易者清楚为赢得机会而交易和为避免亏损而交易之间的区别。

这些发现也许可以帮助解释为什么形象化描述对于有经验的表演者最有用。因为他们对于技巧和战术都相当地了解熟悉，因此可以比新手想象出更逼真更鲜活的场景。有经验的表演者也有很多成功的经验，因此会觉得更容易进入这种积极的形象化描述。新手就很难能想象出鲜活的成功场景，因为他们没有经历过很多的成功。

只要应用适当，形象化描述可以通过将目标真实化的方法来提高制定的目标。形象化描述可以激发动力和兴趣，还可以加大体力训练来加速学习曲线的发展。不幸的是，交易世界里的大多数指导者，对于有关人类表现、学习、目标制定和形象化描述的大量研究都很陌生。这种信息的缺乏，使得轻率和毫无选择的应用这些方式的情形频频发生——他们更多的是用通俗心理学的态度，而不是表现科学的态度来进行指导的。对学习而言，更周到的一种方式依据的是通过录像、数据和指导而进行的系统性观察，以及如何将观察变成有关战略、战术和技巧的表现计划。表现日志、制定目标和形象化描述，都只是指导中使用的一部分技巧，可以将好的意图和稳固的成长进程区分来看。不过，如何让它们可以适合学习者的需要，以及学习方式将会决定它们的有效性。

> 如果交易者是以自然科学为指导的话，他们所做的更倾向于变成艺术的劳动成功。

第七章　表现动力学

对表现科学的最后感言

这一章所传达的信息是专业技能成长中有科学的存在，也有艺术的存在。从对交易模式的数据收集到自我观察再到使用适当地表现提高战略，交易者可以通过依靠我们在其他领域知道的有关表现方面的知识来加速他们学习曲线的发展。光靠读书和杂志是不够的，还需要参加研讨会以及审视图表。表现成长自身是有计划的、系统的工作。我们可以在全国运动汽车竞赛协会团队、奥林匹克运动员和表现艺术家身上看到这一点：表现研究课程的用途是向好的方面发展。交易世界需要经历缓慢的过程去消化这个简单的事实，即交易是一项表现活动。在其他领域上指导优秀表演者的原则和步骤，也同样可以培养交易者的专业技能。这或许是如今市场中最好的，至少是有用的优势来源。

不过在这些环境中，哪个会使我们的精神状况阻止我们专心投入到适当的训练中去呢？这个就是心理学家以及作为自己治疗师的交易者的任务。交易者真的可以成为自己的治疗师吗？让我们来看一看。

第八章　提高绩效的认知技巧

认为人永远不变的想法是十分错误的。一个人永远也不会是长久不变的。他总是在不断地改变。甚至很少可以保持半个小时不变。

——乔治·葛吉夫

在前7章中，我已经强调了如果一个人一开始没有找好一个市场职位就进入培养能力和专业技能的学习过程的话，交易心理学工作的作用就不会太大。不过，现在我们要看一看这枚硬币的反面：如果你的心理模式在逐渐削弱你的表现时，世上所有的训练和技巧发展都是无用的。在接下来的两章中，我将要尝试一些特别的：我会将折磨有技巧的交易者的主要情感问题概括一下，总结出迄今为止研究证明对解决这些问题最有效的2种简单的治疗方法，然后描述一下你如何对自身实施这些改变技巧。如果你真的想成为自己表现的指导者的话，你有时也要做自己的治疗师。

交易问题的根源

在《交易心理学》一书中我已经列举了最影响交易者的问题，同时也对我们所有人都会有影响的问题的变量。这一点很重要，因为它暗示了在控制后果研究中被证明是很成功的短程治疗方式可以让交易者在情绪上和财政上都受益匪浅。与依靠每周一次的谈话课程来探询心理问题根源的传统心理测验方式不同，短程治疗提供了可以改变现有思维、感想和做事模式的一系列可以亲身试验的工具和技巧。葛吉夫的一个基本观念是——如今在认知神经系统科学已经得到证实——人类不会"永远不变"。我们经历过不同的情绪、身体和认知状态对环境事件做出回应，让我们在一个给定的环境中用这种方式进行思考和行动，而在其他的环境中就会用截然不同的方式。

　　一个客观人类观察者会总结说人类缺乏自控能力。他们不可能永远如一，保持不变。这使得通常很负责的个体在他们进行大规模交易时忘记了风险管理。这让我们可以制定出详细的交易计划，但是当市场猛烈变化时这些计划就变得一无是处了。我们不是完全有意图的个体；在很经常的情况下，我们最好的意图会被暂时的事件或经历带得偏移了方向。

> 我们是如何思考、感觉和做事的是与我们的精神和身体状态息息相关的。我们不会永远不变，因为我们会不断地改变自己的状态，要用不停地从一种方式跳到另一种方式的方法来处理世界上发生的事情。

　　通常的心理学不会这样认为。它会告诉我们如果我们采用更积极的态度、概念和自我交谈的方法的话，我们就会得到改变。如果是在这种情况下，我们并不需要治疗学家的帮助。每个人只要简单地阅读一下自助方面的书籍，然后就可以过着充满满足感的生活。然而，对于我们大多数人来说，改变并不是由于简单的意愿上的行动就可以达到的。在我希望某事会发生的不久之后，其他人也会不可避免地运用他们自己的希望来达成某事。那么为什么一个长期节食者会突然暴饮暴食，然后又开始节食呢？为什么一个在日记中写下一条又一条原则的交易者会突然进入一个大的头寸，并且在这个头寸按照相反方向发展时还坚持不松手呢？这看上去简直就是自我破坏，但事实上比这样还要糟糕。

　　这是完整个体缺失所造成的结果。短期治疗对于让我们自身变得完整这个程度很有效果，会帮助我们变得更有意图。认知治疗通过训练我们对世上的事情进行不同处理的方法来达到这一点。行为治疗通过创造挑战日常事件的新颖的反应模式来让我们变得完整。按照我们所选择的方式思考和做事：这是成为我们自身的治疗师的奖赏。

不完整的自身

什么是自身？它让我们可以不断从一个状态移到另一个状态。我通过我所在的状态来体验自身。相似地，尽管我们的情绪和行为都在不断地发生变化，其他人还是可以观察出我们是谁。当我说"我爱你"时，人们会把这当成是自我的表达：一些基础的、重要的和不会改变的事情。这并不意味着"在我现在处于的状态中，我感觉到爱你。"

事实是我们不断地体验自身，然而当面对很多情绪上的困难时，我们还是不完整的——大多数是我们在交易中遇到的问题。因为我们对持续性的感觉，我们可以确定我们现在处于的状态；我们认为每一个状态都是对现实的反射。葛吉夫的一个著名练习是让人们安静地坐在那里，并在一段时间内完全保持自我意识的觉醒。必然的结果是，我们做不到。我们的思绪会到处飘荡；我们能够明确这一刻的思维、景象和感想，但却忘记了要保持自我意识的清醒。如果我们在这样一个简单的无感情干扰的练习中都无法维持意图的完整性，我们如何期望能在充满风险和不确定因素的阶段保持一致性和处于控制地位呢？

很简单，我们身上的"我"——我们对于我们是谁的感觉——比我们的"我"——我们意图要指导自己行动的能力要强。由于我们处于被分割的状态，我们不能有一个完全自由的意愿。我们受到环境和事件以及它们在我们身上引发的一系列事件的支配和影响。

大约一个世纪前，以弗洛伊德为先驱的谈话疗法很不幸地不能产生足够的变化。通常治疗是一个长期过程，不是因为这些问题很严重难以应付，而是因为只有当病人的精神处于一种状态而问题发生在另一种状态时治疗才会发生。这对于大多数交易者的指导同样也是一个限制。对于**交易目标、计划和方式**的讨论发生在实际的交易内容之外，而情绪上的变动使得达到这些好的意愿的行为变得更为困难。短期治疗在短期内能产生变化，因为它是在实时环境中进行操作的；它在问题特别出现的环境背景和状态中与人们一起工作。

思考这一点的一个有用方法是，除非你在处于不完整状态时进行治疗的，你是不可能达到自身的完整统一的。这也是实时自我治疗的精华所在。

> 短期治疗在实时状态中充分利用不完整性，并为掌控创造机会。

当我在交易者进行交易时进入他们的办公室，我通常会在他们进行最糟糕的交易时这样做。我会这样对交易者说，"看看！你已经在市场上亏损钱了，你现在又更加积极的开始交易。这是你上周亏损的数目。你感到沮丧，并试图让盈利的情况出现。现在你又一次感到沮丧了。我们有很好的机会可以像以前一样亏损。或者，我们可以做一些不同的事情。"

葛吉夫把我的作用比作一个闹钟。弗洛伊德把其称为"观察自我"。打个比方，我所做的是摇动交易者的双肩，举着一面镜子，说："看看你自己！你已经心烦意乱了。你真的想要现在开始交易吗？"目的是要帮助人们做站在自己身外的观察者，即使是在他们的状态每时每刻都在改变的情况下。这种观察能力就是可以把自我聚合在一起的胶水，让我们有意图的做事情。"你现在很沮丧，不要那样做"是作为治疗师的我们传递给作为交易者的我们的讯息。

通过自我观察，我们变得没有那么不完整了。现在我们当中远离事件的一部分问了这样一个问题"我在这里应该怎么做？"在不断地重复下，努力的自我记忆就产生了积极的习惯模式。如果交易者反复地站在市场之外进行预演，并在沮丧时审视自己的战术的话，最终会意识到状态的改变，对交易的审视也会变成机械化的，这样就变成了交易者全部行为中崭新的一部分。

第八章 提高绩效的认知技巧

一个失去交易能力的有家室的男人

作为一个货币和债券方面的有能力的交易者，詹姆斯连续两年都盈利，他交易的规模和成就也随之慢慢扩大。然后他得到了这样的消息：他的夫人维多利亚怀孕了。一开始詹姆斯很兴奋。他非常开心，可以开始作为一个有家室的男人的生活了。维多利亚一直梦想当一个妈妈，她也非常的高兴。这对夫妇开始到处看房子，将注意力集中在有优秀学校的附近。房价涨得很高，但是詹姆斯知道维多利亚想要离开城里。就他而言，他并不介意往返两地上下班，而且他觉得自己的交易事业可以维持房子和孩子带来的新开销。

当收益曲线缩紧，然后逆转时，詹姆斯开始在交易中努力挣扎。由于他习惯将汇票、货币和债券上的差价暴露出来，詹姆斯已经不能再依靠旧的关系进行交易了。他经历了交易生涯中最糟糕的一个交易周，亏损了前两个月中很大一部分利润。通常这不会成为一个问题；他以前也曾经经历过亏损时期。通常来说，他会缩小交易规模，观察新的市场关系，然后再重新调整他的交易。以前有一次，当政府宣布重新发行长期债券时，他在几项交易中都损失惨重，所以他就稍做休息，并对差价进行观察研究。用缩小交易中全部头寸的方法，他重新找到了平衡点，并迅速地返回到盈利的道理上去。

不过，这次情况不同。詹姆斯在亏损后想的第一件事情是他需要赚回多少才可以弥补之前的财政预算。他决心不能过有"差劲的房子"这种生活，就像他大多数交易同事的想法一样。由于这个原因，他觉得自己不能承担小额的交易。的确，他在交易中变得大胆激进，决心要把亏损的钱赢回来。

这个战略产生了非常事与愿违的效果。由于害怕进一步亏损，他很快退出了规模很大的头寸，比以往任何一次都要快得多。由于连头寸中的一般压力都无法承担，他发现自己退出了很多非常有可能获利的交易。这只是加剧了他的沮丧之情，这又反过来让他更加积极地进行交易。当我开始与詹姆斯一起工作的时候，他之前稳固的交易已经被彻底摧毁成为从沮丧、攻击性的交易到焦虑、可怕的交易，再到进一步的沮丧这样一个循环状态。以前他是一个很喜欢与其他交易者进行社交的人，现在似乎变得孤僻，不合群了。

就好像是他变成了另外一个人，一个完全不同的交易者。而这两者他都不喜欢。

让我们一起来看看詹姆斯到底发生了什么事情，然后调查一下认知疗法在挽救他的交易上起到了什么作用。

对策为何失败：认知的角色

当固定收入手段之间的关系由于收益逆转的结果而产生改变时，需要留心记住的一件重要的事是詹姆斯维持生计的交易并没有改变。例如，中期国库券10年内的走势都没有发生突然的改变，而易变性也没有发生大的转变。的确，他不能依赖老的差价关系，但是他可以在之前就处理这个问题，那样的话就可以变得更强壮了。在詹姆斯没有从最近的亏损中恢复过来这个问题上，并没有任何客观原因。

然而，詹姆斯已经不能对客观的市场状况做出反应了。这就是为什么他的对策会失败的原因。这个威胁已经不再是一个特定交易带来的风险，而是有一天不能轻松的支付房款和养活家人的威胁。他已经不再是为了进行一个好的交易而进行交易了。这是关于赚足够支付一种生活方式数量的钱的事情。结果，普通的亏损现在感觉很有威胁性。尽管在一个普通的头寸上亏损普通数量的钱实际上并不会对他以后的事业发展造成损失，他还是将这些亏损当作威胁。

这就是认知治疗法工作的方式：它可以让我们改变对事件的看法，这样我们就可以减小威胁，并依靠我们有效的对策方案来解决问题。

很明显，詹姆斯正在退出头寸并改变交易方式，希望可以控制他的焦虑心情——而不是通过对交易进行适当管理的方法。他所应付的是内在的威胁，而不是市场中存在的风险。这动摇了他的交易模式，造成进一步的困境，以及用来控制这种困境的全新的、不同的继发应对努力。不久之后，一个善于社交并且自律的年轻人就变成用一种孤僻的随意的态度来做事了。

第八章 提高绩效的认知技巧

弗洛伊德对心理学做出的一个长足的贡献之一是，他意识到当对策失败后，人们倾向于返回并采用在人生的早期阶段起过作用的处理方式和战略。他把这种现象叫作回归。从弗洛伊德的角度来看，状态改变和性格变化是倒退回我们在幼时的处理方式来解决面临的威胁的一种运动。通常，这些早期的应对战略，尽管在过去曾经起过作用，但是却不适合现实状况。他们不是在解决问题，而是在制造新的问题。当像詹姆斯这样的交易者开始寻求咨询帮助时，他们的问题是由于改变应对策略而引起的，并不仅仅因为造成最初状态改变的担忧。

回归是由于使用完全不同的处理策略引起的状态和个性的改变而造成的。当我们一次又一次的退出到古老的应对方式时，结果就是出现有问题的模式：这种反复弄巧成拙的行为实际上是我们在那个时候指导的唯一应对策略。詹姆斯不想过早地退出交易，也不想亏损，尽管如此，他发现自己还是在这样做。

如果你可以理解这个概念，你在成为自己治疗师的道理上就成长的很好了。当我们对情势反应过度时，我们通常会使用以前的应对措施。像詹姆斯一样，我们是对为情势做出的极端处理而做出反应，而不是对这些情势本身。

> 交易表现中出现的心理干扰因素不是由于问题而产生的，而是由于对这些问题的过时的应对方式而造成的。

认知治疗很有效，是因为它可以改变我们对事件的理解，并为更新处理技巧而提高机会。很有趣的是，它这样做的过程与我们在表现中发现可以产生能力和专业技能的过程一样：都是逐步发展的练习以及对刻意实践的及时反馈的一个过程。

在开始认知工作前应该了解的事情

在我们进入认知工作如何开始的环节前，我们看一看何时应该采取自助方式，而何时应该寻求外界的辅助。当一个人带着交易方面的担忧到我这里来寻求帮助时，通常会呈现出以下的一点或几点：

☆ 状态问题。由于最近出现的一些因素，交易者在交易中遭受情绪上的干扰：一种交易下跌，引起分心的人际关系压力，健康或财政上的改变，等等。

☆ 缺乏训练。由于战略、战术和/或技巧不够，交易者正在经历沮丧之情，结果导致亏损和挫败。

☆ 变化的市场。交易者拥有良好的交易技巧，并且有着成功的历史，但是他或她的市场正在经历大的变化，所以现在需要适应这种改变。

☆ 长期问题。交易者正在交易中经历情绪上的干扰，这是由于在生活中的很多方面已经存在并且已经对生活的多个层面产生干扰的宽泛的个人问题而造成的，而不仅仅是因为交易上的问题。

当我第一次遇到一个交易者时，以上4项在我脑海里都是清单的一部分，可以帮助我评估交易问题。如果这个问题是由于缺乏训练或是市场改变这两个原因其中之一的话，短期治疗技巧也许在控制沮丧上会有帮助，但是最终的答案，正如我们看到的，就是进入一个（重新）训练的过程。缺乏训练的交易者需要通过模拟和有规划的反馈来改进交易技巧。那些市场发生变化的有技巧的交易者需要用模拟和较小的规模去探索你的战略和战术，有时还可能是新的市场。

这一点非常重要：在开始心理工作前，我们需要找到这个问题基本上是一个影响情绪（缺乏训练，市场改变）的交易问题，还是一个影响交易（形势上的或长期的困境）的情绪问题。这个问题的答案可以帮助决定你要寻求的指导类型以及你所需要的特别的辅助类别。

如果这个问题只是形式上的，通常你会知道，因为在这个交易问题出现时，生活也会相对的发生巨大的改变。形势上的困难也许是交易上的——剧烈下跌和表现焦虑都很常见，就像成功后的过度自信一样——或者可以在交易之外的生活中追踪到。例如，把人际关系和财政上的问题带入交易中这样的情况也是很常见的，就像我们看到的詹姆斯一样。人与人之间关系的消失，不论是通过离婚/分手或是死亡，特别会在交易中造成分心。这些形式上的担忧特别适合使用短期治疗方式来进行。这种问题要应对的是一种形势，而不是一个基本的个性模式。

其他时候，交易者的确拥有会产生困境的长期模式。这也许是因为带有沮丧、焦虑、注意力缺乏或上瘾行为，这类情况的长期问题而造成的。确定的关键是，看这些问题在交易生涯开始前就已经存在了，并且存在除了交易之外的生活领域中吗？自我实行的短期治疗技巧对于处理从长期问题中产生的困境有帮助，但是向有经验、有执照的专家咨询的做法更值得推荐。这可能会包括对详细特征的药物会诊。看上去像是一个心理问题的问题有时是由一个单纯的药物原因引起的，例如内分泌失调。不断发展并干扰工作和人际关系的情绪问题，也可以从药物治疗中受益，大部分这样的药物都是不会形成习惯并且副作用极小。在追寻可以解决长期情绪或是行为问题的自助战略前，和一个有经验的专家进行磋商是很有意义的。

所以，在何时适合当自己的短期治疗师呢？表 8-1 提供了一个简洁的清单，可以指导我和交易者进行工作。如果你适合这个清单中的一个或几个范畴，你从我教授你的短期治疗技巧中受益匪浅的概率就很大。

表 8-1　可以通过短期治疗受益的交易问题清单

交易问题清单
表现压力。对盈利/亏损比想要做成一个好的交易更担忧。
表现焦虑。在交易中感到战栗害怕，不能做成好的交易。
冲动式交易。由于厌烦、分心或注意力不集中而引起的过度交易（过大规模的交易或交易过于频繁）。
报复式交易。由于对之前亏损的交易的挫败感/愤怒感，所以背离交易计划。
自信的缺失。由于交易急剧下跌或除交易之外生活中最近出现的问题而产生的自我怀疑和消极想法。
干扰好的交易决定的态度。完美主义、消极预测、过度自信、在盈利/亏损上以自尊心为中心。

詹姆斯开始实行认知疗法

詹姆斯是认知疗法中的理想对象。他拥有很强的交易技巧,所以很明显他的挫败不是由于新手常犯的错误而引起的。他也不是一个受到终身心理缺陷影响的人。他的问题,虽然由于市场的变化而恶化,大部分来说还是形势上的问题:生活的改变,即维多利亚的怀孕,改变了他对风险和回报的看法,而这就逐步破坏了他的交易。让我们来看看认知疗法是如何帮助詹姆斯转变他的状况的,然后你就可以详细了解如何在自己身上实施这些措施。

当詹姆斯第一次见到我时,他把这个问题看作是怀孕和拥有一个孩子的财政压力造成他的交易失败。他觉得责怪怀孕是有罪的,但是在他的交易困难上没有看到别的原因。这是他对这个问题的理解:他相信这些事件直接造成了他的困境。

"让我们来做一个小小的思维实验,"我建议道:"假设维多利亚怀孕了,而你们两个都不知道。或许你们还没有做任何的怀孕测试。那么她的怀孕会影响你的交易吗?"

"当然不会了。"詹姆斯回答道。

"或者我们这样说,你知道她怀孕了,但是你在银行里有10000000美元的存款。那么拥有一个孩子会影响到你的交易吗?"

詹姆斯笑了,他明白我的意思了。他开玩笑说:"如果我有1亿,我可能就不会为了交易而心烦。"

"如果怀孕可能会破坏你的交易,"我建议道,"无论你知不知道,也无论你有多少钱,它都会破坏你的交易的。无论你知不知道已经中毒了,毒药都会对你造成伤害。无论你在银行里有多少存款,它同样也会伤害你。怀孕是毒药吗?"

詹姆斯和我都在专心进行认知治疗师称为苏格拉底式问答的对话。我试图要做的是鼓励詹姆斯从一个不同的角度去看待他的问题——或者,更确切地说,用他看待自己生活状况的角度来看他的问题。

"关于这个孩子,你对你自己会说什么?"我问詹姆斯。"当你在进行交易时，你脑海里浮现的是什么？"

"我想成为一个好父亲，我想抚养我的孩子，"詹姆斯解释道。"我不想让他的母亲担忧钱的问题。"

"我明白了。一个好的父亲会为他的儿子准备一切，对吗？"我用强调这两个词的口吻问詹姆斯。我做了极轻微的停顿，并直盯盯地看着詹姆斯的眼睛。"那么，如果你亏损钱的话，会对你有什么影响？"

詹姆斯退缩了。他的认知疗法正在起作用。

认知工作中的第一个改变：詹姆斯的转变

我和詹姆斯进行的苏格拉底式问答对话，虽然只是一小部分，却是为了逐步分析他对问题的定义而设计的。"事情让我有这种感觉，并按照这种方式行事"是他的定义。通过和他故意唱反调，我帮助他意识到这些事件本身没有可以干扰他进行交易的能力。更确切地说，他是对自己对交易的分析有压力，对这些事件对他产生的意义有压力。詹姆斯生长在一个贫困的家庭里。他知道和什么都无法提供给他的父母一起生活是什么样的滋味。他最不希望做的就是让自己以前经历的生活同样发生在自己孩子身上。詹姆斯不是因为维多利亚的怀孕而感到有压力；他是对害怕自己可能会成为像他父亲那样的父亲有压力，害怕自己无法照顾家人。交易上的亏损只是这种恐惧的导火索。由于无法用平常的应对技巧来消除这种恐惧，他感到很大的压力。然后他试图用当他还是孩子时用到的其他较早的应对策略——逃跑/回避——来减缓他的痛苦。

和心理分析疗法不同，认知工作不是将重点放在那些较早的事件上，尽管理解这些事件会对预测我们的个性改变有帮助。更确切地说，认知疗法帮助人们认清他们对这些事件的反应其实就是他们对这些事件的自言自语。从某种意义上说，詹姆斯的交易问题和要有一个孩子没有任何关系。他过度地进行交易，然后又胆怯地退出好的交易，因为他告诉自己为了要当一个称职的好父亲，他需要赚钱，承担不起任何的亏损。

> 如果把我们看世界的方式比作我们戴的眼镜，那么认知疗法就比如是处方上的改变。

"如果在你进行交易时我站在你身边，你会有什么感觉？"我问詹姆斯，"如果我用枪指着你的脑袋，然后说，'你要赚到钱，要不我就要开枪了，你会有什么感觉？'你觉得这样做会影响你的交易吗？"

"我不能集中精力，"詹姆斯回答道，"我会非常害怕。"

"害怕，就像'你要赚钱，要不你会成为一个失败的丈夫和父亲？'"我问道。"难道你不认为是你在用一把情绪手枪指着自己的脑袋吗？"

从认知工作进程中的第一步我们可以看到，我们对反映的控制能力比我们想象中的要好：这是我们看事情的方式造成了我们有问题的模式，并不是事情本身。当詹姆斯最终认清了这个事实，发现他的确是在用一把枪指着自己的脑袋——不是因为他是在弄巧成拙，而是因为他绝望地试图回避自己的过去。

下一个转变：詹姆斯收回他的枪

一旦詹姆斯意识到正是他对钱和市场的想法引发了他的困境，就不难跳到这样的结论：或许他过去残留的思维想法发生了扭曲。这在认知疗法中是很关键的一步，交易者已经从对自己消极的思维模式的觉醒中过渡到真正的怀疑并对这些思维模式进行挑战。开始，我是唯一进行苏格拉底式问答的人。不久，詹姆斯就开始担当这个角色了。

帮助詹姆斯改变的最好的技巧是认知专家所称的"协同检验"。我们决定把詹姆斯关于当一个好的供给者和在市场中赚钱的想法当作是假想。和任何优秀的科学家一样，我们同意做一些关于这些假想的测试。例如，其中一个测验就是一个简单的思绪实验。我让詹姆斯想象另一个最近亏损钱的结过婚的交易者。"你会把他称为一个不称职的丈夫吗？"我问詹姆斯。当然，詹姆斯回答不是。他很清楚是不是一个称职的丈夫是和这个交易者与他妻子的关系质量有很大的关系，而和这个交易者每天、每周的交易结果没有关系。

当我观察詹姆斯的交易并期待他获得一系列的盈利时,另一个简单的测验开始了。"你现在比今天较早的时候更像一个好的父亲吗?"我问他。詹姆斯只是笑了笑。

当我们把维多利亚带到治疗室时,詹姆斯假想中最大的测验到来了。让詹姆斯感到吃惊的是,维多利亚并不担心钱的问题。她想在空闲时间返回学校完成她的学业,以便她可以继续授课,发展自己的事业。具有讽刺意味的是,她很犹豫要不要告诉詹姆斯这个想法,因为她担心如果重新开始工作的话,詹姆斯会把她看作是一个不称职的母亲。她也不想让詹姆斯以为她是在担心家里的财政问题,因为这样会带给他更多的压力。她坚持说自己已经准备度过一些财政上困难的日子,只是希望在孩子出生时他们都会在。当詹姆斯看到维多利亚可以接受他事业上偶尔出现的失败时,他松了一口气;维多利亚同样很感激詹姆斯支持她重新返回工作的决定。

> 当认知疗法为我们提供可以逐步削弱我们最消极想法的直接经验时,它是最有效的。

我后来对詹姆斯说,他强迫自己赚钱不仅不能让自己成为一个更称职的父亲和丈夫,反而会妨碍自己在家里的有效地位。我鼓励他在家里做一些测试,看看他有压力,并感到焦虑的时期是不是同样是他最想尽父亲职责的时候。当他发现自己很生气时实际上会回避父亲的职责时,我指出在他连番亏损后他变得越来越孤僻以及闷闷不乐。我特别建议性的指出,这证明了你的心并没有放在家庭上面。

然后我们将这些新的观察发现应用到詹姆斯的实时交易中。当他处于亏损时期时,我们会大声地谈论他以前怎么样给自己施加压力,这种做法会怎么样的伤害他的交易和家庭生活,以及他应该如何用不同的方式应对。一个以解决问题为中心的方式在这个紧要关头特别有帮助,比如我让詹姆斯重新回忆他最后一次成功从亏损时期走出来的自我谈话。他解释道,他减小了交易规模,先暂时不要考虑盈亏问题,这样他就可以重新找到交易节奏。只要他在交易日中亏损时，他就会用这个核心战略。

我们还有效的利用有关枪的这个比喻。早上詹姆斯不断地亏损之后，我问他他的枪在哪里，他是不是准备用枪指着太阳穴，然后在下午继续给自己施加压力。他同意把枪收起来，并通过向家里打电话的方式来缓解压力，然后稍做休息。维多利亚鼓励并支持他，要他振作精神并弥补亏损。当我进入詹姆斯的办公室还没来得及说话前，他说"今天没有枪"，我就知道詹姆斯正在真正的进步过程中。我祝贺他并迅速离开了房间。詹姆斯正在成为自己治疗师的道路上进展顺利。

认知治疗法的成效

认知疗法在所有心理学领域中是最广为研究的学科之一。实践证明，认知疗法在治疗如焦虑、沮丧、愤怒和无法控制冲动这样的问题上很有成效。我自己的体会是，认知疗法在治疗像詹姆斯这样的病例上最有效果，这种病症的主要成分是信心丧失、担忧以及消极思维。通过在自我交谈中（我们和自己进行的对话）表达这些情绪的方法，交易者可以在脱离旧的模式以及开始新的模式上进展迅速。这种做法的意义在于，没有消极的自我交谈，交易者无法经历那些引发旧的应对模式并产生进一步的问题的困境的最高层次。举个例子，一旦詹姆斯停止用自我压力的手枪指着自己的脑袋，他就不会再做出进入过大规模的交易，或者提早从可以盈利的交易中退出这样的事情。比起应付自己的内在心魔，他更能轻松应付交易市场。

人们认为认知治疗是一种短期物理疗法，但是这并不意味着它可以在一夜之间就可以奏效。我们将要涉及的所有方式都需要不断地预演和应用。要花多久时间才能看到成效是取决于你正在解决的问题，这些问题在你心中有多根深蒂固，以及你在解决这些问题上付出的努力有多少。总的来说，我鼓励大家每周都进行进度测量，不仅仅是几天，也不要在几个月或几年之后。研究告诉我们，治疗中包括每天练习技巧，在情绪上要专心致志的练习，并将这些练习应用到生活状况中，这样会加速转变，并提高成功的可能性。在治疗中就和表现中一样，练习永无止境。

通过詹姆斯的例子我们可以看到，认知治疗是建立在简单的觉醒这个基础上的：我们对生活事情的感受是由我们对这些事件的思考和信任决定的。

认知疗法的目标是帮助你变成思考自己观点的专家：要了解你的自动思维模式，这样你就可以批判性地对它们进行评估和改变。在某种意义上，认知治疗是一个忘却学习的过程。学习让一种技巧变成机械化；忘却学习吸收了那些机械化的东西，并把它们放到意识的掌控之下。通过忘却的机械化思维，我们可以重新控制对事件的理解，以及我们对这些事件的反映。结果是产生越来越自由的意愿。

认知疗法的第一步：明确机械化的思维

在我们对那些认知扭曲没有意识的情况下想去改变这些扭曲是不可能的。认知疗法的第一步就是实时观察我们的思维过程，以便我们可以抓住那些对事件进行扭曲的行为。首先这个观察要花费时间和精力。通过练习，慢慢地就会变成一种机械化的技巧。

坚持记认知日记对于辅助自我意识来说，也是很好的第一步。记认知日记的意图是在我们经历自身的一个性格问题时——消极思维或冲动行为——可以干扰我们，并确定和这些问题有关的思维和信条是哪些。日记可以强迫我们成为自己的观察者，避免我们紧紧地包裹在这些问题里面。

阿尔伯特·艾利斯建议使用他描述为 A-B-C 循环的方式来记日记：

☆ 活跃的事件。这种情形发生在我们正在经历有问题的模式的时候。
☆ 信条。由这个事件引发的思维和洞察力。
☆ 后果。引发这种信条后，我们的感觉如何，以及我们是如何行事的。

以上这些可以用一栏一栏的形式记载在日记里，将每天记日记的时间也标注下来，详细描述见表 8-2。

A-B-C 栏的目标不是要改变人们是如何想事情的，而是要让他们知道他们的思维和情绪以及行动之间的关系。很多时候 B 栏可以让交易者对贯串他们消极自我交谈的核心信条有所了解。例如，第二次记录的信条（我要赢回我的钱）有一个更深的信条根源，我们可以通过问"还有什么？"来确定。交易者坚信他需要把钱赢回来，要不他就会感觉自己像个失败者。他的核心信条是他这天交易结果的好坏会影响他的表现。这种想法让他在交易亏损时体验到自己很失败。

A-B-C 日记格式的另一个优势是它可以让交易者集中注意他们的核心信条造成的结果。正如我在《交易心理学》中所强调的，改变一种模式的最好办法是从感情上接触这种模式造成的消极后果。一次又一次，我看到当人们开始把他们有问题的模式当作敌人来看后，就有了很大的转变，包括结束了长期的上瘾状态。认知日记让交易者可以把精力集中在"我不是一个失败者；我只是消极地认为这样做让我感觉像是一个失败者"这样的讯息上。通过一遍又一遍的巩固这个讯息，日记帮助交易者可以坚持他们做成改变努力的势头。

交易者要使用 A-B-C 日记格式多久才能见效呢？有 2 个答案。第一，每天都要坚持记日记，直到交易者可以明确地确定干扰他们表现最厉害的一到两种核心信条或扭曲。让交易者认识到他们自己的模式并鉴别他们的思维已经被定式到了什么样的程度。第二，日记只是一种学习工具。最终的目标是认清我们的认知模式。一旦交易者可以在将事件扭曲和跌入旧的、机械的思维这样的行为发生时可以抓住自己，就可以进入到认知疗法的下一个阶段。大体上来说，我发现一个交易者至少要坚持记两个星期的日记，这样模式才会慢慢变得明显，那样人们就可以实时地抓住这些模式了。

认知疗法的第二步：干扰并挑战消极思维

认知行为疗法中有一个简单的技巧叫作思维暂停。当人们发现自己跌入一种机械化的思维模式中时，他们会故意地干扰这个消极的思维过程，用的方法是（大声地对他们自己）说：停止！这个技巧的目的是要变得更留心：不仅要在消极思维发生时意识到它们的存在，而且要积极地干扰它们，不要被这些思维带着到处跑。照葛吉夫的话来说，思维暂停可以防止一个人认同感觉消极的"我"，取而代之的是认同想要更有建设性的进行生活的"我"。的确，葛吉夫曾经用"停止！"技巧来教授他的学生，在这种情况下他们必须停止所有的行动，只需要简单地用外界的角度来观察自己。这个做法的意义就是要培养注意力。

注意的反面就是不注意。当我们都成为机械化思维的牺牲品时，我们就是处于不注意的状态——我们再也不能完全地掌握自己的思维和体验。认知疗法的下一个阶段就是延伸日记，鼓励注意力。我们不只要通过留心机械化的消极思维，我们还要对它们积极地进行怀疑提问。这样就在我们的日记里创造出第4栏，一个接着A-B-C的D栏。这个D代表了争辩，因为我们将要用这个日记来对扭曲的、自我限制的信条进行辩论，并逐步减弱它们的影响力（见表8-2。）

第4栏的意义在于向消极的假设和信条进行提问，而不是机械化的认同它们。通过和你的机械化思维故意唱反调，你可以加强不想跌入旧的思维模式的注意力部分。有趣的地方是，当你日复一日地在日记里故意唱反调的过程中，辩论过程本身也开始变得机械化了：你更容易在消极的思维模式发挥时抓住并丢弃它们。

研究证明当和情感力量结合在一起时争辩是最有效的。认知治疗师将这些称为"热认知"：拥有情感力量的新的思维模式。形象化描述在将规律的日记记录转化成强有力的情感体验的过程中非常有效。《交易心理学》中提到过的一种技巧是想象一个特定的其他人（一般是你不喜欢的人）不断地向你重复你的消极、机械化思维。换言之，你可以通过定期和自己进行谈话的方法来观察你的核心消极信条。与继续自我交谈不同，你想象出一个其他的人与你展开消极对话。非常有趣的是我们中的大多数人不会认同从其他人身上表现出的那种我们内在化拥有的消极思维。我们可以告诉自己，"我什么都做不好；我到底哪里出错了？"但是我们不想听到其他人对我们说："你什么都做不好；你到底哪里出问题了！"通过将自我交谈转变成一个谈话并鲜明的想象这番话出自别人之口的方法，我们变成了这种扭曲思维的观察者——更易于你对这些思维进行批判性的观察和摒弃。

表8-2 A—B—C—D—E五栏记忆日记

	活动事件	信条	后果	争辩	改变的努力
上午9:30	在我等待一切安排就绪之前错失了一次好的机会。	我不能承担亏损，因为我已经处于暴跌状态了。	挫败，想要进一步挑战市场。	我需要让别人给我施加不要亏损的压力吗？如果我注意不要亏损，真的可以交易的更好吗？	我不需要时刻都是正确的；我只需要确定机会在不在我这边。
中午12:00	在一个没有任何移动的缓慢市场中做了几笔交易。	我需要把钱赢回来。	损失了一点；感到气馁。	贬低自己对于帮助我做好交易无济于事。我应该把如何赚回亏损的钱放在第一位。	没有赚回钱，我能做的是从亏损的交易中吸取经验，下次会做得更好。
下午2:15	丢失数据链接，市场变化时设备失灵。	我的运气非常糟糕，我不可能盈利了。	感到沮丧，想要放弃交易。	我会只因为一个小小的设备问题就认为另一个交易者是一个差劲的交易者吗？一些事情出了问题并不能说明我出了什么问题。	交易不会让我感到沮丧，而是我的思维方式。这与运气没有丝毫关系，我需要更好的后补系统。

有时，对我们机械化的消极思维进行争辩的最简单的方法其实就是将这些思想大声地说出来，这样我们就可以听到这些思维，并认真对它们进行评判。例如，如果我的自我交谈告诉我的是由于最近的亏损我要将钱赢回来的话，我会大声说："我正在告诉自己我要将钱赢回来，因为我最近亏损了。这是一个会给我赚钱的交易想法，还是我的挫败在表达它的想法？"大声地说出我们想法的做法赋予了这些想法客观性，让我们可以站在听众以及说话者的角度看待它们。交易者有时甚至还没有将这些话说完就已经放弃了这些消极的想法，这种事情也是很平常的——当他们听到这些想法时就已经感觉到它们是多么愚蠢的想法了。我经常想，我作为一个治疗师对于交易者最大的价值就是给予他们一个机会，将隐藏在他们脑海中的想法说出来并对其进行认真分析——交易者也是这样认为的。

> 如果你对自己所说的东西是那些你不想让别人对你说的，这就很好地暗示了是机械化思维在起作用。

"现在是谁在说话？"这个简单的问题对记录认知日记中 D 栏的内容是很有帮助的。我会经常问"是你体内那个优秀交易者在说话，还是你挫败的自我在进行发泄？"这个问题是为了动员那个远离机械化消极思维模式的内心观察者而专门设计的。如果交易者承认的确是自我的挫败在说话时，下一个我要说的就是"好的，现在我们有一个机会。你可以选择，要么任由你的挫败发展，继续用把我们带到一起来的这种模式进行交易，要么你可以选择做一些不同的尝试。我们现在就来打败这个模式。"

认知疗法的第三步：为改变付出努力

从理想化的角度来说，认知疗法不但可以挑战消极的思维模式，还可以逐渐灌输积极的、已经得到提高的模式。每一次争辩都是一次机会，让你开始和不断预演更有建设性的思维进程，直到它们成为你的第二本质。"你会对一个处于你这种环境的好朋友说什么？"是我经常会提出的一个问题。如果交易者想象他们自己对其他处于他们这种情况的人交谈时，他们几乎总是会利用不扭曲的方式来看待这些处境。再一次证明，形象化描述在将这种有建设性的思维进程带入生活的过程中起了非常重要的作用。我会让交易者闭上眼睛，生动想象他们作为交易指导者的一部分和作为正在培训中的交易者的另一部分进行对话。我会对交易者说："你现在是交易指导者，你会对你的学生说什么？怎么样才可以帮助你的学生，让他下次可以有优秀的表现？"关键是要生动详细地想象这个对话，甚至可以大声说出来。

如果你在生活中曾经获得过其他人的积极指导，比如父母、老师或者是教练，那么生动的想象这个指导者以及他或她会在你处于现在这种处境时说什么，那就会更有效果。通过引发你以前的指导经历带来的情感动力，你就可以干扰此时的沮丧心情，并改变这种状态，转移到一种更有益的思维模式中去。的确，任何角色范例在这个练习中都可以使用。我知道客观主义者（那些深受安·兰德哲学思想影响的交易者）在经历情感困难时会问自己，"约翰·高尔特或霍华德·洛克在这种情况下会怎么做？"而一个基督教徒会问："耶稣会怎么做？"我们的信仰体系源于它们的精神力量，一部分原因是它们说出了我们的理想。当我们用最不理想的方式对自己说话时，通过偶尔咨询或体验我们的信条的方法，我们可以不受机械化思维的干扰，并且可以巩固积极的认知模式。

或许在所有认知改变所做的努力中我最喜欢用的战略是鼓励交易者通过重新体验他们以前成功处理自己思维扭曲的场景来指导自己。《交易心理学》的读者会发现这种改变将重心放在了解决问题上面。重视解决的方式让我们可以看到有问题模式中的例外，而不是问题本身。这些就构成了解决问题的基础。例如，如果一个交易者正在经历由亏损引发的机械化自我批判思维，重视解决问题的战略会观察交易者经历损失的情况，同时防止他们变成自我批判。我通常会问："除此之外，你还会怎么做？""为了不发生失败，你还会怎么做？"通常，通过重新经历这些例外事件，我们可以认定交易者拥有的积极思维模式，但不需要知道他们有。然后，这些就可以变成我们在改变时会用到的模型，将我们做的正确的事情再现。为了这样做，你需要回忆你在危急处境遇到的事件的细节以及你为了防止进入思维、感觉和行为上的消极状态而做的详细努力。一旦你有了这些细节，你就可以把这些当作你自己的应对战略来演练，并依据这些问题的例外想出解决问题的模式。

所有这些方式共有的因素是你在对自己说："这种处境并不是让我这样想的原因，而是我应该如何渡过这个处境让我这样想的。"一旦你意识到这个，你就可以站在进程之外，尝试从不同的角度去观察事物。在你的认知日记中加入"努力进行改变"这个 E 栏（见例表 8-2），可以让你重新组织力量来改变认知模式。当你已经明确消极信条的后果并对这些信条进行挑战后，这最后的一栏让你有时间可以想清楚应该如何组织进行这些活动。把它们写下来，并通过这里提到的形象化描述方法来唤醒它们，可以更深入地指导你摆脱机械性思维。

重复一遍：认知疗法成功的关键是重复。这个短期疗法的原因之一是它为我们提供了每一天应该如何克服问题的方法。的确，你把每天找到引发你消极模式的活跃事件作为一个目标，然后挑战并重新经历这些事件。很多传统的疗法每周进行一次，每次会面时进行的活动都没有太大改变。通过自己组织活动的做法，你可以成为自己的治疗师，并在实时中获得拦截这些事件并对它们进行再加工。在《交易心理学》中，我把这种能力称为"在沙发上进行交易"。你可以成为市场中的观察者，以及你自己的观察者。每天使用的认知日记是可以培养你内在观察者的工具，以便你可以体验情绪的变动而不会迷失在这些情绪中。

我发现认知方式对帮助成长中的交易者亏损正常化上十分有用。交易专家以及琳达·拉什的网上交易指导者克里斯·泰瑞强调道："我们作为交易者遇到的一个问题是'自尊'。我们不能把亏损当作是一件普通的事情。亏损意味着失败，而我们所受的教育是不要成为失败者……有一种说法'大部分亏损过钱的人们都试图想要避免亏损。'盈利中最重要的一步是学习将亏损看作是游戏的一部分。每一个成功的人在成功之前都经历过很多次的失败。"

认知技巧让我们重新认识了输和赢，把我们的精力集中在学习和提高上。通过正视由于市场不稳定性造成的可以预见的亏损，这些措施可以帮助我们拥有维持学习曲线的恢复力。

当认知方法不起作用时

如表8-3中所指出的,大多数最常见的干扰交易者的情绪因素通过认知方法都可以成功地得到改善。然而,没有任何事是百分之百绝对的。

图8-3 交易者出现的最常见的问题模式以及如何发现它们

通常的认知问题模式	核心消极信和自我交谈	交易中的通常体现
完美主义	你要做得和上个交易或交易日一样好;你的价值在于你的交易结果;你做得还不够好;你应该做得更好。	害怕出错,导致无法做出决定;有不能满足更高期望的挫败感。
消极预测	你无论做什么都是错的;这个市场不是属于你的;你做得不够好;你是一个失败者。	为了寻找机会,而是为了不亏损而交易;在冒太大风险(为了感到成功而过度交易)和冒太小风险(失去机会)之间转变。
过度自信	你已经摸清了市场情况;你应该在交易上有所收获;如果你每天都可以这样做(赚钱),你就有一笔很大的收入了。	过度交易,当没有盈利时感到挫败,出于挫败感或骄傲自负而进行冲动交易。
以金钱为中心	在交易中一直观察盈亏;经常计算你需要多少资金才不会亏损;目标期望都是以盈亏为基准,而不是以交易条件为基准。	为了满足盈亏需要而进行过于激进的交易,或者为了保持资金而进行过于保守的金钱管理;由于害怕亏损而进行二度交易猜测。

如果你的交易方式按照上面所列的方式逐步发生变化,并为你的努力制定详细的方案的话,你就很可能会成功。如果你发现自己不能从认知疗

法中受益的话，你的问题可能是以下几个因素之一：

☆ 缺乏重心。有时人们试图一次改变太多，结果陷入了泥沼无法脱身。通常情况下，一次致力于多种方案的做法是没有什么效果的。将方案按照主次顺序排列，每次解决一个的方法更有效果。

☆ 缺乏重复练习。你有很多次都试图要在几年内忘掉现在很牢固的模式。这不可能在一夜之间做到。每天都集中精力，这样坚持一段时间后，你就有机会可以将学习内在化了。

☆ 缺乏强烈的感情。这或许是人们在认知治疗中最经常犯的错误。坚持记日记可能会变成一种规律，没有任何感情在其中，这样就无法很有激情地立刻向旧的思维模式进行挑战。例如大声谈论模式和利用形象化描述这样的活跃方法可以让人们带着更强烈的感情投入治疗。

☆ 错误的诊断。或许问题根本不是你想的那样。如果你的消极思维来源于生理上的一种消沉，认知疗法也许可以有用，但更应该让专家来进行指导。或许还需要和药物治疗学结合起来才可以治疗。或者，挫败的情感模式来源于交易问题，比如由于市场变化而极大降低了一种特定的战略优势。

更重要的是，如果认知疗法不管用，而你还在继续亏损的话，你要么停止交易，要么在你发现市场是如何发展以及该如何应付这种变化后进行小额的交易。想一个精神健康专家和/或一个交易指导者咨询所花的费用比起你继续做不起作用的努力所导致的亏损数额相比实在微不足道。自助是很伟大的，但是如果问题极大程度地干扰了你的人际交往、工作、交易和安逸、闲暇生活的话，你应该做正确的事情。如果你的车出毛病了，你会找专人去修，你也应该为自己这样做。

"你的想法影响到你的感觉和行为"是认知疗法的座右铭。然而，要是感觉在认知可以介入之前就已经完全控制了我们的话，会发生什么？有没有一种方法可以直接修正我们的情感体验呢？有，这就是一个处于先锋位置的古老治病方法：行为疗法。

第九章　提高绩效的行为技巧

……当更多高兴的刺激失效时，哭喊、尖叫和困难经常能变得有意义。内心的平静和沉着不能唤起任何反映，危险就能让你感到行动自由。它迫使你集中精力。

——柯林·维尔森，《心理学的新路径》（26—27页）

在上一章，我们看到认知技巧在改变我们对形势的看法和反应的方式上有很大威力。然而似乎有时我们对事件做出反应，却没经过任何思考。并不是交易结果引起了消极的思考，接着思考又依次造成更糟糕的交易。然而我们对交易情况做出的反应却没有任何依据，这就让我们对我们的行为产生迷惑。行为心理学家称这种自然反应模式为条件反射。若对某种情况的反应非常了解，那么没有有意识的参与，条件反射也会发生。这种过度了解的反应经常会妨碍交易计划和做出正确的决策，让我们难以防范。许多的被集体称作行为疗法的简明技巧已经出现，用来解决条件反应的问题。像认知方法一样，他们已经过大量的研究，并被证实是有效用的。也如认知方法一样，它们能被交易者利用。交易者们很乐意并能够为变成他们自己的临床医学家而努力。正如我们所看到的，哭喊尖叫和困难是产生讨厌的条件反射的源泉，但是正如柯林·维尔森所意识到的那样——他们也能催化产生积极的变化。

认识条件反射

条件反射作用大体上在两种情况下产生。第一种是通过重复性的联想。这就是经典的巴甫洛夫学说。举例说，每次你经过麦当劳餐厅时，你都听到人们弹同一首歌。后来，你在路上进入不同的麦当劳分店，这首歌就突然进入你头脑里，而且你发现你自己正在哼唱它。这就是条件反射。

第二种条件反射产生的方法是，通过有高度情感撞击的一定限制量的事件。感情上的创伤就是最好的例子。例如，一个下雨天，我在锡拉丘兹开车上班。当我在交通灯处停下时，我后面的一辆车猛地撞了我的车尾部。而那辆车后面的司机没有看到红绿灯，加足马力朝那辆车开去，将它撞到了我的车尾部。我的头被后面撞得非常疼，车也由于碰撞而颤动。尽管撞击不太厉害，没能展开我的安全气袋，它的威力也足够让我留下对这起车祸的瞬间记忆。车修好后，我毫无问题地继续开车，但之后我发现自己每次到红绿灯时，都会很紧张地检查后视镜。这种惊恐的反射被这个很险恶的事件条件反射化了。

假若我的开车事故强调了条件反射的重要一方面。它们要么能被很好地适应，要么适应不良。假若我的事故能让我天气恶劣时在十字路口更加小心，那可能会很有好处。例如，它也许会让我更注意其他车辆，并让我加倍地确保系好安全带。反之，当我每次接近十字路口时，我的事故都会导致我遭受疲惫不堪的焦虑。在我完全避免驾车前，它不会持续很长时间。许多的这种本能被伟大的运动员表现了出来。——在足球场上灵活机动地跑动，赛车运动中车手娴熟的驾车技艺——这些都是很复杂的条件反射。不幸的是，成千上万的人，却被焦虑事件所折磨。

没有什么能比从心理创伤上看到更多的条件反射。

心灵创伤：认识极端的条件作用

想成为你自己的治疗专家，认识条件反射作用，是怎样在心灵创伤上产生的是很重要的。这将帮助你领会到在无意识的思考下，能产生多少情感上和行为上的反应，而且那将能够为积极地利用条件反射所作用的有创新性的行为变化方法指明方向。

考虑一个更加复杂的关于一个年轻女子的例子，她是一位公园强奸未遂案的受害者。刀尖指着她，她害怕失去生命，这种情况下，她感到完全失去控制。全靠她最初的尖叫和一个附近慢跑的人，救助她摆脱了这种很可能被谋杀的境地，同时攻击者也很恐惧并逃之夭夭。然而，现在她在一些很不寻常的时刻重新经历了恐惧。当然，就如同晚上的时间一样，公园也和这个事件联系在一起，她也对任何的惊吓和未预料到的身体接触反应很敏感。这些每一个暗示，都使她焦虑不安，这是可以理解的。使她烦恼的是没有那些暗示时，她也会突然想起那次强奸。当她安静地坐在家里或在公共场所走路时，会突然经历这种严重的恐慌。到底怎么了？她想，难道我精神失常了？

这个年轻的女子发现，甚至似乎无关联的线索，也与强奸意图有着强有力的关联。考虑一下她在公共场所走路：一份认真的分析显示，她注意到一个个头大的男子，他使她想起了那个攻击者。当她安安静静地坐在家里呢？她观看的电视屏幕就会使她想起那次强奸案。一次在商场里，她闻到一股味，那使她想起了那个压制她的男人，她就感到恐慌。许多不同的感觉上的暗示变得与那次事件有关，引起她的焦虑。结果，各种似乎无害的情况，也使她想起那次事件，并让她感到失控。

一个人在这种情况下，可能会避免那些会造成恐惧的暗示。然而逐渐的，这意味着躲避那些越来越多的与细微的心理创伤暗示有关的环境。最终遭受创伤的人一心想着自我保护，而变得对陌生环境感到恐惧。他们变得害怕焦虑，并疯狂地调节自己的生活，以便避免遭受焦虑。由于这种激进的改变的应对方法，心理创伤的人似乎已经彻底改变了他们的性格。——所以这些都是由一个单一的事件引起的。

第二种担忧——害怕重新经受原来的创伤——这经常让心理创伤受害者立即产生问题。它会造成我们退化得更老——为了控制我们的情感，也经常更少地意识到处理的方式。一个曾经遭受过巨大的经济亏损的交易者持有过度的持仓量会产生与心灵创伤等同的交易创伤。甚至一般的亏损也足够再次使人生气、沮丧、害怕最初的事件，而且使交易者充满苦恼。交易者不能依赖正常的方法去处理情感上的冲击，就求助于小时候曾起作用的任何方法，如退缩、否定、盲目正面地处理和自我责备。在这一点上，交易者不再客观地管理，他们在市场上的位置。他或她拼命地试图控制这些激怒的情绪。

> 我们避免感情上的痛苦的方法，通常不同于对交易的最佳管理。

如果你曾经心平气和地、理性地交易过，控制过数小时，仅仅一个单独的交易就使你发狂，导致你完全抛弃所用的纪律，这是为什么呢？在一个交易者看来，看起来缺乏纪律的操作，实际上是在面对能引起创伤的暗示时头脑混乱所做出的。毫不夸张地说，在这些时刻，你成了一个与众不同的人。

创伤和大脑：我们怎样成为不同的人？

认知神经系统科学帮助我们认识了能区分开我们通常碰到的创伤压力和普通的压力的大脑路径。我们大部分的经历都是经过有意识地加工，能让我们批判性地评价，我们所接受的和没有接受的东西。例如，我有多达十手的股票，市场上的最小变动价位升到最高点不利于我。若我是个沽空投资的交易者，那我的记录不会特别好。我可能会有一点失望和沮丧，但我会摆脱这次损失，重新去看图表和录像带，找出我错在哪里并怎样改正。亏损提供了一个压力，但不是心灵上的创伤。

现在让我们设想一下我的持仓量是一万手而不是十手。在微型标准普尔500指数期货市场，那可以转换成每点五十万美金。当我现在手持十手股票，那些同样的最小变动价位就很烦人，它们潜在地威胁着我的生计。我更易于对每个价位产生极强的逃避或者迎击的反应，并觉察它极端危险。可以想见，我会完全呆住，彻底从这种情况中抽身离开或本能的反应有些恐慌，感觉持仓量和精神痛苦与它有关。在很大程度上，我不会像以前那样坐在位置上，手持十手股票，沉着地估计市场是否可能让我赔钱。我对这个事件的处理也不再神志清醒：它诱发了无意识的条件反射反应，而并不是经过仔细选择而做出的。

认知神经科学家的工作，例如约瑟夫·勒杜克斯，建议神志清醒地处理事件，会消除他们的情感上和感官上的特性所造成的影响。我喜欢拿重复讲一个笑话的例子来和它类比。若我们听个笑话好几次，它就会失去幽默感。对所有情感上的刺激来说，这都是事实：不断地重复让它们变成了惯例，不再能诱发激烈的情感。我们认知性地处理那些能激发感情的事件，就如同听到那个笑话一样，我们消化掉这些事件，这样做的话，就减弱了它的冲击性。

> 那些不经过意识作用的事件，由我们大脑的扁桃线传达——看起来似乎由他们情感因素上的冲击所编码。

这就是为什么曾经受过精神创伤的病患者，在事件过去之后，会重新清晰地回忆起过去所遭受到的创伤。这也是与受创伤记忆有关的暗示能引起如此强烈反应的原因。与普通的伤害不同，遭受心灵创伤的事件通常不能消化掉，还会绕过意识的作用。就好像我们是阿尔茨海默（老年痴呆症）的病人，多次听到那个笑话一样。每次讲述都和第一次讲的一样有趣，因为我们没在脑子里加工和处理这些经历。

行为疗法是通过颠倒这个过程来起作用的。它由无数个技巧构成，让我们有意识地加工和处理这些未被消化的事件，既本质上重新组织记忆。它能使某种反应条件化，从而帮助我们适应其他的反应。

中度创伤：一种新颖的强有力的观点

你也许想知道所有这些到底和交易有何关系呢？是的，在市场上遭受损失的人，在情感上感到很绝望，但我们几乎没有人把他们归类为由于战争和强奸而遭受精神创伤性这一类。

这就是我们做错的地方。

我认为我们没能把精神创伤看作一个连续集合，某种程度上宁愿把它看作是一种常见现象或是奇特现象。这就使得我们不能用标准的自救方法来解决问题。

让我意识到这些，关键是由于大量的曾经与我一起工作并竞争的交易者，显示出了中度的但却持久的各种级别的创伤。使我意识到，中度创伤这个概念听起来有些矛盾，但它却对我很忍让。中度创伤，有些部分遭受了很正常且有意识经历，但是与其他强烈的、经常性的痛苦情感有关的部分却并非那样。甚至当个人似乎没有遭受典型的创伤时，这些经历为由环境暗示引起的条件反射奠定了基础。结果是两者的混合，交易者在正常的状态下度过了大部分的时间，但是却突然遭受了似乎不可名状的带有中度创伤的事件。（看表9-1）

表9-1 创伤和正常的压力

	创伤	正常的压力
如何形成	无意识的	意识清醒的
情感及感觉	一直在经历	一直没危险性
解决策略	退回到早期的方式	通常的解决办法
意识	被分离	未受伤
随后的反应	被环境上的暗示扩大激发	于形势相称，于暗示无关联
对交易的冲击	交易计划和交易意向	作为预料到的交易干扰部分被解决

大概最迷人的是中度创伤的产生——即对激烈情感波动事件的条件反射，它可以在非常积极的经历中产生，也可在消极的经历中产生。很难治愈的成瘾病人，他们深深陷入能产生强烈快感的东西。如同典型的情感创伤能产生恐惧、失控的经历那样。例如可卡因等物质能产生快感。这些经历如同情感创伤那样，压倒了意识的作用，并未被消化。它们也和各种各样的环境暗示有关，这些暗示随后又进一步与渴望有关。以控制那些渴望、减少物质伤害为目标的谈话治疗是无效的，这一点早就被证明是臭名

昭著的。一旦暗示遭受刺激,在治疗中很活跃的大脑中的理性部分就不再受控制。

对那些寻求办法,想成为自己的治疗医师的人来说,这个概念很重要。情感创伤的作用加强了情感的经历,有积极的也有消极的。任何具有足够威力的情感经历都有可能压倒意识的作用,并能刺激产生条件反射。

我想起了和我一起工作的一位女士,我就称呼她为莉安吧。她曾在一个酗酒的家庭中长大,被无数次的忽视,身体上遭受数不尽的虐待。在她后来的生活中,那些她感觉被虐待被忽视的事件,让她集聚了无数无法发泄的愤怒。然后,有一天,她非常生气,以至于把这种愤怒发泄到自己身上,砍掉了自己的一只胳臂。在科林·维尔森的观察来看,她令人震惊的行为,把危险意识和精神集中都调动了起来,暂时把她从愤怒中释放出来。实际上,这种办法很大程度上减轻了她的痛苦,以至于它自动成了与愤怒的经历有关的条件反射。在她来找我之前,她一直沉醉于自残,就如同任何的吸毒者依赖于毒品注射那样。

这并不奇怪,莉安在自残事件中进入了分裂状态。后来,她对自己的自残行为感到无限的懊悔。在这点上,她与得贪食病的患者和赌徒并无分别,因为贪食病患者总是在对自己的体重感到绝望后,对自己吃了一夸脱的冰激凌感到很懊悔;赌徒输钱后内心充满自责,但又想摆脱无聊和空虚;一个有毒瘾者在发誓远离毒品后又照样吸毒。每一种对某种东西上瘾的行为,都要么与激烈的有积极作用的刺激有关,要么与激烈的有消极作用的刺激的消除有关。它留给人们的是刻骨铭心的记忆,就如同在战争中遭受情感创伤的人一样。莉安是个成功的学生,而且有许多的朋友。然而她中度的创伤,却在人生的一些特殊时刻导致她完全失去控制。

我们趋向认为这些人要么神志正常,要么精神错乱,或者要么能控制他们的生活,要么失控。然而那些遭受过中度情感创伤的人比一般认为的更多的拥有混合控制的特质。若他们有条件反射不受刺激的话,也就是当他们不与有情感冲击的事件相关的暗示相接触时,他们都表现得非常正常。但是一旦被刺激,他们的行为就变得古怪不正常,就好像另一个人一样。

但是为什么如此多的交易者,都有中度情感创伤的征兆?

遭受创伤的交易者怎样交易？

找我获取情感上的帮助的，绝大部分交易者都有一个共同的特点：他们都进行过度的交易。当我说他们过度交易，我指两方面的意思：

☆ 他们进行了比他们能理性证明是正确的交易还要多的交易；
☆ 他们做了大笔的买卖，这些买卖与他们的资金规模和他们在情感上所能承受的损失成正比。

两者的结合意味着这些交易者要经常性的在资金和心理上冒很大的风险。

交易心理学家传统的认为过度交易是由情感问题造成的，并经常把它们归为缺乏纪律这一类。这里我要提出完全相反的例子。过度交易——即交易者重复性地接触高度的风险和回报，会造成中度的情感创伤，结果最终会扰乱交易计划的进行。这就解释了为什么交易者们，对这些扰乱如此迷惑，而且靠正常而有益的努力是难以治疗的。

具有讽刺意味的是，交易中的情感介入成功的交易可能，优先于介入失败的交易。

往往不是交易新手或不成功的交易者，才会毫无节制的频繁交易和交易较大规模的头寸。相反，恰恰是刚开始就成功的交易者，才会过度的自信，进行超过合理冒险的投资。曾和我一起工作过的很多交易者，开始着手进行交易时，都很沉着冷静，而且是遵守纪律的内行。只有在随后，他们才会遇到情感方面的问题，才会背离以前的交易计划，而且变得行为古怪。你可能会认为，如果缺乏纪律性，是基于性格上的缺陷，那么从交易者早期的交易史中会表现出来。然而事实并非经常如此。但对交易史仔细的研究会发现，只有在大体上交易规模扩大或交易频率增加时问题才会出现。

极端成功的交易也会把交易者置于遭受情感风险的境地，就如同极端的损失那样。

而且，我发现并不仅仅是通过大规模的交易亏损，才会遇到此种情况。同样的，在心理上准备好怎样处理数量极大的交易盈利的交易者也会遇到这种情况。这点很重要。市场参与者把他们全部的有价证券的大部分（或他们每日最大损失极限的相当大部分）都赌到单独一次的交易上，而且经常这样做，他们可能最初会从他们的鲁莽行为中获利。结果他们会获得很大盈利：这种盈利在正常的经历中是不会取得的。这种大规模的盈利像赌徒支出大量的金钱那样，这种激烈的经历保证了它不会通过正常的神志清醒的渠道发生。这种情感上刻骨铭心的记忆是所有上瘾行为的基础——甚至那些自残般毁灭自己的人，或不断地将自己的生计下注到市场交易结果上。

这意味着进行过度交易的交易者，假若赢了会受到诅咒，若是输了也会受到诅咒。假若他们挣钱了，那将会是很大一笔钱，而且能产生创伤性的深刻记忆，那将导致不断地进行冒险交易，最终面对彻底毁灭性的冒险。如果他们赢了钱，那也将是很大一笔。它会造成创伤性的损失，不能正常地进行，也不能通过通常的解决办法来处理。简而言之，风险和回报导致了过激的情感经历，这种经历又产生创伤性的冲击。

由于曾经经历过中度情感创伤交易的交易者他们看起来不像是遭受情感创伤的受害者。他们表现很正常，在正常的交易情况下，他们的表现是易被接受的。然而，单独的一个创伤性的暗示——没有料到的（通常是很大数量的）盈利或亏损——使他们失控，激发他们早期的处理方式。有意思的是，许多交易上的良师益友似乎早就从本质上认识到了这一点，并建议有困扰的交易者减少他们的交易规模，在交易选择上有很强的选择能力，最后重新面对。然而那些良师经常没有意识到的是，规模和选择性的缺乏，竟然是情感困扰的源泉，而且需要在发展的基础上被提出来。

许多独立的零售交易者，制定了含蓄的或详尽的交易计划，并把过度交易奉为神圣。数不清的进行小规模投资的交易者，曾经告诉我他们想做大宗买卖，以便有机会依靠交易来谋生。过激冒险的假设根植于他们的交易计划中。结果几乎是确定的，他们会让自己不断遭受情感创伤——无论盈利还是亏损。

我们可以这样说，交易时要避免遭受中度的精神创伤。它确保高风险、高回报活动能正常地进行，不会遭受不寻常的创伤。

从布瑞德博士那里得到的最好的一条建议

假若你想发展交易的天赋，那你就采取逐步的方式，它既不会造成过激的情感兴奋，也不会造成极度的情感失落。不要让你自己遭受情感创伤：对待所得最好的办法就是预防。

假如以适度的方式追求交易的成功在你看来似乎很无聊，缺乏交易恐惧感和兴奋感，那你就寻找另一种谋生的出路。你可能会遇到的创伤性的冲击，将最终使你和你的交易以及那些依附于你的人受到伤害。

将你的心理因素纳入你的交易计划中的最好办法就是通过风险管理，确保你不接触过大规模的持仓交易结果。

你大概听说过一个谚语：有交易老手和交易勇士，但是既是老手又是勇士的交易者是不存在的。过度勇敢的交易者，就如同尼尔·杨的歌曲"针筒和自残的行为"中的有毒瘾者那样，就像落日。我是作为一个治疗适度精神创伤的心理学家，并且目睹了伤害的发生才说这些的。我看到过交易者们为了偿还亏损而连续工作几周，结果在一次单个的大宗买卖中却亏损得更多。我也目睹了交易者们挥霍掉家庭的存款，为了追求利润又去借钱。海洛因毒瘾患者，当他们不能得到毒品注射剂时，将会挤出他们自己的血液，收回它，储存并再次注射血液以便得到微弱的快感。

伤害就造成了。

慢慢地来，稳步地来。首先做到能胜任，然后再成为专家。不要成为一个受害者。

第九章 提高绩效的行为技巧

行为疗法的一步：放松训练

正如我们所看到的，传统的辅助疗法很可能在转变行为方式时限制成功的产生，而且这些方式，又被高度情绪波动激烈的事件所条件化。坐下来和一个遭受精神创伤的交易者一起讨论交易计划、交易目标、交易相关事务和交易纪律。这种积极的态度，就像辅导一个强奸受害者，找到合适的人生伴侣那样。

如果问题是情绪波动激烈的事件是在没有意识的情况下发生的，那么治疗就必须能够作用于那种无意识的水平，来抑止那些经历的发生。

行为疗法作用于两种基本的方式：

☆ 它对已形成的反射条件化。一些行为疗法，凭借产生重复性的，中立的富于感情的经历，并允许人们有机会，在意识清醒的情况下，经历高度激烈的事件。

☆ 它对渴望的反射条件化。通过产生高度冲击性的情感经历，行为疗法创造出我所谓的积极创伤。那些经历成了毁坏性行为的暗示。

被我们称作典型的行为疗法的方法，实际上是一些技术的综合。这些技术使人们忘掉伤害性的条件反射，并辅以徐徐地教导，以便形成新的积极的反射。在成为你自己的行为治疗医师期间，在你掌握更高级的技术之前，学会并利用最基础的技术是很必要的。

让我们从最最基础的行为介入开始：放松训练。这种办法在衰减焦虑和沮丧方面效果相当明显。

放松训练的第一步就是学会如何用横膈膜呼吸。深深地慢慢地受控制的呼吸是最简单的也是最有效的方法之一。它能让你的身体和认知觉醒。为了用膈膜呼吸，你开始时得让自己坐在一个舒服的地方，闭上双眼排除杂念。接着，从腹部深深的慢慢呼吸。刚开始，你呼吸时把你的手放在腹部，确保你的腹部吸气时扩张，呼气时收缩，这样做是很有益处的。呼吸应该是深深地、平稳地、缓慢地，从而避免肺部过度换气。当你吸气时，大声地数你呼吸的次数。当你呼气时，口中说"放松"这个字。尽可能多的这样做，仅仅是把你的注意力集中在数呼吸的次数和说"放松"上。刚开始你也许很苦恼，觉得从腹部呼吸很困难。通过锻炼，就会变得既容易又自然。十到十五分钟后，人们就能典型地进入到放松的状态。

　　这种锻炼是多样化的，有些人边做膈膜呼吸，边听令人放松的音乐，或设想令人放松的画面。这个主意是为了使人脑不断地放松，或者是凭借数数，幻想或其他的方法。在持续地做这些锻炼之后，人们就会很容易地，仅仅通过几次膈膜呼吸，就达到使自己平静下来的状态。

　　呼吸锻炼和紧张的状况成对出现时，它就变成放松训练。它完成的方式有以下几种。

☆ 预防式的介入。假若交易者们知道自己将要进入一个很紧张的市场，他们就能够提前使自己放松。

☆ 早期介入。当交易者们交易时出现了紧张的情况，他们就能进行深深的腹部呼吸。

☆ 交易休息。当能诱发交易问题的刺激物出现后，交易者们可使自己暂时地离开交易屏幕，做呼吸练习，然后以更加中立的状态，重新回到交易中去。

　　明显的，这种方法起作用是靠颠倒的身体上、情感上和认知上的觉醒，这些是被创伤性的暗示所刺激。通过慢慢地呼吸把注意力集中在相对中立的积极的刺激上来。我们从较难控制的状态上转移到有很强的意识控制自己的身体上来。要注意到这点，本质上，它并不是治疗精神创伤的：它既不能阻止暗示在现场被刺激，也不能重新改编那些暗示。然而，它确实让我们快速地消除条件反射的作用，很快的给我们慰藉。这对那些发现自己在持有头寸时变得激动，并且找不到机会把问题谈透，或写日记，或寻求安慰的交易者来说是很有用的。只要多加练习，你就能相当迅速而容易地放松自己。

行为疗法的第二步：识别刺激物

在某种程度上，这是行为疗法最有挑战性的一面。正如早期所谈到的那样，激发改变处理方法并干扰交易的暗示可能会很明显，但很多情况下，它们如此微秒以至于很难识别出来。行为疗法的第二步就是列个目录。我们想找到一切可能发生的能导致交易干扰的东西。这就意味着，把丰富的感情反应、周围事件的反应，以及在那些时刻所产生的所有想法和感觉，都列入目录中去。你的目录越全，你将越有可能发现你的特殊的刺激物。（看表9-2）

假如你在识别刺激物上有困难，在一次情感波动的交易事件后，问你自己，"什么让我发作？"通常，你能识别出一个时期，在这个时期里你感觉良好，交易也良好。接着有时被你的反射所刺激。这就是我们希望作为目标的刺激物。你不必要深层次的分析，为什么它刺激了你。对你来说最重要的是知道"它何时出现的，它为什么让我发狂"。通常，刺激物将是一个事件或感觉，这种感觉对情感有很强的冲击力。当你发现它在你的目录中再次出现时，你就会知道它是个很重要的刺激物。

表9-2　有关交易干扰的暗示的目录

通常的刺激物
快感。高度兴奋、自信的感觉激发过度的自信和过度交易。
焦虑。高度的恐惧激发盲目的行为来减轻焦虑。
无聊。空虚感和缺乏活跃激发去寻求活跃以便减轻无聊感。
市场突然的变化。这些与特定的情感状态有关，并激发恐惧、贪婪、过度自信和沮丧等情感。
数额巨大的亏损或突然亏损。它们激发产生失败或绝望、沮丧或生气，或恐惧等情感。这些情感又依次地激发条件反射来减弱这些情感。
盈利或亏损的压力。这些也能激发过度的自信和沮丧，而且导致过度交易并歪曲交易管理。

行为疗法的第三步：
有意识地处理引发我们不良反应的刺激物

或许重新触发我们做简单练习的是使用由心理学家唐纳德·梅肯鲍姆发现的应激接种法。应激接种法的主要构想是，在可以控制的环境中，让一个人接触到可预测的较低水平上的应激源，从而激发出适当的应对策略。当人们在实时环境中体验应激源时，这种应对策略看起来就好像是在表现自我一样。梅肯鲍姆将这个过程比作当我们接受注射像感冒这样的疫苗时所发生的应激源一样。让身体接触病毒的较弱层面时，会引发身体的反抗，从而可以为以后病毒的全面入侵做好准备。

实施应激接种法的一种方法是将这里描述的松弛训练和你已经归好类的刺激物结合起来使用。形象化描述在这种用途上十分有用。例如，如果一个快速变化的市场是焦虑的一个刺激，并且交易者也意识到报告的发布会使得这个市场变化得更快时，她会通过生动的想象消息的发布、市场的反应，还有她在进行松弛练习时想到的有效应对措施，来为这个事件做好准备。这个想法就是你用形象化描述的力量去创造出造成创伤的刺激物的一个适度状态，让你自己保持控制腹式呼吸的能力，然后将你可能在这种状况下使用的应对行为预演一遍。从理想状态来讲，这种做法在各种想象的场景中进行反复练习，每一次都会让满意的应对反应效果变得更好。例如，如果你想要确保你在逆转的市场状态下，保证你的止损点的话，你可以生动地想象，在市场向你预期的反向变化时，你依然可以保持缓慢、沉重的呼吸。然后你就可以想象，在你选择的时候清仓退出，即使是当你将注意力放在逆转市场变化上时也是如此。

这个基础练习可以成功完成行为疗法的两个末端。首先，它让你可以在预演自我控制力时，也有能力面对有威胁的环境。进行不断重复地练习可以使得刺激物（逆转的市场变化）和你对此的反应之间的纽带变得松动。其中主要的一个原因是你要求自己有意识地处理刺激物事件，全心全意地进行处理。从某种重要的意义上来讲，你是在当过去的事件完全控制了意识时，还坚持培养保持自觉状态的能力。第二个行为疗法的末端是，在松弛的自我控制和刺激物状况之间，建立一个全新的纽带。通过重复的练习，你是在真正的创造一种全新的条件反映，即使面对紧急情况时，仍可以保持冷静。正如你所想的一样，不断重复对这种再处理过程的成功与否十分重要。生动的形象化描述、场景中的情感投入和频繁的重复，会使得改变现有条件反应和创造新的条件反应的可能性加强。

和应激接种法练习相关的是被称作系统脱敏法的行为疗法。在系统脱敏法中，我们不仅要明确不必要行为的个人刺激物，还要基于它们与主观沮丧心情的联系之上，将它们用等级法排列起来。表9-3描述的是一个因为表现焦虑而导致无法明确表达交易概念的交易者的简要等级图表。注意观察，这个等级在开始时的最低层面上包含了适中的刺激物，但是却逐渐地在向高级靠拢。有时，心理学家会让病人用主观苦恼单位中0—100的单位来计算他们的刺激物级别。等级上的最低事物或许会在0—25之间，而最高的事物则会在75—100这个范围之内。

请注意，这个等级中包含了想象的刺激物，以及在模拟和实时交易中遇到的刺激物（实际状态下）。很多较低级的事物将会成为适于想象的刺激物场景。然后同样的这些场景可以用模拟和实际交易的方法，将其变得更接近于现实。我们讨论过的用做交易中的学习工具的模拟程序，在行为疗法中起着很重要的作用，让交易者可以在一个真实安全的环境中面对引发他们不良反应的刺激物。掌控模拟中的焦虑和冲动因素，从而为解决由情感控制的有关钱的局面提供一些可以树立信心的经验。

在开始分析等级制度之前，在之前提到的呼吸练习（或相似的松弛技巧）中发展基本的能力是很必需的。通常情况下，我要到交易者可以通过膈式呼吸进行自我放松后，才会开始针对等级制度的工作。一旦获得了放松技巧，你就可以创立一个至少有10层以上的详细等级制度，并确保在最低处、中间和高处等级上都有几项事物。很重要的是，这个等级制度可以带领你越来越真实地面对引发你不良反应的刺激物，以完成最高等级事物上的实际工作而告终。

表 9-3 系统脱敏中刺激物的简要等级制度表

等级水平	刺激物	形态	主观苦恼单位
高级	在持仓中时看到市场变化猛烈	实际	90
	在持仓中时看到市场变化猛烈	模拟	75
中级	发现市场变化与持仓方向相反	模拟	60
	认为市场变化会与持仓方向相反	形象化描述	40
低级	在交易前看看储蓄账户	实际	30
	在交易前看看储蓄账户	形象化描述	10

一旦你创建了这个等级之后,你要从底部开始向上进行工作,将放松练习和第一层明确的刺激物配对。你在进行膈式呼吸时要尽可能生动地体会刺激物状态。每当你遇到这种状态时——在形象化描述、模拟或实际中——你要按照 0—100 这个单位来计算你的主观苦恼程度。

这个技巧的关键在于你靠在行为疗法过程中坚持不断地重复刺激物场景,直到主观苦恼变成 0 为止。

这意味着在进行放松工作时,要多次不断地想象或模拟这些场景。最终,通过不断地重复等级上明确的刺激物就会开始失去它们的影响力了。

系统脱敏的秘诀在于,直到你将较低层的苦恼完全消灭后,才可以前进到等级的较高一层。

例如,如果在形象化描述层次上没有完全摆脱苦恼,就前进到模拟或现实层次上的话,就会重新回到以前的模式中去了。在某种程度上,系统脱敏是有效的,因为它可以使人在熟练和有效的进程中不断积累经验。通过创建平缓的,从一个层面进步到另一个层面,这样一个更大的等级,你可以确保在面对刺激物时变得越来越有意识,从而将认识、情感和行为上的干扰降到最小。我重申一下,成功的秘诀是反复练习:不断地、有意识地暴露在创伤暗示之下,忘记面对这些创伤时的条件反应是特别有效的。

成功的行为疗法可以让人不断地积累经验，使得那些以前不在控制范围之内的状况变得易于控制。

暴露疗法：提高意识的地位

由艾德娜·弗亚和她在宾夕法尼亚大学的同事研究发现，伤后知觉线索的暴露这种方法比起像膈式呼吸这种技巧，更可以让人在行为疗法中受益。她还发现，很多人们在等级上不需要使用循序渐进的方法。的确，暴露时期的延长有时又称作"洪水泛滥"，这种做法在重新改写伤后事件上非常有效。

暴露疗法可以在伤害知觉线索暴露的这个阶段中利用呼吸或其他放松技巧，但是通常也需要使用其他的应对方式。其中有些是认知上的，比如预先练习在这种状态下的思维方式。其他的可能完全是行为上的，如想要在这种状况下确保有意识地进行处理工作时，可以大声地说话。我发现特别有效的一种应对技巧是在暴露时期积极地和自己进行交谈，就把你当作自己的治疗师一样。例如，在之前提到的那个交易者，由于担心在市场活跃时期亏损而害怕进入市场的情形中，这个交易者可以通过一个模拟的市场暴露进行自我交谈，为自己恢复信心，鼓励自己并提供新的观点。中心思想是，在面对潜在的情感刺激物时，要激发有效的应对措施。

暴露疗法很有效，是因为它让人在伤后刺激物的暴露中，可以集中精神和注意力，并进行有方向的努力。

从本质上来说，暴露工作在最有可能避开意识的那些时候激发了大脑的前端区域，即它的实施中心。如果是这样的话，只要是在生动、有影响力的暴露过程中，成功集中逻辑思维的注意力的话，暴露疗法应该起作用。我阅读过那些因为患有从焦虑症到伤后紧张这个范围内的问题的病人，经历了暴露疗法治疗的病例手稿，证明了这个观点是正确的。他们的治疗包括在意识高度集中的状态下，让他们再次经历恐惧的事情。

这种疗法成功的秘诀是，当我们最有可能进行自动反应时，准确地激发这种增强了的处理能力，强迫我们在可能避开意识的时候进行有意识的处理。

暴露疗法的第一步：创建尤达状态

暴露工作的第一步是为进入一个增强了的意识处理状态而拟定可以信赖的程序步骤。这就意味着你需要两样东西：（1）一个你可以降低刺激作用和提供注意力的过程，以及（2）与强化注意力状态相关联的这个过程有关系的与众不同的线索。这两部分组成因素需要很大的创造力空间，才能看出什么工作对你最起作用。

我用的第一种方法是沉思的一个变量。用一种不变的姿势坐下，闭上眼睛，将注意力很长时间地集中在重复的刺激物上，通过这种方法，我可以进入一个高度集中和冷静的状态。就像我在《交易心理学》当中描述的一样，我发现菲利普·葛拉斯的早期音乐对于集中注意力特别有帮助。长期降低感官上的刺激——和我一起工作过的交易者，在闭上眼睛并用重复一句话的方式来集中注意力时，会使用隔绝噪音的耳塞——和高度集中的注意力，让提高有意识的进行处理这种能力变得简单易行。这种做法成功的秘诀是坚持足够长的时间来适应变化了的感官状态。如果你觉得很厌烦这个练习，你就不能够坚持适应所需的足够长的时间。随着时间的推移，如果有了足够的练习，通常可以在几秒钟的时间内迅速进入这种提高了的状态中。

第二种方法是使用前额皮肤温度的生物反馈来追踪大脑前皮层活动情况。我发现，当我直挺挺地坐着，并处于一直非常安静的状态中时，延长玩数独游戏的时间可以使温度持续上升，暗示血液已经流入到大脑前皮层区域。这种通过检测血液流量的方向（以及引起的温度变化）来评估大脑前皮层活动的方法，被称作血脑造影术，自从我在《交易心理学》当中提到过之后就赢得了赞同；它现在已经成为《神经治疗杂志》中一个专栏的主题，最近还被蒂姆·提纽易斯编辑成为一本书发行。在情感和心理觉醒的阶段，前额皮肤的温度较低；在精力集中的阶段，它们的度数就较高。有趣的是，松弛并不能提高温度度数，努力练习也不行。那里存在着安静集中的一种成分。血脑造影术的前驱之一，卡曼·杰弗利博士和赫歇尔·托米姆博士将《星球大战》中的一个人物尤达比作正确态度的化身：让你在工作的全过程中都集中注意力。

不幸的是，我们还没有到达血脑造影术可以广泛应用的程度。幸运的是，其他形式的生物反馈可以胜任这项工作。例如，圣野之旅程序将电脑游戏和心跳频率和皮肤导电能力反馈连续起来，使得进入尤达状态变得相对容易了。就本身而论，传统的生物反馈不能够测量血流量和大脑前皮层活动状况，而电脑屏幕上那些可以控制电流皮肤反应和心跳频率的程序的确需要坚持注意力集中，然后才可以为我们的目标服务。例如，在圣野之旅中，使用者必须要通过降低他或她觉醒水平的方法，才可以移动气球，使其横穿屏幕。一个不同的叫作 CalmLink 的程序，实际上是当使用者进行松弛练习并接收皮肤电流反应时，通过将他们放置在一种"压力"环境中（一个录像游戏）的方法来实施一系列的暴露疗法。

将电脑屏幕上的活动和生物反馈结合起来，使得这样的程序对于那些无法集中注意力进入尤达状态的交易者来说，利用这样的方式作为沉思工具是很有用的。及时的反馈对于那些因为看到自己分数不断提高，而有动力进行工作的人们来说也是很有帮助的。我体验圣野之旅后的感觉是，利用和血脑造影术单元中提高我前额温度的集中冷静，同样也可以成功完成这个程序设置的游戏。当我发现程序的有些特殊声音可以分散注意力时，最基础的任务需要的是冷静和注意力集中。通过不断重复练习，你开始真正感觉到——一种身心上的感觉——需要做什么可以成功地完成这个游戏。这种感觉还包含一些积极的条件线索，你也许会在实时交易中用得到。

进入尤达状态本身就是一种需要经过不断练习才可以拥有的表现技巧。

对精神健康专家来说，复杂生物反馈单元——特别是脑电波单位——

需要训练，经常还缺乏易操作的干扰。通常，我不会将这些推荐给交易者使用。在写这本书时，许多"开发脑力"的电子游戏逐步进入市场，特别是它们在日本取得成功之后。将这些游戏和简单的心跳频率，或皮肤导电反馈结合在一起，可以为培养大脑前皮层活动能力，提供一个潜在的健身房。

不论你是否使用沉思或生物反馈，来不断激发前皮层活跃性，这对于你每次按照固定的模式来进行表现是很重要的。还可以为你的尤达状态创造积极的条件线索。例如，葛拉斯的音乐和保持固定的坐姿是我的两个暗示。或者，在香熏或明亮的状况下，玩生物反馈方面的游戏，也可以创造出生动的暗示，随着时间的推移，这些线索逐渐和冷静集中力结合在一起。这些都是我们将要带到交易中去的暗示和线索。

暴露疗法的第二步：在尤达状态中不断加强暴露的程度

如艾德娜·弗亚和大卫·巴罗这样的优秀临床医师所做的研究指出，暴露疗法之所以卓有成效，是因为它可以重新组构认知能力。人们通过暴露认识到，他们的确可以处理最可怕的恐惧感，控制他们的反应，并想出应对措施。最关键的是要有直接的成功体验。这就是为什么暴露疗法在实际环境中最有功效的原因：应用到实际的压力当中。

值得注意的是，弗亚在暴露疗法上的工作时间是 2 小时，而不是标准的 50 分钟治疗时间。这暗示了暴露的密集度和持续时间在行为疗法是否成功当中扮演了至关重要的角色。我们由于伤后压力而生成的很多条件反应都注意避免让沮丧和精神创伤结合起来。例如，我们对于害怕市场亏损的反应，可能是在达到我们的盈利目标或止蚀点之前就冲动地退出了持仓。暴露疗法防止了这种回避反应的发生，并且还让我们沉浸在我们试图要避免的这些压力中。

目标和增强了的意识状态之间是否匹配可以通过进行真实交易来实现，在整个交易过程中创造出沉浸状态。你可以通过逐渐加强暴露的方式来进行。与人为操控刺激状态是适中还是非常有压力的方式不同，在系统脱敏中你需要应对的是在整个交易过程中出现的所有刺激状况，不过开始时要很大程度地减小你的交易规模。然后你就可以通过不断增加交易规模的方式来增大你的市场暴露。因为交易的风险主要是看它的规模，在暴露疗法中人为操控交易的规模大小，比其他任何构造良好的等级，都更能很好地逐步加强暴露的程度。用规模来加强暴露程度的方法，还意味着不需要停止交易来进行暴露疗法。的确，这个方法的优势就是，它可以在安全的交易中营造出一种沉浸体验。

重新组构伤后知觉线索的最迅速的方法就是在一个安全的环境中不断地激发它们。

这种逐步加强暴露程度的技巧是否可以成功的关键是你要在交易的同时复制让你可以保持这种处理能力不断加强的状态所进行的行为活动。例如，如果你习惯于用不断听音乐的方式来保持你注意力集中的状态的话，你可以在交易时听音乐。如果你要进入沉浸状态，需要进行静坐和减少感官上的暴露的话，你可以在追踪市场状态时，保持完美的不动状态，并带着隔绝噪音的耳塞。因为你要不断努力，才可以进入尤达状态，你需要学习如何将特殊的线索和这种状态联系在一起。引发这些线索可以让你在实时中召唤这种状态，并集中注意力的搜寻应对措施，就像通过伤后知觉线索可以探询苦恼源泉，并最终还原出相应的应对措施是一样。这里有一个创建"积极精神创伤"的例子：一种可以引发一系列满意反应的强有力经验。你为了进入沉浸状态而进行的训练变成了一种经典的条件反应。

重申一下：在交易中实施实际的暴露疗法之前，掌握如何进入集中状态是很重要的。我发现，几个进入并维持集中状态的高度延伸阶段，比起众多短暂的阶段对你掌控尤达状态而言更有效果。当我第一次进行自我训练时，我在午夜里的3个半小时都在听葛拉斯的 *Music in Twelve Parts*，一点也没有分心。这是我做过的最聪明的一件事。在200多分钟的过程中，你会经历一次又一次的内心分心状态，并学会了应该怎样做才可以调整，并维持集中状态。同样，调整并维持集中状态，也是你要在交易中为了达到不断加强的暴露程度，所要做的事情。

在实际中用很小的规模开始进行工作的魅力在于，每一个刺激物最终都会出现，但是现在它们不会威胁到你的存款账户。这就使得在这些刺激物发生时，你可以更容易地练习，如何保持注意力集中状态。只有在你成功地用最小的规模避免了消极的交易模式之后，你才可以不断扩大规模。这种构想是创建成功，并不断培养掌控的经验。

当你在进行暴露工作时，你不是为了赚钱而进行交易的。你是为了重新树立控制和安全的意识而进行交易的，为的是让以后的交易可以盈利。

由于可以在屏幕上提供图表反馈的生物反馈工具的出现，就可以在交易中将生物反馈融入你不断加强的暴露程度之中。心跳频率和皮肤电流反应（GSR）反馈对于这个意图很有帮助。在交易中，你当然不需要进行生物反馈游戏；你所需要做的是了解自己的水平——最好是随着时间的推移，可以用图表显示出你的水平。通过这种方式，你自己的理解就可以在有意识的识别这种刺激物之前，让你对这些刺激物的出现有所警惕。当你还在追踪市场状况时，深入理解就变成了机遇，可以抑止你的刺激因素，并增强你的集中力。直到你可以成功地削弱在这些刺激事件中的理解能力，你才可以参与到实际的交易中去。有时可能意味着你要关闭持仓、离开交易屏幕、并通过进行尤达练习来重新获取集中力。如果有这种需要的话，你就会意识到，在这个规模上你需要花更多的时间，在控制力范围之内进行交易——你或许还会想返回最近的一个更小的规模之上，在更上一个台阶之前巩固在那个阶段上的盈利。

适当训练：对于所有问题而言最好的治疗方法

自从开始写《交易心理学》以来，我已经和许多交易者一起工作过，其中有不少还是在实时状态下一起工作的。我的经历让我不可避免地得出一个结论：大多数的交易情感问题，都是由于部分间接性精神创伤造成的。

这意味着很多交易中的心理干扰，都是由于幻想产生的。它们是由于交易本身引起的，而不是由于与交易分开的因素引起的。当我们没有经过适当的训练就开始交易时，当我们用账户或者心理无法适当容纳的规模进行交易时，当我们用那种有毁灭风险的规模进行频繁交易时，我们就创造了情感干扰。

实施暴露疗法来处理与交易相关的精神创伤，永远都不应该是必需的。如果你可以适当地进行自我训练，并使用谨慎的风险管理方法时，你会经历交易亏损，但决不会经历精神创伤。对于精神创伤而言，最好的治疗方法不是行为或认知治疗；而是在有组织地训练中进行预防。我写这本书的目的，不是鼓励你自己进行精神创伤的医治。我的目的首先是不让这种治疗成为必然。

交易，只要进行理想化的构建是拓展意识的一种方式，而不是对其进行损害。

尾声　一个交易专家的塑造和重塑

　　……当人们以交易为生——用逻辑，而不是武力来作为他们最终的裁决人的话，获胜的是最好的产品、最好的表现、明察秋毫以及能力卓越的人——一个人的生产力程度，就是他所得到的回报的程度。

——安·兰德，《地球战栗》

　　我们对交易专家的了解大部分都是通过采访，而不是直接地观察而获得的。采访富有信息含量，但是和第一手的体验相比还是相去甚远。在过去的一年中，由于金斯特里交易有限公司董事长查克·麦克艾文和交易专家斯科特·普西尼的帮助，我每天都可以观看斯科特的交易进程。我坐在他的办公室里，观察他进行交易，并见证了他作为一个交易者的成长进程。最后，我还采访了他和他的朋友以及他的家人。

　　一个可以将我们想到的构想变得有血有肉、行之有效的交易专家，应该是什么样的呢？这里我给出的不是一个完美的描绘。我观察过斯科特这样优秀的交易，也见过他糟糕的交易。我见过他在一个月之内，每天都有很可观的一笔盈利，只在几天内就从市场上拿走了一百多万美元。我同样也见证了他在市场改变时所做出的极力挣扎，他在急剧下跌时期的挫败，以及他为了适应变化的市场状况而做出的坚持不懈的努力。他是一个对家庭和朋友都非常忠诚的人，他的这种最大的美德，用他自己的话说就是成为一个"梦想家"。他同样也是一个情绪有极大波动的人，他自己说过他可以"像一个傻瓜"一样进行交易。

　　总之，他是一个真正的人，只是碰巧拥有可以阅读市场中短期模式的非凡天赋。面对一个违反了著名的专业技能和原则规律并在交易的第一年中赚了超过 200 万美元，而且在随后的一年中盈利又翻了 4 倍的人，你还有什么可以用来解释这种情况的呢？没有，这种成就不是通过靠杠杆原理做了几笔幸运的交易就可以拥有的。相反，斯科特通过每天做上千笔的标志普尔 E-mini 合约的方法来打败市场的，当然还有加上所有必需的下跌费和佣金。当我在观察斯科特的交易，并看到他提高了这些数字中的一些价格时，我发现要接受市场是随机而且有效率的进行交易的，这样一种概念是很困难的。只有在那些通过天赋和训练，就可以区分成功和失败的表现领域中，他才可能有成就。而他的努力只有在不断适应市场状况变换下仍能取得长期的成功时，才有可能取得应有的效果。

要成为这样一个成功的交易者要具备哪些条件呢？并不完全要像魔法师奥兹一样：当我们拉开帷幕时会发现魔法师就是一个人，不过这个人也是一个魔法师。

一个年青交易者的描述

斯科特·普西尼于 1972 年 3 月 1 日出生于伊利诺伊州的芝加哥高地。远在进行第一单交易前，他就已经开始面对死亡的事情了。当斯科特 2 岁时，他的生父由于吸食过量海洛因而致死了。斯科特回忆看到那天他的父亲死在地板上，他还清楚记得父亲身下的那块地毯。在大学生活的早期，他亲眼看到一个是足球队员的朋友，在一个饭店外被人刺死了，之后这个事件一直纠缠着他，逐渐破坏了他的学业。21 岁时，他看到养父由于肝癌而日渐憔悴。研究者迪恩·基思·西蒙顿发现，很多有天赋的个人，都有从早期就要面对家庭死亡的历史。这样的事件要么造就了你，要么毁灭了你；要么强迫你变得自力更生，要么就要你自生自灭。

斯科特学会了自力更生。

让一个男孩在没有男性典范的情况下，拥有成熟男性的特征是很困难的。早期生活中，斯科特体会到自己是很脆弱的，因此他就被领养了。他将一年级时发生的一个事件看作他人生中的一个转折点。一个欺凌弱小的人每天都追着他回家，恐吓他。斯科特的养父教他打达斯·维德沙袋，学

尾声 一个交易专家的塑造和重塑

会之后,斯科特就勇敢地向这个比他大四岁的男孩进行挑战。他打中了这个男孩的嘴,把他打流血了。提到这一天时,斯科特对这件事引起的后果放声大笑:这个男孩的母亲跑到斯科特的家中,愤怒的抱怨斯科特打了她的儿子。不过,通过这件事,斯科特感到他"不再是一个弱小的人了,他开始学会保护自己了。"

我们当中每一个人在一生之中都会不断修正一系列的中心思想,对斯科特来说也是如此,他是通过早期角色典范的丧失而修改成形的。作为一个活跃的孩子,尽管斯科特的家人都给予他支持和动力,他还是很难待在教室。"我讨厌坐在枯燥教室里的一个位置上;这种感觉就像是在坐监狱。"在斯科特4岁时他妈妈再嫁,他就被新的爸爸收养了。不过,他爸爸不擅长运动,而斯科特也认为少年棒球联盟的组织不完善。"从来没有任何人来教我,"他解释道,所以他就努力读书,自己教自己。"我曾经每天早上5点就起来,练习如何击球座,"他向我描述道。"我会把球扔到墙上,用来练习如何拦截滚地球,全部都是靠自己。"这么小就拥有这样一种自力更生的意识是很罕见的,在后来斯科特的交易成长中,也起了很重要的作用,因为他花了很多个早上的时光,通过打破交易书中所有的规则来教自己如何进行交易。

我们发现非常成功的个体,都会拥有很强的恢复力和毅力,而斯科特从很小的时候就已经展现出了这些特质。谈到他早期的运动决定时,他解释道:"这可以证明我多么热爱棒球。如果我想要做一件事,我会全身心地投入进去。我要掌握它。"

> 大多数有成就的人从很小就展现出了掌控的愤怒。

7年级发生了一件事,可以看作是年轻的普希尼这些经验的结晶之一。他在下雨的深夜中坚持打篮球,试图增进技巧,让他可以在即将到来的团体选拔赛中脱颖而出。一辆汽车停在那,司机对他说:"孩子,你会是一个成功者的。"斯科特没有忘记那个人,或是他说的话。的确,意识到他的朋友们都有了毒瘾,斯科特选择进入玛莉安天主教中学学习,在那里会有更优秀的同龄群体和更强的学术基础。他发现，这个选择几乎挽救了他的一生。

因为有着坚定的决心，斯科特的棒球技巧非常扎实。他在高中团队中打了4年棒球，成为全明星团队中的三垒手。他6英尺高，重205磅，还是高中足球队的首发中锋。"足球让我成为一个真正的男人，"斯科特回忆道。"你跑到那，用铲球击倒妨碍你的对方球员。"不过，他的梦想还是在斯坦福队中打垒球。运动成为这个年轻人竞争动力的发泄，但是他已经是一个梦想家了，想象自己已经成为一个大学明星。然而，很快这个梦想会破灭了，年轻的斯科特也会迷失方向。

交易者大学时期的描述

通过祖父，斯科特第一次接触到了股票市场。他还记得当时观察股票时对它们的动态很着迷。"我喜欢不知道的东西——不知道第二天会发生什么样的事情，"他解释道。在高中时，他参加了ATT投资挑战，最后名列全国的前100名之中。他为这项成功感到很骄傲，从那时候开始，他就知道自己想参与到市场中了。

他大学时主修财务管理，当他的一个朋友兼足球队友，在饭店外与人争吵并被人刺死后，他在伊利诺伊州大学的第一年中学习很吃力。这让斯科特觉得很恼火——当他描述当时的情况时，声音中传递出的情感依然很明显。他失去了学术上的兴趣，并以很差的成绩离开了伊利诺伊州。他试图转到衣阿华州位于达文波特的圣安布鲁斯大学继续学习，但是被拒绝了。在写了2封展现出非常想进入学校学习的动力的信后，他们就以实验生的身份接收了他。他没有让他们失望，以高于3.0的平均分数毕业。然而，他还是没有找到自己的职位。他以为可以单凭技术就进入一支棒球队伍，所以在棒球上的事业也搁浅了。他没有处于良好状态，所以不能进球队。"这是我现实生活中的一次失败，"斯科特回忆道。"我陷入了绝望中。"

斯科特对未知事件的喜爱——他对于下一步不知道会如何发展的事情感到很兴奋——大学时，在赌博中找到了发泄点。他被赛马吸引住，因为他想从智力上对不利因素进行挑战。他花了很多时间研究赛马形式，希望可以大获全胜。"我是一个梦想家，"斯科特发现。"我总是想做到任何事情。如果其他人可以做到，为什么我不行？"然而，失去了运动员的梦想后，斯科特失去了方向。"我整天出去，喝酒、赌博。"斯科特回忆道。尽管如此，他仍然保留了想成功的动力。他自学高尔夫，练到了一杆进洞。

让我们停下来，从客观的角度来看看年轻的斯科特。他在一个一般的环境中长大，很早就要面对死亡和同龄人的消极影响。然而，他还是展现出了在运动上想要成功的决心，并拥有信心来实现自己的梦想。不过，在大学毕业时，没有人会认为斯科特是一个非常成功的专业人员。他在棒球上的失败揭示了过度膨胀的自信心，因为他放弃了可以在第一位得到发展的努力和训练。喝酒和赌博展现出与他有原则的追逐梦想相反的一面。总之，我们在大学结束时看到的是2个斯科特：一个是自力更生的梦想家和为了熟练掌握他留意到的每一件事而努力工作的人，而另一个是一个感觉不到要继续努力必要的拥有过度自信的寻找者。

在大学毕业时，斯科特有几个事业生涯远景，但是却没有可以进入的社会关系。不过，他有一个潜在的优点，最终造就了他事业的第二个人生意义：他认定自己可以单独观察到任何事。他可以学习运动项目，他可以弄明白赛马。斯科特对他的智力很有自信，即使他过的并不是一个知识分子的生活。他相信，其他人能弄明白的，他也可以。朋友的去世和棒球事业的破灭，对他的这种信心没有丝毫损伤。

作为年轻交易者的描述

斯科特的暑期工作经历，即上门卖肉，没有一点吸引力。但是这个销售经验使得他非常想在花旗集团经纪公司进行实习。不久之后，斯科特婚礼中的伴郎丹·莱辛斯基，帮助他在芝加哥商品交易所找到了一个工作，在5年期权交易场中做一个指令传递员。他当时的薪水是每周200美元。他在这个交易场中工作了大约2年，然后几乎没有做任何准备的情况下，申请证券交易场中的一个文书职位。他再一次简单地假定自己可以做到。"在我一生中，我从来没有感觉到这么大的压力，"斯科特描述道，因为他要在交易者向他大声喊叫，以及有数百万个交易显示时努力记录下迅速的手势。"这让我感到是在打仗，"斯科特坚持这样说。一面在现在的交易办公室里做手势，他一面开玩笑道："和在交易场中工作的文书相比，这里简直像是按摩院。"

我们最深处的自信来自不断地战胜有价值的挑战和障碍。

尽管每一天都要被经纪人和顾客呼来喝去，并且要努力跟上楼上涌动的指令，斯科特还是在新的岗位上坚持了下来。这又一次证明了当他真正想做到某件事时，他就会展现出坚持不懈的毅力。不过，他最终想得到的结果是成为一个交易者，而不是一个文书。当他的朋友罗伯·罗斯把他带到金斯特里交易公司时，他的机遇来了，尽管他对老板查克·麦克艾文最初有一些担忧。他开始做一个自营交易者，他现在的收入只是被他的天赋限制着。

唉！斯科特的机遇本来可以更好的。他于2001年8月加入金斯特里，那时正是熊市。他在公司的第一天就亏损了2600美元，他进行了一手的交易！实际上，在刚到公司的一个半月中，他每天都亏损。如果有人要注定在这个紧要关头开始短期交易生涯，那这个人就一定是斯科特·普西尼。然后，好像这样还不够似的，市场在9.11时受到冲击，并在世界交易中心遭受袭击后就关闭了。没有什么事是对的。他破产了，而他的工作也没有什么保证。

让我们再一次在他的人生历史上停留下来。花几秒钟想一想，为什么斯科特要开始他的自营交易生涯。在一手头寸上亏损2600美元意味着你的交易在一天时间内下跌了50个标准普尔点。这种做法不仅是错的——而且这种错误还一直持续着。然后想象一下，在此之后几周内每天都亏损。那是斯科特感到很绝望——不是因为他没有感觉到可以把钱赢回来，而是因为他认为在他将钱赢回来之前可能已经被公司解雇了。他一直在交易中亏损，他的资金已经用完了，但还是没有看到任何盈利的希望。那么是什么可以让斯科特坚强地渡过这段时期呢？

有两件事看起来对他有利。首先，他在交易场中已经处于压力非常大的环境中。如果那时在每个人都同时向他喊叫时，他还可以保持冷静，那么他就应该知道自己一定可以应付现在的困境。不过，或许最重要的是交易场上的经历揭示出斯科特拥有非凡的天赋：能够在高度风险的条件下迅速处理指令的能力。他学会了打手势，而且作为一个成功的文书，他训练出可以同时兼顾很多交易者的能力。他在任何一个交易中也没有损失过很多钱。有多少人可以跳进一个繁忙的交易场，并把事情都做好呢？

斯科特当时没有意识到，但是他却找到了自己的职位——而且在这个新的学习曲线中依然抱有自信。

对成功交易者的描绘

和罗伯·罗斯一起钓鱼时，罗斯推荐他阅读《大作手操盘生涯》，让他从一个不同的角度来看交易。之后，斯科特在2001年9月回到了休市的市场中。他晚上来到市场，开始进行德国市场（DAX）的交易。独自待在办公室里，并在经历多次亏损交易后，试图熟练掌握交易是一件很孤独的事情。他通过听格莱美获奖者肖恩·高文的音乐来自娱自乐、振奋精神，后来将肖恩·高文也算在他成功的因素中。当他在DAX中获得首笔利润时，他感到非常的骄傲。他对自己说："有多少人能在早上5点前赚1000美元呢？"

当标准普尔市场又开放后斯科特又回来了，用他的话说就是"有一天它开始运作了。"他开始赚钱，自信也跟着涨高。的确，他的信心是如此高涨，以至于他和老板查克打赌说，他在这一年结束时会成为金斯特里交易者中的第一名。他最终赢了这个赌约。

"我大部分的动力来自我的竞争驱动力，"斯科特告诉我。"如果这些家伙可以赚到钱，我也可以。"斯科特当然很喜欢赚钱——在他打赌后，一月份他有200000多美元，而在这一年年底，他的资金是200多万美元——斯科特发现，与其他交易者进行竞争是最有动力的。他想要成为最优秀的。

但是让我们往回看一下。我们怎么解释这样一条学习曲线：一个交易者在8月和9月中连续6个星期每天都亏损，然后到一月为止这段时间，又不断地获得大规模的盈利？

我早前在这本书中曾提过，大部分的解释可以从斯科特与众不同的交易方式上找到。（注意：为了尊重斯科特和金斯特里，我已经尽力详尽准确地描述他的交易，并尽我所能不去泄漏自营交易信息。因为这个原因，我才坚持让斯科特和查克，以及其他在书中曾经提到过的交易者对书中的资料进行审核和认可。）用通常的交易术语来说，人们把在一天之内做了好几笔交易的交易者叫作一个活跃的交易者。将在交易阶段还未结束前，就已经抛售头寸的交易者称为当天交易者。斯科特是一个活跃的当天交易者，但这并不会干扰他的交易方式。他活跃的程度让他几乎总是可以接触到市场交易的信息和模式。在市场活动的任何一天中，他接触到的市场信息比一个寻常交易者在几周时间里接触到的还要多。我坚信，这和他的天赋和个性一起都对他学习曲线的明显加速起到了一定的作用。

> 通过将注意力集中在获得市场经验上的方法，我们可以加速技巧的成长。

正如你看到的，斯科特作为一个市场制造者，为市场提供了流动性。他会低于市场买进，高于市场卖出。市场的自然变化确保了他大部分的指令会被填满，而他在这个交易日中也将在市场中待上很长一段时间。他的目标是买入进价，卖出报价，然后从差价中盈利。和在几分钟、几小时，或者几天的时期中对图表模式或走向进行评估的技术交易者不同，斯科特将注意力集中在市场中供求关系的短暂变化上，迅速地对这些变化做出反应，从而从极小但是很频繁的变化中受益。"我所做的和书中教你做的正好相反，"斯科特解释道。"我会希望一个 TICK 变动 50 次，而不希望一次变动 50 个 TICK。"的确，这就是他为什么会成功的原因。随着时间的推移，斯科特作为一个交易者将规模不断地扩大，所以他每天都会进行 40000 到 50000 个轧平交易的交易。一个 TICK 的变动看上去似乎不会是一大笔钱，但是通过这么大的规模和这么频繁地交易就会不断地翻倍，最终积累成一大笔丰厚的利润。

尾声 一个交易专家的塑造和重塑

斯科特将他的成功归功于在市场的短期变动中阅读市场模式的能力。他对高于或低于市场的指令规模和头位都非常敏感，他追踪每一笔交易，它的大小以及是何时出现的。他可以敏锐地感觉到市场何时变化缓慢并被局部行情所控制；何时会比较活跃，并有机构和证券的介入。这种意识可以让他很快地适应一天中的市场状况变化。帮助他作为一个交易场中的文书存活下来的那些观察技巧和迅速反应为他作为一个屏幕交易者提供了优势。

现在想一想他拥有的是什么样的优势。想一想在标志普尔 E-mini 市场中上万个轧平交易所花费的佣金，更不要提与交易相关的其他费用和支出。一个人一天需要赚几千美元才仅仅可以保证收支平衡。要赚几百万需要拥有的是一个有很大成功比例的优势———一个日复一日，每年都可以重复这样盈利的优势。只有拥有世界级的天赋和技巧的人，才可以有这种成绩。

如果我必须要挑选出斯科特作为一个交易者来说最优秀的天赋，我会说是他非凡的注意力、准确的短期记忆能力，以及迅速地脑部运作及处理能力。他会数小时地坐在屏幕前，积极追踪市场中发生的一切事情。大多数交易者，包括我，会发现这种做法是完全无法承受的。斯科特则是不一样的。就像一个小男孩认为坐在教室里不动，像是被困住但还是得这样做一样，斯科特不喜欢缓慢的市场。他最有挫败感的时候，就是市场不让交易顺利进行的时候。他迅速的脑部处理和卓越的短期记忆能力让他可以回忆起最近在高于市场和低于市场上发生了什么事情，以便当交易在 ES 合约中上涨时，他可以首先发觉到并依据情况采取行动。当他在一个活跃的市场中交易顺利时，持有时间会在短短的一分钟内变长、变短、再变长，以便可以在市场的两边都赚到钱，这种做法对斯科特来说很常见。

这些天赋是无法教授的。而他强烈的竞争驱动力也是无法后天养成的。这种驱动力会让他早上 5 点起来，在幼时练习击球座和在雨中练习投篮，和让他打一场惊人的赌是同一种驱动力，通过这种驱动力他可以将公司带往盈利的道路上。这种驱动力让他日复一日地坚持努力学习，即使面对连续的失败也不退缩。我很清楚斯科特最宝贵的财富，就是在最艰难的条件下也坚持要掌控市场的能力。他的确是以这样的前提开始工作的，别人能做到的，他也能。

这些认知和个人天赋和详细的交易技巧结合一起使用就可以创造成功。在斯科特这个例子中，技巧包括对供求关系的短期模式的阅读能力。因为他大部分时间都在市场中，他有第一手的感觉，知道那些大交易家是倾向买还是卖，因此可以依据他们的动向来确定持仓。如果他其中一个大的指令只填满了一半，他就获取了要处理买或者是卖的信息，并充分利用有价值的数据。他很大一部分的处理和决定都是迅速的、机械化的，不会花很长时间来进行明确地分析。也可以说斯科特和一个赛车手开车的方法一样：利用的是基于实时表现中获得的经验之上的敏锐直觉。事后，他会告诉你为什么他要下达或取消一个指令，但是他所有的逻辑都是马上发生的，是将大量处于迅速变化中的数据集合在一起而做出的推断。

天赋+个性+表现职位+训练＝成功

总之，斯科特可以迅速获得成功，是因为他可以迅速地找到自己的交易位置：一个鼓励交易者成长的公司、一个让他可以进行活跃交易的市场，以及一个可以充分利用他以行动为导向的个性和独特的认知天赋的交易方法。这让他在不到一年的时间里，从一个交易新手变成了一个厉害的赚钱者。

> 不过随着市场的改变，位置也会发生改变。

对转型中交易者的描述

迄今为止，斯科特并没有重复他交易最好的2003年的历史，他只赚了1000万美元。说实话，2005年他实际上亏损了差不多300000美元。这是重新调整中的很有挑战性也是很痛苦的一个时期。

有好几个因素共同导致了股票指数市场中非常活跃的短期交易困难——不仅仅是说斯科特，而是很多市场制造者都是这样。市场活跃性很大的改变了大众化的 ES 和 NQ 指数的特征。我的研究指出，我们在过去的 70 年中都没有经历过像现在这样的走势和活跃性都很低的市场。有人可能会认为像斯科特这样的投机商，并不需要走势和活跃性，但是事实却不是这样的。如果市场变得深不可测——他们在买卖盘记录的所有价位上都参与交易——并且一点也不活跃的话，他们就处于套牢的环境中。他们来回进行交易，却无法完全突破任何一个价位。有时一个人的指令在记录中待上好几分钟也没有全满。这种缺乏运动的市场让短期交易者变成了一个持仓交易者。

在斯科特这个例子中，这种缺乏运动的状态成为心理上的毒药。这种感觉就好像是他重新回到了学习，必须一动不动地坐在那。交易更多的变成了一种挫败，而不是一种娱乐。他的办公室就好像是很多年前的教室一样，开始让他感觉像是监狱了。更糟糕的是，市场无法主动地填满斯科特的买卖指令，所以他无法得到很多的信息来进行交易。他所拥有的观察力、迅速处理信息和卓越的短期记忆能力这些核心天赋，不能充分发挥作用。在市场不活跃的时候他会离开市场，他发现自己越来越像那个被欺凌弱小者打败的孩子。他想要进行反击，但是这一次却没有人可以让他打。随着时间的推移，那种认为自己是一个懦夫，而不是一个男子汉的感觉又悄悄地回来了。

> 最厉害的市场给予交易者压力，让那些早期的个人挣扎又重新复苏了：不知所措和无能为力。

一开始，斯科特一直在等市场重新返回以前的旧模式。"待在自己的舒适地带是人类的一种本质，"他告诉我。"我不想去想象在一个完全不同的市场，开始交易会是怎么样的一种情况。"这时自信就变成了过分自信，让他毫无准备，就像是大学棒球队的测验一样。只要他还待在自己的舒适地带中，他就不会做成困难的改变：对生活方式进行调节，额外工作以及修改他的交易方式。他了解变化的市场，但是用他自己的话说就是，"我没有想过这样的事也会发生在我身上。"

市场中的状况只会越变越糟，因为机械化的交易不断地占据主动地位。这让短期交易者很难足够快的得到好的价位。我在一篇文章中说 ES 市场中不断增加的交易量，正在捕捉不断下降的市场运动趋势。结果，在这个交易日结束时，很多交易者发现自己在市场这个随着音乐声抢座位的游戏中根本没有一席之地。

这里，我们可以看到，交易者的精神都受到了相当程度的损伤，就像第九章中描述的那样。我们现在不是在说一个交易者的优秀交易年，而是他的糟糕交易年。更确切些，这是一个每年都过于成功的交易者，现在他发现过去奏效的交易方法，已经不能为他赚到钱了。想象一下一个篮球中锋，突然发现篮筐升高了 2 英尺，而罚球区宽度又加倍时会是怎样一种状况。想要为了得分或得到篮板球而控制内线，已经是不可能的了，因为在罚球区内任何的袭击都会造成 3 秒违规。如让一个球员背靠篮筐，从中间的队友那里要球并转身跳投，这样一直行之有效的基本运动，已经是不可能成功的了。这就是当市场变化时会发生的事情：他们的规则也改变了。斯科特就好像是那个中锋，现在被迫要适应一系列无法预测的市场规则。

在市场开始变化的早期，斯科特突然想到将每天的交易录下来，以便从中发现自己的失误和市场新的交易模式。他买了一套录像组合，包括一个容量很大的硬盘，让他可以存储和重复观看很多天的市场动态。这种方法让他可以看到他是如何以及在什么地方下指令的，他的指令是如何以及在哪里填满的，还有他是如何管理持仓的。他在屏幕前待的时间越来越多，从而可以在交易中做出关键的调整。

不幸的是，这些调整使得斯科特离他的职位越来越远。持仓交易并不是他的强项，无法充分发挥他非凡的天赋。他做一个较长期的交易者，就像迈克尔·乔丹打棒球一样：有能力，但不是世界一流的。对斯科特来说，那是不够的。他必须为自己的天赋找到施展的地方。他终究是在雨中的那个孩子，注定要做胜者的。

尾声 一个交易专家的塑造和重塑

对家中交易者的描述

泰格·伍兹在重新获得主导地位前，经历过很长一段时间的锦标赛落败。1973 到 1974 年中连胜 20 场比赛后，伟大的投球手诺兰·莱恩就再也没有在一年中赢得 20 场比赛的胜利了。的确，在他的职业生涯中，他经历过失败的几年：1976、1978、1985 和 1987 年。不过，我们不会记住输的比赛。我们是通过他难以置信的 27 年职业生涯和 323 场胜利来对他进行评价的。对大多数非常优秀的表演者来说，低谷只是事业的一部分，斯科特也不例外。他读过有关伟大的交易者的书籍，他知道其中很多，如果不是大多数的话，都在第一笔交易中亏损。适应市场是很难的，除非你学习到了适应的需求。

不过，这样的想法并不会让人在低谷时期感到好受一点。即使是那些恢复力和竞争力都很强的人，也会禁不住思考他们的辉煌是不是已经过去了。斯科特的挫败感不只看得到，而且还听得到。不止一次我在他办公室里时，看到他观察市场很久地停留在一个 TICK 上一动不动，还大声说这种事情怎么可能发生在一个世界市场中。这种挫败感使人失去了原则还有情感上的观点。

有很多写交易者的东西，但是写交易者配偶的就很少。我认为，他们配偶中很多都应该是走在成为圣徒的捷径上的。交易中的压力、变化中的市场带来的挑战以及日复一日、年复一年缺乏稳定性的收入和表现，使交易者不得不把这些问题带回家中。交易者的配偶都非常了解交易，这样才可以体会到他们所承受的压力。交易者也同样能够理解，配偶面临着必须忍受情感和收入的时涨时跌，却没有办法控制这种局面的这种困难。

安娜和斯科特在 2004 年 11 月结婚前交往了 3 年半。婚礼仪式很圆满，肖恩·高文为他们演唱——就是她的歌声在 2001 年陪伴斯科特这个孤单的交易者。安娜的工作是进行特别教育。这份工作培养了她超强的耐心和理解力，因为她需要帮助那些在学校的学习中努力挣扎并经常受到挫败打击的学生恢复过来。

"安娜可以让人冷静下来，"斯科特对我解释道。在糟糕的日子中，

"我可以忘记这些糟糕的交易，但不是马上。我认为到了世界末日了。安娜会说：'一切都会好起来的。不要再担心了。'"

"作为一个老师"安娜指出，"这就是我这一生都要做的事情：这不是世界末日。你在年底就会读书识字了。"

> 专家的配偶都认为，他们的另一半会出现短期的迷失现象。

然后安娜说了一些露骨的事情："听起来很奇怪，但我到学校去就是为了和他结婚。"他们进行的团队努力，安娜提供的是一种让一切变得稳定的影响力。

最近女儿索菲亚出生后，安娜和斯科特有了更加明显的分工。安娜知道斯科特需要在交易和学习过程中专心致志。她提出，工作后"他可以参加一些娱乐节目，松弛心情。"安娜解释道，"我希望这能为我们的生活带来快乐，而不是挫败。"的确，事实证明是这样的。斯科特说，在经历了一个困难的交易日回到家后，看到索菲亚"让我很开心，回到家后我的心情就变好了。"

我的感觉是安娜和斯科特一样是一个有天赋的人，并在她的事业上也是专家。很多其他的配偶对丈夫挫败后的回应是，自己也感到很失败，这样实际上是为一个已经很糟糕的情势火上浇油。安娜的主要天赋是有耐心，而且情绪稳定。这使她可以成功地让学生在学习中进展顺利，同时也是有竞争心的丈夫的避风港。

成功，即使是就个人层面来说，通常也是一个团体活动。没有情感上的支持，很少有表演者可以在跌落和全新的学习曲线中存活下来。而特殊的伙伴就可以在对方身上发现优点，并给予最好的鼓励。

对成长中的交易者的描述

在我写到这的时候，斯科特已经有了很大的变化。他正在找寻新的方式让他可以在那些比他以前的职位更有前景的职位上，充分发挥他的天赋和技巧。他还没有进行任何惊人的打赌，但是你可以肯定当他这样做时，就不会选择另一条路。斯科特的墙上有一个标语反映了他个人的座右铭：能忍者，成功者。他的确是一个白手起家的人；当他可以忍耐时，他就成功了。

诺兰·莱恩在职业生涯的半途意识到如果要成功，他就要有所改变。他学习少发快球，练习其他投球法，以及培养自己的控制能力。结果，他每小时90英里的速度比99英里的速度对击球员产生的威胁更大。他还保护自己的手臂，远离会导致他使用以前快球优势的损失。我确信，诺兰在他的重塑过程中经历过挫败，从那些失败的比赛中可以看出。不过，他在名人纪念馆中占一席之地，是因为他坚持自我成长，让他的职业生涯可以得到延长。

> 伟大不是一种成就，而是一种终身的成就。

不过，诺兰不是通过放弃他的优势而找到成功。他没有试图变成一个慢速变化球的投球员、一个击球员或者一个足球运动员。他调节自己的优势来适应比赛中的变化。相似地，斯科特也不是通过成为一个长期投资者，或一个系统交易者来获得长期成功的。他的快球是脑部处理的速度、他对市场模式的快速识别，以及他迅速地把观察变成行动的能力。比赛中新的方面会对这些优势进行补充，而不是取代这些优势。1976年诺兰是一个失败的投球员。当时他没有意识到，在此之前自己已经有17年成功的历史和传奇的表现。对于那些渴望成为名人级别的交易家的人来说也是如此。

天赋、技巧、驱动力和恢复力：从各个领域的专家身上，我们了解到这些是成功的必备因素。我们可以发现前面几章中的很多概念都在斯科特身上具体化了：找到一个可以充分利用一个人天赋的职位的重要性，沉浸经历在加速内隐学习中的作用，以及要随着市场的变化不断进步的必要性。从斯科特身上，我们还可以观察到一个杰出表演者的心理：那个一大清早就通过练习击球和防卫，来自学棒球的小男孩，那个为了在职业生涯中站稳脚跟，而承受了无法言说的压力的交易场文书，以及那个在几个月的自我训练中凝聚了很多年市场经验的交易者，不断地在通往专业技能的道路上积累能力和自信心。

在交易生涯早期，当斯科特连续 6 周每天都亏损时，他在财政上达到了最低点，需要向他母亲借 100 美元。"当你破产时，没有什么比连续亏损压力更大，"斯科特解释道。"如果我可以应付这种情况，我就能应付所有的情况。"

4 个月后，当很多人和很多公司都已经放弃了他时，斯科特赚了 6 位数的钱。这就是我为什么从来不放弃一个愿意并且能够做出努力来适应变化的市场状况的有技巧的交易者的原因。通过观察斯科特，在我内心深处深深地意识到，只要给予有准备有天赋的人一个机会，不可思议的事情就有可能发生。

结　局

困难让人们可以了解自己。在面对任何困难时，记住上帝让你和一个难对付的敌手竞争，你也许会是一个胜利者，但是不费力气是不能成功的。

——埃皮克提图

我们已经接近本书的结尾了。写这本书对我来说既是一个挑战，也是一种享受。写作不仅仅是对一个人思想的照搬照抄。在把这些思想变成文字的过程中，我们难以避免地要分析这些思想，回味它们，并对它们进行修改。《提升交易绩效》这本书捕捉到了我，关于成为一个交易专家意味着什么的想法，还将这些想法进一步的深化了。如果有区别的话，那就是让我更尊重的是那些在市场中一直获得成功，并成长为杰出的交易者所拥有的天赋和付出的努力。这本书也凝聚着几个重要的思想，毫无疑问会对我和交易者的工作以及我作为交易者的成长有很大的指导作用。让我们来看看我们能否总结这些思想，并让你在自己的交易生涯中受益。

交易表现的本质

在这本书中，有几个主题是反复出现的，由此可以捕捉到交易成功的本质所在：

☆ 交易属于一个表现领域。它不是一个固定的、机械的工作，也不是与生俱来的天赋的机械化表达。交易和体育运动或表现艺术一样，是要求一定程度的天赋的领域。随着时间的推移，这种天赋的不断发展让表现变得更加精益求精。作为一个表现领域，交易需要的是在竞争条件和压力下的高度技巧水平的发挥。

☆ 交易包括各种各样的表现职位。一方面，交易成功取决于能否找到自己的天赋和兴趣、一个人进行交易的市场和一个人在这些市场中的交易方式，这三者之间的一个理想匹配。

☆ 交易表现是训练的作用。这种训练可以是正式的有规划的，也可以是自己进行的，但是交易中的专业技能和在其他领域中的一样，是从刻意实践中激发的学习中得来的。

☆ 交易中的专业技能是一个成长的进程。所有领域中的专业技能都是从初级阶段不断进步到能力和专业技能阶段的。从一个阶段进展到另一个阶段所做的努力，以及每一个阶段中指导者所起的作用，都有很大程度的改变。和在其他表现领域中一样，交易上的持续成功是建立在多年来交易水平的成长和对不同市场状况的接触之上的。

☆ 可以加速交易专业技能的学习曲线。用把交易分解成各个不同部分的技巧这个办法可以让学习变得简单；在真实的模拟条件下演练这些技巧；以及收集详细的表现反馈来指导以后的演练。

☆ 交易中的专业技能成长是一个持续不断的过程。市场不断进行变化的这个本质，确保了交易者在他们整个职业生涯中可以经历很多学习曲线。他们大部分的长期成就将取决于他们在这些再学习时期所进行的风险管理。

☆ 交易中大部分的情感干扰是可以避免的。它们来源于3个方面：（1）训练不足，因此发生挫败，（2）交易者的优势和他们交易位置的需求不匹配，以及（3）风险管理有问题，从而导致过度交易。

☆ 交易中的情感干扰呈插曲式出现的情况。交易者在感受到强大威胁和危险的状况下，产生了认知和情感处理上的扭曲，引发了情感干扰。它们会导致交易者改变应对措施，越来越没有能力进行有计划的行动。

☆ 传统的谈话式咨询和自助措施，对于经历情绪干扰的交易者帮助有限。这些干扰来源于避开通常意识进程的过程中，还需要用同样方式避开外显思维的干扰的辅助。

☆ 对交易者而言，最有效果的心理帮助是那些由实践证明，可以成功治疗精神创伤的措施。这些包括对于因部分间接性精神创伤而引起的情感干扰而进行治疗的认知和行为方式。这种方式可以对思维、感觉和行为上的习惯模式进行再加工，拓展交易者的意向行为能力。

那么这些结论对于你和你的交易生涯又有怎样的意义呢？这里突出强调一些重要的含义：

☆ **培养你的优势**。通过对于你擅长的东西进行充分利用这个方法，你很有可能会获得交易上的成功。你的交易位置会充分利用那些你已经拥有，并已经在生活的其他层面上应用过的与众不同的能力。

☆ **在交易世界中，你会需要放弃很多东西**。如果交易的确是有关表现领域的话，那我们就没有理由相信杰出的表现会建立在更好的指示状况下、更快或更多的综合软件中、简讯费或指导建议之上。只有一个有指导方向的发展进程，可以让你将市场模式收为己用，并在此基础上建立自信心。再好的高尔夫球棒，也无法把笨蛋变成一个专家；最好的扳手也无法让一个人成为一个熟练的机修工专家。你在交易世界中会听到很多可以得到迅速回报的承诺，但是它们不能取代训练的作用。

☆ **交易表现中的顶峰和低谷很可能是一种规则，而不是一种例外**。如果随着时间的推移，市场的确改变了走势的模式和越来越具有易变性，交易者永远也不可能真正达到学习曲线的末尾。市场循环在有些时期会倾向于发生改变，而这时新的模式也还没有完全收为己用。这些时期也就很容易变成交易者利润中的低谷时期。重要的是，可以通过采取主动的风险管理、制定谨慎的储蓄计划和拥有不要让自己的精神受损的决心，这样的措施来度过这些表现低谷，从而防止开始新的学习的可能。一个优秀的成功长期交易者要具备在盈利很好的时期就要为不可避免的困难时期做好准备的能力。

☆ **你在交易中的情感经验会反映出你组织训练的成功与否**。适当的有规划的训练会产生持续的学习、掌控和信心上的经验。它们会产生效率。就是随着你交易规模的扩大，这些积极的情感经历，正是你在处理风险和回报带来的不可避免的压力时要应付的。适当的成形训练也可以作为进入和维持沉浸状态的训练，从而可以活跃脑部的执行能力，做出最好的决定。如果你的学习经验只是很基础的，你会有更大的风险去经历情感上的挫败和干扰应对策略的条件反射效应。

总之，我最好的建议是，如果你将交易看作是你的事业生涯的话，就应该真正地将它看作是一个职业。一个职业就是需要进行不断拓展的教育和详细的训练的领域。这个领域要求你要有责任心，还要求你要用专业精神来履行这种职责。交易可以是一种非常美妙的、充满挑战和回报的活动，但是它也可以让你没有任何准备的情感受到伤害，让你的财政出现赤字。不要为了将钱赢回来，就迅速地将你所有的积蓄拿来冒险。花些时间学习和建立一个能够让你坚持一生一世的事业。

拉瑞·康纳斯的总结性建议

我最近向 Trading Markets 的创办人、资金管理经理和市场作家/研究者拉瑞·康纳斯提出了一个问题："以你的经历来说，交易者最需要用来提高他们表现的一件事情是什么？"拉瑞的回答很有深意，我在这里将它们全部写了出来：

首先，你要找到一种系统的方式可以从你的交易中移走大部分（如果不是全部的话）的情感和任意评判。要有准备…这可能要花好几年的时间。一旦你确定了一种可以在一段时间内盈利的体系，然后你就可以发展自己的心态，其中你要：

☆ 集中精力，在每一次个人交易中都让你的体系得到完美的实施；

☆ 把注意集中在每周或每月的盈利上，而不要只看每次个人交易的结果如何；

☆ 要用客观的态度来追踪和评判你的表现。

☆ 每天、每周和每月底要评估你的行为，然后许诺明天会做得更好；

☆ 在思考和说话上要保持积极乐观的态度；

☆ 远离会让你对自己的交易能力产生疑虑和恐惧的消极影响因素；

☆ 教其他人要将自己的表现做到最好，并且要身体力行，也要将你的表现做到最好。

请注意拉瑞所说的：如果要在市场上取得成功，首先要找到自己的优势，然后努力工作。你想要做一个有抱负的专家，第一个任务是找到属于你的机会。除了这个，剩下的都是次要的。

交易的最终目标

如果一个成功的交易生涯要求的是这样的努力和训练，为什么还要烦恼呢？现在想一想，到底为什么要进行交易呢？为什么每天练习，努力训练肌肉和肺部呼吸呢？为什么要训练成为一个成功的运动员、舞蹈家或国际象棋手呢？为什么想要通过接触极为痛苦的事情这种做法来掌控压力，不是一次而是不断反复的经历呢？为什么拿你所有的积蓄，来为实现你的企业梦想冒险呢？我们可以简单地将钱存到储蓄账户上，在电视上看看表现表演，避开危险，并安顿在一个安全的工作上。我们可以避免所有的风险和不适。

但是我们没有这么做，为什么

只有一个合理的原因：我们想在能力范围之内做到最好。如果不进行尝试，我们永远也不会知道自己的优势所在；如果进行的尝试不够困难，我们也无法加强自己的优势。经历这一系列潜在的痛苦、失败和表现探索中经受的疲惫可以得到一种回报：获得成就的骄傲，以及明确知道自己在做的是什么，这样你就不会在一生之中虚度时光了。

我写的这本书是关于交易方面的，但是这却不是一本交易丛书。确切地说，这是一本讲述自由的书。交易和我们曾经接触过的其他辉煌的表现领域一样，只是自由发展上的一个起始点。

自由的意义

我们不要忘记做一个交易者有什么样的意义。意义是我可以自由地拥有自己的财产：可以拥有一家私有公司的股份，或者有关一件商品的合同。我可以自由地支配自己的财产随意花费，或者我可以将这些财产投资在别的事业上。我的主张由自己决定；我不需要将那些对其他东西感兴趣的人的指示——如对上帝的、政府的或者是枪支感兴趣的人——强加在自己的意愿之上。

自由意味着我有发言权。如果我想进行这项投资，我可以在网上的留言板或博客上进行推销。如果我不喜欢政府管理经济的模式，我可以投票说出自己的想法，不只可以通过投票箱，还可以通过在市场上投资或撤回自己资金的方法来实现。

自由的意义远不止这样。自由是通过自己的判断来谋生的能力，不需要被他或她劳动谋生所从事的苦力所限制。自由是意味着这个人有能力现在坐在电脑前写下一些文章，到几年后仍可以被人传诵。自由意味着一个人有能力在全球市场上看到谁在出价、谁在发价，谁在买、谁在卖。它给予人自由预测发展中国家经济活力的权力。

没有自由，就没有交易。交易是对经济和政治上自由的一种庆祝。奴隶是被人买卖的，他们无法进行交易。

然而，如果我们本身没有得到自由，所有这些自由都只是泡影。最具讽刺意味的是，我们比那些在我们之前的人更有可能拥有更大的自由。不过，在我们的生活里，在我们掌握自己的能力上，我们不是自由者。处于众多机遇当中，我们仍然很偏执：被我们所受的熏陶控制着。

自由意味着可以根据自己的意图选择生活的方式。自由的生活是应该由我们自己指导的：一种有目的、有方向和有意义的生活。

交易和所有伟大的表现活动一样，给予了人机会可以培养有意识的生活。如果追逐适当的话，这是通往自由的一条道路。

结　局

训练自由

当我们在无论哪个领域中为拥有卓越的表现而训练时，我们发展的到底是什么？当然，我们发展的是技巧和知识，但是我们发展的远不止这些。

> 我们的培养意愿：制定目标和为达到这些目标而指导自己行动的能力。

每一个训练单元都是一场意愿的战争：努力挣扎，要克服我们的限制，并达到一个特定的表现目标。当我在杜克大学读书时，让篮球队成员在结束这天的练习前要连罚10个球，这种做法真的很重要吗？作为一个罚球练习，它或许有益处，但是作为对意愿的训练，它的要求是很高的。当你经过一次艰苦的训练后，身上的每一个细胞都非常想回家休息时，你要学习在压力下把注意力集中在罚球上面。排除这些压力可以帮助你在比赛时免受压力，并在锦标赛中帮助你克服压力的干扰。我们是为了获得自由而进行训练，包括内在和外在的自由。

在没有压力干扰的情况下，制定和遵照一个交易方案，相对来讲比较容易。在盈利的诱惑和亏损的威胁下，交易带给我们的压力是，它会测验我们制定和实施计划的能力。军官会提到"战争迷雾"：围绕所有决定和行动的不确定性因素。众多的军事训练是专门为了帮助士兵，甚至是在迷雾中也可以机械化地完成高水平的任务而设计的。同样，交易也是在迷雾中开展的。它不但提供了极大的风险和丰厚的回报，还提供了机遇和危险。永远也没有任何肯定的情况出现。进行专业技能培训的交易者和受训的士兵没有任何区别：为了在迷雾中机智和有目的地进行行动而不断地拓展他或她的能力。即使是在面对任何想象得到的干扰时，也要有能力制定并遵循一个计划，也就是自由。

不过最终，训练使得自由从我们的限制中解放出来。艺术家找到了更好更新的表达方式；科学家找到了更好的方法来学习，确认和预测自然的各个层面；运动员拥有了更好的分数或时机。当修理队员在全国运动汽车竞赛中进行表现，并要在创纪录的时间内修好车，他们需要克服另一个限制。在这个程度上它很少被外界的压力控制，更多的是一种自主决定。看一看芭蕾舞演员、赛车手、职业性运动联盟中的投球员和世界级的神枪手拥有的自控能力。他们的成就就是有意识地克服随机性和机遇的胜利。

当你提高你的交易表现时，在你的行为意图中带有一些随机性。在这种情况下，你交易的结果是由自己决定的。如果你能适当地进行交易，你不仅会成为一个成功的交易者，还会成为一个更为自主的人。让你进入沉浸阶段的东西，也可以帮助提高你的技巧，并让你可以在生活的各个层面上进行表现。沉浸阶段是通往自由的必经之路。它会让你沉浸在要求你变得自主的活动中。慢慢地，训练会带你寻找到属于你的自由。

什么很重要：临别赠言

你在下一个交易中赚到钱其实并不重要。你在所有的方面进行交易也不重要。

重要的是你是否发现生活中的聚焦点，让你可以发展成为一个自由、自主的人。你成为一个世界级的交易家或在任何特定的领域成为一个杰出表演者并不重要。重要的是你有一个可以进行表现的领域，让你可以表现自己的天赋和做你想做的事情。

或许你会是一个家长、一个商人、一个教师或者一个医疗者。或许你根本不会当一个交易者。

其实一点关系也没有。

有关系的是你在这个地球上的时间是有限的，你的天赋是有限的，以及你是不是拥有利用这些时间和天赋的自由。如果是与交易有关的话，我最深切的希望是，你可以在这本书中找到一些可以开阔视野、对你有帮助，以及可以激励你的交易概念。如果交易不是你选择的道路，我同样也希望你可以找到属于自己的表现职位，并拥有一个很满意的生活。

只要自由的生活，你就会生活得很好。

附录 参考资源

这个参考书目包括很多这本书中涉及的书面资源。以下是我觉得在自己的交易中和与其他交易者的工作中发现的比较有用的详细资源。请注意，我并不是对这些产品和服务中的任何一个进行商业炒作和宣传。

交易平台

● NeoTicker（www.tickquest.com）。这是一个很好的平台，对交易的分析也有一定的深度。这个平台包括具有灵活性的图表、专业的市场扫描和一系列如 NeoBreadth（为任何股票进行的专业广度测试）以及专业的 TICK 测量这样独特的经济指标。它与很多实施买卖指令的经纪人业务服务相关，并对系统发展特别有帮助。这种模拟能力是很有影响力，也是很灵活的，它还拥有卓越的重放功能。

● NinjaTrader（www.ninjatrader.com）。这个平台拥有很多策略管理特征，可以自动管理买卖指令的实施进程和利用详细战术的优势（例如当盈利目标遭到重击时，可以自动调整亏损停止点，保持收支平衡）。这个平台的模拟版是免费的，并且包括一个可以进行交易数据收集和拥有市场重放功能的单元。它与很多经纪人业务和数据反馈都有联系；具有灵活性的图表可以详细描绘出交易者的买卖指令和持仓情况。

● CQG（www.cqg.com）。这个平台发展得很快，因为它拥有图表交易者这个特点。让买卖指令可以直接进入图表中，有同样深度的市场信息和图表记录，还有交易流量测量，可以追踪供求关系，还拥有高度专业化的图表。这个平台也支持模拟和市场重演，而图表可以描绘出几乎所有你定义的指示公式和股票。图表还可以表现出交易者的买卖指令和持仓，还有空间让你可以进行注解。一个庞大的数据库支持着这个平台，包括高达TICK图表的999天内容，以及一个历史数据测试特征，让系统发展变得容易。

- Trading Technologies（www.tradingtechnologies.com）。众所周知，它简称为TT，最近将许多图表和数据特征加入它广为人知的市场深度和买卖指令实施能力中。这些图表显示了包括交易量分析和差价图表。这个平台还拥有两个单元：模拟单元和一个可以用来收集数据的叫作Trade Analyzer的单元。买卖指令的分录和实施可以立刻在市场深度中显示出来，它还支持众多买卖指令类型。

- TradeStation（www.tradestation.com）。TradeStation中最有名的是它的交易系统发展程序，但是这个程序现在包括在很多贴现票据经纪人业务服务中。这里还有一个广大的使用者论坛，他们在系统发展中互相支持；这里还有众多的第三方卖主，他们提供了交易工具，可以让TradeStation变得更加完整。

市场数据和图表显示

- Decision Point（www.decisionpoint.com）。有关板块图表显示和技术指标的唯一资源。

- Pinnacle Data（www.pinnacledata.com）。有关每日指标数据以及指数和商品的每日结束时的价格的卓越资源。

- Tick Data（www.tickdata.com）。我发现的关于历史性当日期货数据和个人股票的最好的资源；包括非常有用的软件，可以将数据分解成各个时限。

- RealTick（www.realtick.com）。实际上是一个图表，显示和买卖指令实施平台，但是它的历史性数据与Excel表格的链接功能特别突出。

- Barchart（www.barchart.com）。有关期货和股票的灵活性图表显示，但是真正吸引我的是有关板块和个人事件表现的宝贵数据。

股票选择和市场分析

- Market Delta（www.marketdelta.com）。当日实时图表显示，将基于发生在进价还是问价时之上的交易量进行分割。我所知道的对短期观点最好的测量。
- WINdoTRADEr（www.windotrader.com）。灵活地推行市场轮廓理论，其中包括交易量分析的很多特征。卓越的绘表，拥有高度的自我定义。
- Trader DNA（www.traderdna.com）。我至今为止发现的最好的可以推行交易数据的所在，可以将交易者的表现统计资料和基于各种测量和时限的众多详细解释用图表显示出来。我最喜欢的一个特点是它可以详细解释各种市场类型（有走势倾向、无走势倾向等等），这样交易者就可以将他们的赢亏作为市场状况的一部分区分开来看。
- 《驾驭市场》。这个吉姆·道尔顿的经典书籍是我所知道的可以洞察市场拍卖过程的最优秀的资源。
- Trade Ideas（www.trade-ideas.com）。综合创新的屏幕工具，在当日分析中十分有用。充分考虑到众多时限上的屏幕分层。作为一个扫描市场、寻找拥有指导性优势的历史模式的程序来说，这是我最欣赏的。
- 乔恩·马克曼（www.jonmarkman.com）。乔恩为 Msn Money 所做的栏目中有一些我至今为止见过的最卓越的股票选择观点。乔恩还编辑了2份出版物，即《战略优势》和《交易者的优势》，各自为长期和短期股票选择提供了依据。
- MSN Stock Scouter（www.moneycentral.com）。一个包括技术、基础和机构拥有标准的较长期屏幕。和网上最好的免费交易/投资工具非常相似。
- PowerRatings（www.tradingmarkets.com）。这是一个相对较新的服务，依据历史模式研究而进行的有计划的短期表现，将股票评为 1 到 10 级。在这个网站上有很多的信息，可以根据这些评分来组织战略和文件夹。

- Adaptrade Software（www.adaptrade.com）。麦克·布莱恩特在系统发展上做的贡献（www.breakoutfutures.com）是很卓越的，他还发布了富有信息量的简报。他的System Anaylzer软件可以用详细的表现报告来帮助交易者控制持仓和进行风险管理。

历史模式研究

- TraderFeed（www.traderfeed.blogspot.com）。这是我的免费研究博客，它主要用股市指数的形式来追踪短期历史模式。每日的过账将会使交易者明白他们在短期交易中是否有优势。
- 《股票交易者年鉴》（www.hirschorg.com）。是有关市场历史中的每季度和每日模式的非常有趣又很有用的研究。还有一本类似的通讯书叫作《投资通讯》也包括各板块的历史模式，还有一个网上研究为其进行补充。
- SentimenTrader（www.sentimentrader.com）。有关一系列观点尺度的一流研究，因为它们可以影响股票市场。詹森·戈普弗为了得到交易指导而追踪短期和中期市场模型。
- Market History（www.markethistory.com）。对市场模式进行优秀的统计数据分析。真正的吸引力是它覆盖了很多交易市场，包括股票、固定收入和货币市场。
- 《像对冲基金一样交易》。詹姆斯·阿图彻的书描述了很多详细的交易模式，还为发展新的模式提供了意见。

提供信息的网站、博客和书籍

- Trading Psychology（www.brettsteenbarger.com）。这是我的个人网页，其中包括了网上有关交易心理学的最大的文章存档。这个网站的一部分是有关交易者的表现资源，一个每周博客也是为交易者表现做贡献的，对股票指数市场的一个每日总结包括很多对于强势和弱势的独特评测。
- Daily Speculations（www.dailyspeculations.com）。由维克多·尼德霍

夫和劳瑞尔·肯纳开创的这个网页是市场洞察力的一个宝库,通常都要依靠其他原则的想法。

• Trading Markets（www.tradingmarkets.com）。这是有关市场洞察力的最全面的来源之一。其中包括很有名的基于拉瑞·康纳斯研究的有关分析、博客、教育项目、指导资源、市场数据和股票购买率等的专栏文章。

• MSN Money（www.moneycentral.com）。专栏作家所写的有关市场数据、新闻和洞察力的卓越全面的资源。股票选择是一个特殊优势,在这里专家也可以与交易者一起分享他们的文章成果。

• Minyanville（www.minyanville.com）。托德·哈里森的网页以专家对市场实时的评论而显得与众不同。评论会进行存档,而马特·富德又重新编辑了内容,以求可以为交易者提供教育意义。

• Trade2Win（www.trade2win.com）。网上交易者社团,其中有很多来自特邀作家的文章和很多讨论板块。生动,活跃。

• Teach Me Futures（www.teachmefutures.com）。约翰·康纳利在为交易者将一系列网上有教育性的项目综合并存档这个方面上做得很好,其中很多是期货交易所出钱赞助的。

• PIT Instruction and Training（www.pit-now.com）。这是一个训练全国运动汽车竞赛协会修理成员的培训学校主页。新闻档案中有关表现的文章非常有启发意义。

• 柯克报告（www.kirkreport.com）。查尔斯·柯克是网上有关市场洞察力方面一个优秀的源泉。他用一种务实的方式提供了市场和股票选择意见,并且他每个月都为读者举办问答会议。

• Trader Mike（www.tradermike.net）。我最喜欢的股票选择博客之一,它也包括一系列综合全面地与其他博客和资源的链接。

• CXO Advisory Group（www.cxoadvisory.com）。这是我最喜欢的原创的市场研究博客,包括有规律进行更新的交易范例和学术研究总结。

• Abnormal Returns（http://abnormalreturns.wordpress.com）。对网上的市场相关信息进行优秀的概括,并且按照范畴进行归类。有很多新鲜的看法。

• The Big Picture（http://bigpicture.typepad.com）。巴里·理索兹将

他作为金融管理者的经验和对事物的积极看法带入了这个博客。他的《投资者入门》为人们对市场的思考提供了一个示例。

- Daily Orphan Report（http://adamsoptions.blogspot.com）。这个博客覆盖了期权和易变性这个领域，还有来自亚当·瓦尔纳的敏锐投入的评论。
- ETF Trends（www.etftrends.com）。这是一个优秀、全面的资源，追踪了交易所交易基金这个迅速扩展的领域的发展进程。
- Stock Tickr（www.stocktickr.com）。很有趣的社会投资资源，让你可以观看和监测使用者建立的观看清单。拥有一系列卓越的访问，为不同的交易方式提供了参考。
- Declan Fallond（www.fallondpicks.com）。很深入的股票选择资源，拥有一个有关市场博客和网址的强大的数据库。他的交易博客为交易者提供了股票选择进程中优秀的洞察力。
- Fickle Trader（www.fickletrader.blogspot.com）。乔恩·泰特为股票选择提供了一个规律的观看清单，拥有与其他资源的链接，以及宝贵的交易意见。
- Ticker Sense（www.tickersense.typepad.com）。优秀的擅长研究的博客，拥有一个独特地对其他博客拥有者的意见调查。
- John Mauldin（www.frontlinethoughts.com）。著名的博客，拥有对市场和经济的独特见解。可以不断地激发思维想法。
- 《交易心理学》。这是我对交易心理学、影响交易者的情感因素以及改变干扰交易的模式的一个概述。
- 《投机者教育》。维克多·尼德霍夫的自传，很好地观察了生活和以表现为导向的交易者的心理定式，也拥有很多对市场的见解。
- 《实用投机》。维克多·尼德霍夫和劳瑞尔·肯纳揭示了很多从市场中学到的智慧，并描述了与市场分析相关的科学方式。
- 《交易的精髓》。约翰·福尔曼综合了一本非常必要的市场初学者读本，包括很多有趣的反倾向战略。
- 《掌控交易》。约翰·卡特的这本书覆盖了一系列交易主题，包括从软件和硬件到交易心理学，详细的交易模式和商业计划方面的很多内容。

- 《交易风险管理》。肯尼斯·格兰特的这本书是我看到过的对风险和风险管理最好的非技术性介绍，还有为文件管理者和个人持仓交易者提供的指导大纲。
- 《图表形态大全》。托马斯·巴尔寇斯基对图表形态和他们价值的数据统计证据进行了全面解释，这本书是一个里程碑式的作品。

指导资源

- 伍迪的 CCI 俱乐部（www.woodiescciclub.com）。肯·伍德在使用 hotComm 讨论来创造众多交易室上是一个先驱，在这些交易室中交易者可以通过观察有经验的交易者来追踪实时市场状况。这里有很多教学内容，其中大部分集中在商品通道指标（CCI）的模式上。很有支持性和奉献精神的团队。
- 琳达·拉什（www.lbrgroup.com）。琳达提供了关于期货市场和个人股票的网上交易室，其重点是短期交易。她描述了体制和交易管理，还有一个网上房间让成员可以相互学习。邀请嘉宾讲座和教室课程是对实时交易室的补充，而交易室中的文字记录在每一天的结束时都可以看到和使用。
- Trade The Markets（www.tradethemarkets.com）。约翰·卡特的服务为在各种市场中体现短期交易体系而提供了一个直播交易室，包括小型道琼斯指数和固定收入。这个服务还教授详细的战略，并让 TradStation 的使用者都可以利用。研讨会是交易室中网上教育的补充。
- Trading Markets（www.tradingmarkets.com）。这个网站为当日交易者和短线交易者提供了很多书籍、录像课程和指导服务。其中很多包括对交易概念的每日提醒。很多课程和系统强调的是交易模式上的原创研究。
- Journey to Wild Divine（www.wilddivine.com）。这是一个对机能反馈疗法的卓越介绍，其中包括让你可以在电脑上玩游戏、控制你心跳频率和皮肤导电性水平的软件和硬件。

高级趋势技术分析
高级波段技术分析
高级反转技术分析（上、下）

作者：阿尔·布鲁克斯

这套丛书是写给严肃的交易者看的，阿尔的书最大价值在于，阐述了理解价格行为以及逐根K线分析走势图有助于追踪通常由机构所推动的形态，通过小止损、早入场，让机构为个人投资者"抬轿"并最终获利。

在这套丛书中，布鲁克斯主要通过5分钟周期的K线图来阐述一些基本原则，但也讨论日线图和周线图，书中也有如何将价格行为分析用于股票、外汇、国债期货和期权的内容。